현대사회문제론

허경미 저

Contemporary

Social

Problems

박영사

머리말

　이 현대사회문제론은 지금, 그리고 미래에 우리 사회가 안고 있거나 부딪칠 갈등과 과제가 무엇일지를 고민해 보는 데 초점을 두었다. 즉, 공동체 사회의 합의는 깨어짐을 전제로, 현재의 갈등을 잠시 미래사회로 넘기고 싶은 사람들의 마음이 합쳐진 산물일 수도 있다는 의구심이 있다. 이런 관점에서 한국 사회가 직면하고 있는 구성원들의 가치관이 충돌하는 이슈를 크게 네 가지 영역으로 분류하고, 그 쟁점들을 살펴보았다.

　제1부에서는 차별, 스티그마의 또 다른 얼굴이라는 제하에서 난민, 특히 셍겐협정과 더블린협정에 가려진 유럽 국가의 난민정책 모순과 그 위에 겹쳐지는 한국 사회의 인색하고 야박한 난민정책, 여권에 성폭력범이라는 낙인을 찍는 미국의 국제메건법, 한 세기 전부터 화학적 거세를 도입한 노르딕국가들의 현실을 짚어보았다. 또한 유엔이 여성폭력철폐선언을 통하여 젠더에 기반한 폭력이라고 규정한 국가폭력의 전형적인 형태인 군대성폭력에 대한 한국 군대의 대응상 문제점을 심층적으로 분석하였다.

　제2부에서는 메타버스와 현실세계의 불편한 경계라는 제하에서 가상세계 아바타와 현실세계 인간의 표현의 자유와 그 한계, 프레드폴(predpol)의 모순과 함정을 다뤘다. 특히 여기서는 아바타와 현실의 플레이어에게 동일한 가치관과 도덕성, 법규범을 요구하고, 통제할 수 있

는지에 대해 고민하였다. 또한 빅데이터 알고리즘이 위험인물이나 위험지역으로 표지(標識)하면 공권력을 발동하는 이른바 로보틱스 경찰행정의 문제점을 시카고와 뉴욕 경찰 등 미국 대도시 경찰의 실패사례를 통하여 찾아보고자 하였다.

제3부에서는 권력과 문화의 충돌이라는 제하에서 성매매 합법화를 이끈 네덜란드의 갈등과 모순, 성구매자만 범죄자라는 이른바 노르딕 모델의 완전치 못한 뒷모습, 자발적 성판매는 노예가 아니라 노동이라는 기조로 정책 태도를 바꾼 앰네스티의 변신을 살펴보았다. 특히 여기서는 앰네스티가 성노동과 성노동자를 합법화할 것을 권고하게 된 배경과 국제사회의 관련 정책의 변화를 상세하게 살펴보았다.

제4부에서는 무관용과 관용의 미래라는 제하에서 끝없는 삼진아웃제로 교정시설 과밀화를 불러온 미국 교정시설의 코로나 집단감염 문제, 한국의 젠더리스 여성수용자 처우, 일반 학생들과 동일한 교육환경과 교과과정을 적용하는 노르웨이 교정시설의 교육제도에 대해 기술하였다. 특히 여기서는 세계 제일의 인권국가를 지향하면서도 세계에서 가장 높은 교도소 수용인구비를 유지하고 있는 미국 교정시설의 취약한 교정환경을 주목하였다. 나아가 수용자교육을 강조하면서도 정작 특별한 학습공간이나 마땅한 도서관 시설조차 구비하지 못하고 있는 한국 교정시설의 현실을 짚어보았다.

이 책은 가능한 최근의 국제사회의 규범과 제도, 그리고 정책 변화를 그동안의 연구노트들을 중심으로 보완·반영하였고, 특히 국내 법령 및 통계 등도 최신의 자료를 참고하면서 충실하게 주석을 달아 독자의 이해를 돕고자 하였다. 미처 정리하지 못한 우리 사회의 다양한 이슈에 대해서는 저자의 연구과제로 남겨두고, 이후에도 끊임없이 발굴하고 보완하여 독자들과 공유할 것을 미리 다짐해 둔다.

2022년 6월에 계명대 쉐턱관에서 허경미

차 례

제4부 | 무관용과 관용의 미래

제1부

차별, 스티그마의 또 다른 얼굴

제1장

낯선 이웃: 난민

Ⅰ. 국경을 넘는 사람들

제주도의 예멘난민문제를 둘러싼 한국사회의 논쟁은 난민이슈가 더이상 유럽연합이나 미국만의 것이 아니라는 것을 여실하게 드러냈다. 나아가 정부가 줄기차게 난민법의 개정을 추진했지만, 난민을 추방하라는 시민들의 목소리와 그 반대로 난민인권을 보호해야 한다는 여론 사이에서 결국은 실패했다.

그런데 난민이슈는 난민의 관점, 즉 난민인권적 측면과 난민을 수용하려는 국가 혹은 시민사회의 관점, 즉 수용성으로 분리하여 분석할 필요가 있다. 왜냐하면 난민협약에 가입한 협약국 입장에서 난민은 수용의 대상이기도 하지만, 거부의 대상이 되는 이중적 지위에 있기 때문이다. 따라서 수용과 거부의 절차에 대해 유엔난민기구는 난민협약의 정신을 존중할 것을 요구하고 있고, 우리나라 역시 이에 따라 난민법을, 그리고 난민의 유동성이 가장 심각한 문제로 떠오른 유럽은 생겐협정과 더블린협정 등을 바탕으로 난민관련 정책을 시행하고 있다. 그런데 현행 난민법이 난민협약의 정신을 충실히 수용하여 난민의 인권을 제대로 보호하는 가에 대해서는 상당한 논란이 있다.[1] 유럽연합의 난민 정책 역시 같은 지적을 받고 있다.[2]

유럽의 난민보트와 난민수용 시위

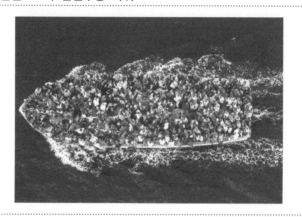

자료: https://www.unhcr.or.kr/unhcr/

난민에게 국경을 개방하라는 독일인들의 시위

자료: https://news.kbs.co.kr/

한편으로 난민에 대한 수용성은 다양한 요인에 의하여 영향을 받아 다문화사회라 하여도 난민에 대한 거부감과 차별 등이 사회적 문제가 될 수 있다. 이미 다문화사회인 EU국가들에서조차 난민문제는 상당한 정치사회적 과제로 부각되었다. 그리고 난민문제로 인한 갈등을 야기하고 나아가 난민차별의 원인이 난민에 대한 왜곡된 정보와 이를 조장하는 세력들에 의해 난민제노포비아를 더욱 가중시킨다는 지적들도 상당하다.[3]

그런데 난민에 대한 시민의 거부감과 차별은 결국 국가의 난민정책에 반영되며, 이는 난민협약상 난민의 인권이념을 침해하는 악순환으로 이어진다. 따라서 난민인권과 난민두려움을 둘러싼 쟁점들을 위협이론과 신차별주의적 관점에서 분석하는 것은 의미가 있다고 할 것이다.

유엔난민기구(UNHCR)가 2021년에 발표한 국제난민동향보고서(Global Trends Report 2020)에 따르면 2020년 말을 기준으로 8,240만 명 정도의 사람들이 강제로 집을 떠난 상태인 것으로 나타났다.[4]

이는 2019년 말 7,950만 명에 비해 4% 증가한 것이다. 이 가운데 난민의 수는 2,640만 명이다. 그중 2,070만 명은 유엔난민기구의 보호를 받고 있다. 그중 570만 명은 유엔팔레스타인난민기구(UNRWA)의 보호를 받고 있다. 국내실향민의 수는 4,800만 명이다. 난민신청자의 수는 410만 명이다. 베네수엘라 실향민의 수는 390만 명이다. 그런데 2020년은 전 세계적으로 강제이주민의 수가 연속적으로 증가한 9번째 해로 나타났다.

인구규모로는 전 세계 인구의 1%가 강제 실향 중이며, 이는 4,000만 명에 가까운 강제이주민이 있었던 2011년에 비해 2배 더 많은 통계이다. 전 세계 난민의 2/3 이상이 시리아 670만 명, 베네수엘라 400만 명, 아프가니스탄 260만 명, 남수단 220만 명, 미얀마 110만 명으로 다섯 개 국가에서 나타나 전쟁과 독재자의 장기집권 등으로 고향을 등지거나 인접국으로 이주 중인 사람들이 더 증가한다는 것을 보여준다.

전 세계 난민의 86%는 분쟁 지역 인접국과 저·중소득국에 머물고
있다. 저개발국은 전체 난민의 27%를 보호하고 있다. 터키는 370만 명
의 난민을 수용하며 7년 연속으로 전 세계에서 가장 많은 난민을 수용
하고 있다. 다음으로는 콜롬비아 170만 명, 파키스탄 140만 명, 우간다
140만 명, 그리고 독일 120만 명 등이다.

진행 중인 전 세계 난민신청 건수는 410만 건으로 2019년 수준을
유지했다. 각국과 유엔난민기구는 공동으로 약 130만 건의 개별 난민
신청들을 등록하였다. 이는 2019년에 비해 100만 건, 43% 감소한 것
으로 난민 자격을 인정받기가 더 어려워졌음을 의미한다.

한국의 난민의 실태를 알려면 우선 난민법 및 출입국관리법상 난민
의 정의를 살펴볼 필요가 있다. 난민법 제2조 제1호는 난민이란 인종
·종교·국적·특정 사회집단의 구성원 또는 정치적 견해를 이유로 박
해를 받을 수 있다고 인정할 충분한 근거가 있는 공포로 인하여 국적
국의 보호를 받을 수 없거나 보호받기를 원하지 아니하는 외국인 또는
그러한 공포로 인하여 대한민국에 입국하기 전에 거주한 국가로 돌아
갈 수 없거나 돌아가기를 원하지 아니하는 무국적자인 외국인을 말한
다고 규정하였다.

출입국관리법 상으로는 제2조 2의2에 따라 난민협약 제1조 또는 난
민의정서 제1조의 규정에 의하여 난민협약의 적용을 받는 자를 말한
다. 난민신청자란 출입국관리법 제76조의2에 따라 대한민국 안에 있는
외국인으로서 법무부장관에게 난민으로 인정받고자 신청하는 자를 말
한다. 난민인정자란 출입국관리법 제76조의2에 따라 법무부장관으로부
터 난민 지위를 인정받은 자를 말한다.

이와 같이 난민법 및 출입국관리법상 난민 등의 정의를 바탕으로 할
때 2017년 이후 난민 신청자 및 인정자 현황은 다음과 같다.[5]

난민신청

		2017	2018	2019	2020
합계		9,942	16,173	15,452	6,684
성별	남	7,825	12,126	10,538	4,721
	여	2,117	4,047	4,914	1,963
합계		9,942	16,173	15,452	6,684
국적	러시아	692	1,916	2,830	1,064
	카자흐스탄	1,223	2,496	2,236	603
	중국	1,413	1,200	2,000	311
	말레이시아	448	1,236	1,438	452
	인도	691	1,120	959	420
	기타	5,475	8,205	5,989	3,834

난민신청 사유별로 보면, 기타 사유(47.8%) 신청이 가장 많고, 난민 협약 상 5대 박해 사유는 종교(24.5%), 정치적 의견(12.5%), 특정사회집 단의 구성원 신분(9.5%), 인종(4.9%), 국적(0.8%) 순으로 나타났다.

난민인정 결정은 총 79건으로 전년도 144건 대비 82% 감소하였는 데, 이는 우리나라 난민신청 현황과 전 세계 난민동향의 뚜렷한 차이에 서 나타나는 결과로 보인다. 국적별 난민인정 현황은 미얀마가 34명(재 정착희망[6] 난민 31명 포함)으로 가장 많고, 방글라데시 6명, 에티오피아 6명, 이란 6명, 예멘 4명 등의 순이다.

난민인정

		2017	2018	2019	2020
	합계	121	144	79	69
성별	남자	69	73	38	37
	여자	52	71	41	32
국적	미얀마	35	36	34	18
	방글라데시	8	7	6	1
	에티오피아	23	14	6	3
	파키스탄	9	13	3	8
	콩고DR	0	8	4	0
	기타	46	66	26	39

II. 위협과 차별

1. 위협이론

난민에 대한 두려움과 차별 태도를 설명할 수 있는 이론으로 위협이론(Threat Theory)과 신차별주의이론(New Racism Theory)을 들 수 있다.[7] 난민에 대한 두려움(Fear)은 난민에 대한 제노포비아적 태도와 연장선상에 있다. 제노포비아(Xenophobia)란 그리스어인 이방인(stranger)과 두려움(fear)의 합성어로 특정 사회의 구성원들이 외국인, 이민자, 이주노동자 등에 대하여 보이는 피해의식, 두려움, 거부감, 부정의식 등을 포함하는 적대적 태도(Attitude)로 정의된다.[8] 그런데 제노포비아는 자신의 집단이나 문화 등이 상대적으로 우월하다는 심리적, 사회적 기제를 바탕으로 형성된 태도라는 특징이 있다.[9] 이러한 태도는 다양한 차별주의적 사회행태, 제도, 입법, 문화 등의 모습으로 구현된다.

위협이론(Threat Theory)은 사람들이 위협에 직면하여 불안감을 느끼면 분노와 증오를 갖게 되며 그것을 표출하는 대상으로 이주민, 난민, 특정종교인 등이 그 대상이 될 수 있다는 것이다. 특히 노동시장에서 현지인과 이주민과의 치열한 경쟁은 이주민에 대한 제노포비아를 부추기며, 이는 특정 개인의 문제를 벗어나 공동체 이슈로 발전하고 나아가 정치적 어젠다로 자리 잡게 된다.[10]

난민을 다수 발생시키는 시리아, 레바논, 이라크, 리비아, 소말리아, 콩고 등은 국가권력이 붕괴되었고, 새로운 권력이 이들 국가의 국민을 압제하지만 동시에 해당국의 자본과 자원을 새로운 권력이 독식하는 자본주의적 양상을 보이고 있다. 새로운 거대 자본주의 세력이 등장하고, 이들이 자국민을 축출하면서 난민들이 서구사회로 유입되자 기존의 정치경제적 세력들은 이주민들이 기존의 신자유주의적 경제질서를 위협한다고 인식하고, 이들이 노동자들의 일자리에 도전하는 경제적

이주민이라는 왜곡된 관념을 일반인들이 가지도록 정치전략을 이끌어 간다는 것이다.[11]

    자본주의 사회에서 노동자의 두려움과 분노의 대상은 불안정한 고용과 불공정한 시장구조를 야기하는 글로벌기업과 이에 기생하는 정치세력이다. 그런데 이들은 자신들의 권력을 유지하는 적대적 희생양으로 외국인, 이주민(난민) 등을 앞세워 이들이 일반시민의 평온한 일상을 위협하는 두려운 존재라고 다양한 방식으로 선동하여 제노포비아를 형성한다는 것이 위협이론적 입장이다.[12]

2. 신차별주의이론

    신차별주의이론(New Racism Theory)은 이주민이나 난민에 대한 차별이 제노포비아로 표현되는 것이라 주장한다. 기존의 차별주의가 피부색, 민족, 종교 등에 대한 보편적인 차별적 태도라고 한다면 신차별주의는 특정한 상황에 처한 사람들을 대상으로 행해지는 적대적 태도를 말한다.[13] 신차별주의는 정치 및 언론 담론에서 망명 신청자들에 대한 표현은 다분히 혐오적인 상징으로 대체되고, 외국인에 대한 혐오를 금지하지만, 도리어 그것이 혐오를 부추기는 상징으로 교묘하게 위장되어 묘사된다고 본다. 특히 유럽 사회에서 극우주의적 정치이념을 표방하는 정치진영은 다양한 매체를 활용하여 유색인들을 범죄성을 타고난 불법적 외계인(illegal alien), 외부의 적(enemy outsider), 복지 스펀지(welfare sponger), 포주(pimp), 마약상인(drug dealer), 병자(diseased body) 등의 이미지로 등장시켰다는 것이다.[14]

    망명신청자들에 대한 부정적인 묘사는 특히 문화적, 종교적 차이의 개념을 중심으로 이루어진다. 망명신청자들의 종교적 특성에 빗대어 '난민＝이슬람＝무슬림＝테러'라는 등식으로 이끌어 결국 이슬라모포비아(Islamophobia)를 확대시킨다는 것이다.[15] 그런데 이슬람에 대한 이러한 차별적 프레임은 '표현의 자유국가로서의 덴마크', '성적 자유국가로서의 네덜란드', '관용의 국가로서의 스위스', '양성평등국가로서의 프랑스' 등 과는 전혀 다른 부정적 이미지라는데 문제가 있다고 할 것이다.[16]

　같은 맥락의 주장은 서구사회의 기독교도적인 문화와 충돌하는 이슬 람권에서 건너온 경우가 대부분인 난민들과의 이질적인 종교문화와 관 습, 생활양식 등이 주는 갈등이 오히려 더 큰 거부감의 요인이라는 홍 태영(2011)[17]과 극우주의적인 발상이 오히려 기독교문화를 부추겨 이 슬람계 난민에 대한 혐오감을 부추겨 정치적으로 세력으로 급부상하는 도구로 활용한다는 김춘식(2016)[18] 등이 있다.

Ⅲ. 난민협약과 셍겐협정, 그리고 더블린협정

　국제사회의 난민인권에 대한 규범은 난민협약 및 난민의정서이며,[19] 한국은 1967년 1월 31일에 모두 가입하였다. 난민협약을 기준으로 연 구대상인 독일과 스웨덴의 난민정책 프레임인 셍겐협정과 더블린협정 에 대해 살펴본다.

1. 난민협약

　난민협약, 즉 난민지위에 관한 협약(Convention Relating to the Status of Refugees)은 1951년 7월 28일 제네바에서 채택되었다. 이 협약은 7 개장 46개조로 규정되었으며, 다자조약이다.

　난민협약은 난민의 정의, 난민의 권리, 체약국의 의무 등을 명백히 규정하고 있으며, 난민에 대하여 인종, 종교, 국적, 특정사회집단의 구 성원 신분 혹은 정치적 의견을 이유로 개인의 생명이나 자유가 위협받 을 우려가 있는 국가나 영역으로 어떤 방법으로든 난민 송환을 금지하는 강제송환금지원칙을 천명하는 등 난민인권 보호장치를 두었다. 난민협약 내용을 정리하면 다음과 같다.

난민협약

구분	주요내용
제1장 일반규정	제1조 난민의 정의, 제2조 일반적 의무, 제3조 무차별, 제4조 종교보호, 제5조 이 협약과는 관계없이 부여되는 권리 보호, 제6조 동일한 사정하에서 라는 용어의 정의, 제7조 상호주의로부터의 면제, 제8조 예외적 조치의 면제, 제9조 국가안보상 잠정조치, 제10조 거주의 계속, 제11조 난민선원
제2장 법적지위	제12조 개인적 지위, 제13조 동산 및 부동산, 제14조 저작권 및 공업소유권, 제15조 결사의 권리, 제16조 재판을 받을 권리
제3장 유급직업	제17조 임금이 지급되는 직업, 제18조 자영업, 제19조 자유업
제4장 복 지	제20조 배급, 제21조 주거, 제22조 공공교육, 제23조 공공구제, 제24조 노동법제와 사회보장
제5장 행정적 조치	제25조 행정적 원조, 제26조 이동의 자유, 제27조 신분증명서, 제28조 여행증명서, 제29조 재정상의 부과금, 제30조 자산의 이전, 제31조 피난국에 불법으로 있는 난민, 제32조 추방, 제33조 추방 또는 송환의 금지, 제34조 귀화
제6장 실시 및 경과규정	제35조 국내당국과 국제연합과의 협력, 제36조 국내법령에 관한 정보, 제37조 종전의 협약과의 관계
제7장 최종조항	제38조 분쟁의 해결, 제39조 서명, 비준 및 가입, 제40조 적용지역조항, 제41조 연방조항, 제42조 유보, 제43조 발효, 제44조 폐기, 제45조 개정, 제46조 국제연합 사무총장에 의한 통보

2. 셍겐협정과 더블린협정

셍겐협정(schengen agreement)의 골자는 협정국이 통일된 출입국관리
정책을 적용하여 국경을 개방하여 가입국 간 인적·물적 이동을 자유
롭게 한다는 것이다. 또한 협정국 외의 사람·물자에 대한 입출국 등의
절차에 대해서도 원칙적으로 동일한 조건과 절차를 적용한다는 것이
다.[20] 이 협정은 프랑스, 독일, 룩셈부르크, 네덜란드, 벨기에 등 5개국
이 1985년 6월 14일에 룩셈부르크의 셍겐에서 조인하여 셍겐협정이라
고 칭하여졌다. 셍겐협정 회원국은 유럽연합 28개 회원국 중 22개국(영
국, 아일랜드, 불가리아, 루마니아, 키프로스, 크로아티아 제외)과 유럽자유무
역연합(EFTA) 4개국(스위스, 노르웨이, 아이슬란드, 리히텐슈타인)이다.

더블린협정(Dublin Regulation)은 1990년 6월 유럽 12개국이 아일랜드
의 더블린에서 체결하고 1997년부터 발효되었다.[21] 현재는 EU 28개국
과 비유럽연합 4개국(노르웨이, 아이슬란드, 스위스, 리히텐슈타인) 등이 가
입되어 있다. 주요 내용은 난민들은 처음 입국한 유럽 국가에서 난민 자
격 심사를 받아야 하고, 다른 유럽 국가로 다시 이동하여 난민 자격 신
청을 할 경우 처음 입국한 국가로 강제 이송하는 것이다. 이 협정을 통
해 난민들의 망명지 쇼핑을 방지하고, 최초에 망명 신청을 받은 국가가
그 책임을 회피할 수 없도록 하고 있다. 더블린협정은 지리적 특성상 외
부국경을 가진 유럽 회원국, 즉 이탈리아, 그리스 및 헝가리 등이 상대적
으로 많은 난민들이 몰려 어려움을 겪는다는 문제점이 지적되었다.

이에 따라 2020년 9월 23일, 유럽위원회는 유럽의회, 회원국 및 다양
한 이해 관계자와의 협의를 거쳐 이 협정을 개정하였다. 주요 내용은
어떤 회원국도 과도한 책임을 져서는 안 되며 모든 회원국은 지속적으
로 연대할 의무가 있다는 것을 명시하였다. 이에 따라 모든 회원국이
망명신청을 받되, 가족사항, 최근에 회원국에서 비자 또는 거주 허가를
받았는지 여부, 신청자가 비정기적으로 또는 정기적으로 EU에 입국했

는지 여부 등을 고려하여 난민을 허용할 것인지를 결정토록 하였다.

생겐협정과 더블린협정의 쟁점은 다음과 같이 정리된다.

첫째, 생겐협정은 체약국 중 한 국가에 입국할 경우 다른 체약국에로의 입국 또한 자유롭고 종착할 수 있다는 장점이 있었지만 EU는 난민의 유입을 차단하기 위한 장치들을 만들어 오히려 생겐협정국 내의 입국을 제한하고 있다. 즉, 생겐협정 제2조는 자국의 국가안보나 특별한 사정이 있는 경우 국경검사소를 설치할 수 있도록 하였다.[22) 이를 근거로 국가별로 국경검사소를 운영하다가 2019년부터는 통합하여 운영함으로써 난민입국과 통행을 제한하고 있고, 이는 난민협약의 이념과 충돌한다.[23)

둘째, 생겐협정은 생겐정보시스템(Schengen Information System; SIS)을 통해 난민을 포함한 출입국자의 개인정보를 수집·공유함으로써 프라이버시권 침해문제를 안고 있다.[24)

생겐정보시스템은 26개 EU 회원국(아일랜드와 키프로스는 제외), 4개 생겐 관련 국가(스위스, 노르웨이, 리히텐슈타인 및 아이슬란드)를 포함하여 30개 유럽국가에서 운영되고 있다.[25)

2018년 3월부터 SIS의 정보수집 및 활용 범주는 더욱 확장되어 출입국자의 생체정보, 즉 손바닥 지문, 얼굴이미지, DNA 등을 입력하기 시작하였고, 테러리스트의 신상정보, 취약자(실종자, 유괴 위험이 있는 어린이 또는 인신매매 또는 성폭력 피해자 등) 정보, 난민의 입국금지 및 거부결정 등의 정보 등을 공유하기 시작하였다. 이와 같은 정보들은 생겐협정국의 출입국관리기관, Europol, 그리고 국경경비대, 해안경비대 등이며, 특히 난민의 경우 특정국가에서 부정적인 정보(정신병질자, 경제적 목적의 난민신청 등)를 입력할 경우 이를 모든 협정국이 공유하게 됨으로써 입국 자체를 거부하는 용도로 활용되는 등 난민협약상 차별금지 등의 이념에 배치된다.

IV. 난민은 범죄자인가? 독일과 스웨덴의 경우

유럽난민 정책의 중심에 서 있는 독일과 대표적 복지국가인 스웨덴의 범죄추이를 통해 난민 두려움의 실체를 파악할 수 있다.

1. 독일의 경우

독일 경찰은 2014년까지 경찰범죄통계(Polizeiliche Kriminalstatistik: PKS)에 독일인(German)과 비독일인(non‒German)으로만 신분을 구분하였다. 비독일인의 범주에는 외국인, 난민 및 망명 신청자(법적 및 불법적), 외국인 유학생·취업자·군인·공무원·관광객 등을 포함하였다. 2015년부터는 이민자(이민경력)를 포함하였다. 이미 2015년에 독일 전체인구 중 약 21%에 해당하는 1,700만 명이 이주배경을 가진 것으로 추정되었다.

- 통계분류상 한계

2015년 PKS에 따르면, 비독일 범죄인 비율은 38.5%로 나타났다. 같은 해 일반 인구의 외국인 비율은 11.1%로 추정되었다.[26] 이 통계는 난민인구를 포함한 이주민의 폭증이 비독일인의 범죄율을 높였다는 논거로 활용되었고, 시민들의 난민두려움과 거부감으로 이어졌다.[27]

그런데 이 통계분류에는 문제가 있다. 첫째, 이 독일경찰통계에는 외국인에게만 적용되는 법위반자 통계가 포함되어 동일한 행위를 한 독일인의 경우에는 법위반이 아닌 행위들을 제외하면 27.6%로 비독일 범죄인 비율이 떨어진다.[28] 둘째, 모든 범죄가 경찰에 신고되는 것이 아니라는 문제, 즉 암수범죄율을 고려하지 않았다는 점이다. 특히 독일인에 의한 범죄는 비독일인 범죄 보다 상호간 합의, 경찰관용, 신고꺼림 등 다양한 사유로 더 많이 해결되었을 가능성이 고려되지 않았다.

실제로 매년 독일에서 최소 2천 2백만에서 2천 5백만 건의 범죄가 발생하지만, 6백만 건의 범죄만 경찰에 신고되고(모든 범죄의 약 25%), 2백만 명 정도만 경찰에 의해 용의자로 식별되며(모든 범죄의 10%), 최종적으로 80만 건(대략 3.2%)만이 법원에서 유죄판결을 받는다. 결국 30건의 범죄 중 약 1건이 유죄판결을 받는 현실을 반영하지 못하였다.

- 최종무죄통계 미고려

법원에서 최종적으로 무죄확정된 난민관련 정보가 제대로 일반시민에게 전달되지 않는 문제가 있다. 독일 경찰은 접수한 모든 사건을 수사할 의무가 있고, 이를 공식통계로 산출하여 외부에 공표하고, 비독일인이 법원에 의해 최종적으로 무죄판결을 받더라도 이를 일반인들은 잘 알 수 없고, 결국 일반시민은 최초의 공식통계만을 인지한 상태에서 난민에 대한 두려움을 가지게 된다. 실제로 2015년에 경찰이 집계한 비독일 범죄인은 약 538,000명이지만 이 가운데 34%인 185,000여 명이 최종적으로 유죄판결을 받았다.

- 범죄학적 범죄요인 미반영

비독일인의 범죄가 범죄학적으로 이미 설명되는 인구사회학적 범죄자 특징과 거의 일치한다는 점이다.[29] 즉 남성과 여성의 범죄율은 4 : 1로서 남성이 여성보다 매우 높은 범죄율을 보이며, 폭력범죄의 경우는 청소년범죄가 성인범죄보다 매우 높아 7 : 1의 차이를 보여 범죄는 인종이나 민족, 국적의 문제가 아니라 나이, 성별, 사회경제적 요소가 더 많은 영향을 끼친다는 것을 보여준다.

이주민은 대부분 대도시에 살 가능성이 높고 저소득층에 속하며, 실업자일 가능성이 높다. 이러한 요인은 경찰에게는 범죄위협요인으로 인식되며, 강력한 법적용의 대상으로 인식될 가능성을 높여 독일인의 경우 보다 강력한 법적용의 대상으로 인식되며, 결과적으로 공식적 범

독일인의 범죄 발생 및 피해 인식

구분	절도	강도	폭행
범죄가 증가했다고 생각한다.	92%	81%	80%
실제 범죄율(Crime Statisticsb in Bochum)	+1.8%	−1.8%	+0.3%
지역사회 범죄율은 증가했다고 생각한다.	53%	34%	29%
실제 범죄율(Crime Statisticsb in Bochum)	n.a.	=15%	−1%
나는 향 후 일 년 안에 범죄피해를 당할 것이다.	32%	19%	21%
나는 지난 일 년 동안 범죄피해를 당했다.	12.3%	0.3%	1.6%

출처: Feltes, T., List, K., & Bertamini, M., 2018.

죄통계에 영향을 주는 것이다.

– 범죄두려움을 난민에게 전가

범죄에 대한 두려움이 높아지면서 그 두려움의 대상을 이주자(난민)로 치환한다는 것이다. 2016년에 독일 루어대학(Ruhr – Universität Bochum) 연구진이 시민 3,500명을 대상으로 한 설문조사는 이를 여실히 증명한다.30)

2014년부터 2015년 사이에 '범죄가 증가했다'고 인식하는 경우가 절도 92%, 강도 81%, 폭행 80%로 나타났지만, 실제로는 절도는 1.8% 증가를, 폭행은 0.3%의 증가세를 보였고, 강도의 경우는 오히려 1% 감소했다. 지역사회 범죄율 증가에 대서도 '모두 증가하였을 것'이라 인식하였지만, 강도의 경우 15%나 감소하였고, 폭행도 1% 감소하였다. 즉 시민들의 범죄에 대한 두려움이 실제 범죄발생률보다 매우 높다는 것을 보여준다.

이와 같은 인식은 "나는 향후 일 년 동안 범죄피해를 당할 것이다"라는 질문에서도 절도는 32%, 강도 19%, 폭행 21%로 나타났다. 그런데 "나는 지난 1년 동안 범죄피해를 당했다"라는 질문에서 절도 12.3%, 강도 0.3%, 폭행 1.6%로 나타나 실제 피해상황보다 훨씬 심각하게 미래의 범죄피해에 대한 두려움을 가진 것으로 나타났다.

이러한 독일시민의 범죄두려움은 미래 사회에 대한 두려움, 자신의 연령의 노령화, 테러나 이민자의 대량유입, 실업, 산업구조의 변화 등에서 오는 불안감 등이 다양한 요인들이 복합적으로 영향을 끼친 것이지 단순히 난민으로 인한 것이라고 단정할 수 없다. 그럼에도 불구하고 이민자집단에 대한 거부감을 정치적 혹은 사회적 담론으로 끌어들이면서 이민자그룹이 일반시민에게 두려움을 주는 대상이라고 치환하는 이른바 제노포비아가 조성되는 것이다.31)

2. 스웨덴의 경우

스웨덴은 셍겐협정국에서 2018년까지 난민수용을 세 번째로 많이 하는 국가이다. 스웨덴은 1990년대 구 유고슬라비아 내전당시 10만 명 이상의 보스니아인들에게 망명을 허가했다. 이후 시리아, 이라크, 아프가니스탄 등지 출신의 망명신청을 받아들여 2018년을 기준으로 스웨덴 인구 1,000명당 난민인구는 26명으로 셍겐협정국 내에서는 가장 망명인구율이 높고, 난민협약국 내에서는 상위 일곱 번째에 해당한다.32)

- 난민과 범죄증가는 무관

스웨덴 정부는 난민인구의 증가가 사회불안과 범죄율 등의 변화에 특별한 영향을 주지 않는다는 입장을 분명히 하고 있다.33) 범죄학적으로 실업, 빈곤, 차별, 언어소통의 어려움, 숙련된 기술의 부족 등과 같이 일반적인 배경요인이 범죄원인으로 설명될 수는 있으나 이주민(망명)이라는 차별화된 요인이 범죄증가에 미치는 영향은 없다는 것이다.

스웨덴범죄조사(Swedish Crime Survey) 결과는 이를 잘 설명해준다.34) 난민신청자가 폭발적으로 증가한 2014년과 2015년의 범죄피해조사에서 '2014년도에 범죄피해(폭행, 위협, 성범죄, 강도, 사기 또는 괴롭힘 등)를 당했다'고 응답한 경우는 11.3%이며, '2015년도에 범죄피해(폭행, 위협, 성범죄, 강도, 사기 또는 괴롭힘 등)를 당했다'는 경우는 13.3%로 나타났다. 수치상으로는 2.0% 정도 증가한 것으로 보이지만, 이는 2005년도와 거의 같은 수준인 것으로 나타났다. 또한 그동안 법령의 개정으로 성범죄의 범주가 넓게 개념정의 되었으며, 신고율이 상대적으로 높아진 점 등의 변인을 고려한다면 난민으로 인해 범죄가 증가하였다는 주장은 설득력이 없다는 것이다.[35]

- 이민청소년의 비행이 오히려 낮아

한편 스웨덴범죄예방위원회의 연구에 따르면 이민자의 자녀는 외국 출생보다 오히려 범죄위험률이 낮은 것으로 나타났다. 즉, 이민자의 자녀는 외국 출생보다 1985년과 1989년 사이에 각각 1.5, 1997년과 2001년에 각각 1.6보다 낮은 위험을 가지고 있는 것으로 나타났다.[36] Kardell and Martens(2013)가 1997 – 2001년에 실시한 연구에 따르면, 이민자 자녀의 범죄추세는 1세대 이민자와 거의 동일하며, 전체적인 범죄경력은 오히려 낮은 것으로 나타났다.[37]

또한 스웨덴범죄예방위원회가 1997년부터 2017년까지 전국 8개 학교, 70,657명을 대상으로 한 자기보고식 조사에서 1세대와 2세대 이민자 청소년과 서로 다른 지역 출신의 이민자 청소년들의 비행률이 감소하는 경향을 보인 것으로 나타났다. 또한 원주민 스웨덴과 비교할 때 1세대 이민자 청소년들의 비행률이 더 빠른 속도로 감소한 것으로 나타났다.[38]

- 극우주의자의 선동

이와 같이 스웨덴의 공식통계에서 확인된 것과 같이 이민자의 범죄율이 결코 높지 않음에도 불구하고 스웨덴에서 이민자(난민)에 의한 범죄가 심각하다는 주장은 정치인의 왜곡된 인식과 대중을 선동하는 술사이며, 미디어의 난민에 대한 선정적인 보도태도 역시 난민거부감을 부추기는 도구라 할 것이다.[39] 실제로 2017년 2월 도널드 트럼프 미 대통령이 "스웨덴은 난민범죄로 어려움에 직면해 있다면서 미국의 난민입국을 막아야 한다"고 플로리다의 한 집회에서 대중연설을 한 이후 스웨덴에 대한 서방언론의 보도는 이민자(난민)에 의한 범죄로 초점이 옮겨졌고, 이를 반복적으로 접하는 대중의 난민범죄에 대한 두려움과 혐오감을 촉발시켰다.[40]

V. 한국의 자화상

한국 사회에 난민에 대한 일반시민의 관심이 급증한 계기는 제주도 예멘난민 사태라 할 것이다. 그리고 이 사태를 중심으로 그동안 표면 위로 드러나지 않았던 난민두려움에 대한 논쟁도 거세졌다.[41]

지난 2015년에 발생한 예멘 내전을 피해 2016년부터 무비자 입국이 가능한 제주도에 예멘인들이 들어오기 시작하였다. 2017년 12월 말레이시아 쿠알라룸프르와 제주를 잇는 직항 항공노선이 신설되고 나서는 말레이시아에 체류하던 예멘인들 중 체류 기한이 지난 사람들이 대거 입국하여 2018년에 561명에 이르게 되었다. 결국 정부는 2018년 4월 30일 이들에 대한 출도제한 조치를 내리면서 난민문제가 시민들의 관심사로 급부상하게 되었다.

난민찬반 논쟁이 청와대 청원으로 이어졌고, 시민단체 등이 주도한 난민찬반 시위가 광화문 등지에서 개최되는가 하면, 급기야 법무부장관이 나서 2018년 8월 1일 난민협약 탈퇴에 대한 정부의 공식입장을 발표하기에 이르렀다.[42]

2018년 6월 21일 TBS의 의뢰로 진행된 여론조사업체 리얼미터가 제주도 예멘난민 수용의 찬성 여부에 대한 전국민 여론조사 결과 수용 반대 49.1%, 찬성 39%, 모르겠다 11.9%로 반대의견이 10.1% 많은 것

으로 나타났다. 응답자의 23.4%는 예멘난민 수용을 매우 반대한다고
했고, 25.7%는 반대하는 편이라고 답했다. 이어 찬성하는 편인 사람이
31%였다. 매우 찬성한다는 응답자는 8.0%에 불과했다.[43]

그런데 난민을 반대하는 입장은 난민이 대부분 이슬람국가이고, 테
러와 연계될 우려가 있다는 이유를 들어 이른바 사회안전을 위해 난민
을 받아들여선 안 된다는 주장이 강하다. 또한 자신의 국가가 어려움에
처했는데도 본인만이 살겠다는 이유로 고국을 등졌다는 비난과 한국에
전쟁이 나면 과연 이들이 한국을 위해 싸우겠냐는 의구심을 들거나, 난
민지원금을 노리고 구직활동을 하지 않을 것이라는 이유를 들어 반대
하기도 한다.

이와 같이 난민관련 쟁점을 정리하면 난민으로 인해 사회적 안전이
깨질 것이라는 두려움, 즉 난민＝범죄＝이슬람＝테러 등의 심리적 도식
화와 사회자본을 나눠야 한다는 두려움, 즉 난민＝빈곤＝생활비·주거시
설·직업지원＝사회자본의 분배 등의 물리적 도식화로 정리할 수 있다.
그러나 이와 같은 두려움의 논리적 연결고리는 매우 약하다.

1. 난민연구 부족

외국인, 난민 혹은 난민신청자의 범죄에 대한 공식통계나 이들의 범
죄를 입증하는 실증적 연구는 찾기 어렵다. 다만 외국인의 범죄에 대한
연구를 통하여 관련 분야를 추정할 수는 있겠다. 최영신·장현석(2016)
의 연구에서 2011년부터 2014년까지 4년 동안 내국인과 외국인 전체
범죄의 인구 10만 명 당 검거인원을 비교해보면, 내국인의 검거인원지
수는 매해 외국인보다 현저하게 높았다.[44] 2011년 내국인의 인구 10만
명 당 검거인원은 3,524명이고, 외국인은 1,420명으로 내국인의 검거
인원지수가 외국인보다 2.5배 정도 높았다. 이어 내국인의 검거인원지
수는 2012년 2.9배, 2013년 2.9배. 2014년 2.8배 정도 더 내국인의 검

거지수가 높은 것으로 나타났다. 이와 같은 현상은 이후 법무부의 범죄 공식통계를 통해서도 확인된다.[45]

2. 외국인 범죄 보도태도

외국인 범죄에 대한 미디어의 선정적 보도 및 반복보도 등의 보도태도에 의한 외국인에 대한 부정적 태도형성이 난민에 대한 인식에 더 영향을 미친다는 점이다. 앞서 독일이나 스웨덴의 경우와 같이 외국인 범죄에 대한 언론보도가 내국인보다 과도하게 반복보도되는 현상을 확인한 연구도 있다.[46] 살인, 강간 등의 강력범의 경우 반복보도 현상이 두드러져 이주이국인＝우범자라는 인식이 언론보도에 의하여 계발된다는 지적이다. 이 연구와 유사하게 외국인 강력범에 대한 미디어의 보도태도가 내국인 강력범에 대한 보도태도보다 더 선정적이며, 반복적이어서 외국인 혐오감 형성에 영향을 줄 수 있다는 연구들은 이미 상당하다.[47]

3. 난민법은 허울 좋은 비단옷?

한국은 예멘난민신청자들에게 난민협약 및 난민법이 규정한 대로 별도의 정착비나 임시숙소를 지원하지 않았다. 현행 난민법은 난민 인정자뿐만 아니라 심사를 기다리는 난민신청자들에게도 최소한의 권리를 보장하도록 규정하고 있지만, 제주도 예멘인 난민신청자들의 경우 정부가 숙소를 제공하지 않았고, 이들이 자비로 호텔 등 숙박업소에 머물거나 종교단체 등이 제공하는 임시숙소에 거주하였던 것으로 밝혀졌다.[48] 또한 난민법상 난민신청자들에게 6개월이 넘지 않는 범위에서 생계비(1인가구 기준 43만원)를 지원토록 한 규정도 지키지 않아 생계비를 받은 예멘난민 신청자는 없는 것으로 밝혀졌다. 대신 정부는 난민법상 난민신청서를 낸 6개월 뒤부터 취업 활동을 보장하고 있지만, 예멘

인들의 경우 예외적으로 6개월 이전에도 취업 활동을 허가하는 조치를
취하였다.

4. 지나친 난민 테러범 우려

난민＝이슬람＝테러위험이라는 심리적 등식은 매우 비논리적이다.
즉, 한국이 난민집계를 시작한 1994년부터 2018년까지 누적 난민신청
자는 앞의 표에서도 부분 확인되는 것과 같이 가장 많은 경우는 기타
－파키스탄－중국－카자흐스탄－이집트－러시아 등의 순으로 나타났
다. 즉, 난민이 대부분 이슬람계일 것이라 추정하는 것은 편견일 뿐이
다. 오히려 중국이나 파키스탄[49] 등으로부터의 난민신청이 많은 이유
는 정부가 2004년부터 시행 중인 외국인고용제의 한계, 즉 고용기간
및 횟수의 제한 등으로 인한 불법체류자, 가족초청제한 문제 등이 결합
하여 파생한 문제일 가능성이 높다.[50]

5. 낮은 다문화수용성

난민에 대한 거부정서는 한국인의 다문화수용성이 아직 높지 않다는
반증일 수 있다. 여성가족부의 용역발주로 한국여성정책연구원이 2012
년, 2015년, 2018년에 전국 성인 남녀 총 4,000명을 대상으로 국민 다
문화수용성조사를 실시한 결과가 그림표이다.[51]

다문화수용성을 구성하는 다양성과 관계성 영역은 2015년보다 오히
려 감소하는 경향을 보이고, 보편성은 약간 향상되었다. 특히 다양성
영역의 고정관념 및 차별 점수는 조사연도 모두 다양성 구성요소 중
가장 높아 인종, 종교, 민족 등의 편향성이 심하다는 것을 알 수 있다.
이러한 성향은 난민의 특정 종교, 국적 출신의 난민에 대한 거부감형성
에도 영향을 미칠 것이라 추론케 한다.

한국인의 다문화수용성 변화

구분	수용성(점)	다양성				관계성				보편성		
		평균	문화개방성	국민정체성	고정관념및차별	평균	일방적동화기대	거부회피정서	교류행동의지	평균	이중적평가	세계시민행동의지
2012	51.17	53.23	48.08	48.84	61.73	49.86	49.91	55.17	43.61	49.85	46.96	53.00
2015	53.95	55.15	49.36	50.32	64.60	53.45	46.44	66.01	45.81	52.76	48.88	56.98
2018	52.81	53.90	49.34	48.78	62.58	51.59	45.69	64.46	42.48	52.98	48.25	58.13

출처: 김이선 외, 2019. 재구성.

참고 자료 및 설명

1) 정금심, "난민 인권 보호를 위한 난민법 개정 방향 연구−난민 심사 및 난민 처우를 중심으로", 「법조」, 67(3), 2018, 645−698.; 이장희, "탈냉전 이후 난민법과 난민 인권보호의 실천과제", 「인도법논총」, (36), 2016. 143−161.

2) 김남국, "유럽연방(EU)의 인권정책: 전쟁, 난민 그리고 정체성", 「EU학연구」, 12(2), 2007, 2−39.; 박선희, "유럽국경관리청(FRONTEX)과 난민의 인권문제", 「통합유럽연구」, 8(1), 2017, 89−122.

3) 최진우, "난민위기와 유럽통합", 「문화와 정치」, 3(1), 2016, 109−137쪽.; Bilgic, A., & Pace, M. "The European Union and refugees. A struggle over the fate of Europe", 「Global Affairs」, 3(1), 2017, 89−97.; De Poli, S., Jakobsson, N., & Schüller, S., "The drowning−refugee effect: media salience and xenophobic attitudes". 「Applied economics letters」, 24(16), 2017, 1167−1172.; Achiume, T., "Governing Xenophobia", 「Vanderbilt Journal of Transnational Law」, 2017, 17−34.; Witcomb, A., "Xenophobia: museums, refugees and fear of the other", 「The contemporary museum: shaping museums for the global now」, 2018, 74−87.

4) UNHCR, 「Global Trends Report 2020」, 2021, https://han.gl/woYwD.

5) e−나라 지표, https://www.index.go.kr/potal/main/EachDtlPageDetail. do?idx_cd=2820.

6) 재정착 희망난민 : 대한민국 밖에 있는 난민 중 대한민국에서 정착을 희망하는 외국인(난민법 제24조); 이하 허경미, "난민의 인권 및 두려움의 쟁점". 경찰학논총, 15(2), 2020, 35−72. 내용 전반적 참조.

7) McKnight, J., "Through the fear: a study of xenophobia in South Africa's refugee system", 「Journal of Identity and Migration Studies」, 2(2), 2008, 18−42.

8) 허경미, 「범죄인 프로파일링」, 제2판, 박영사, 2021, 199.; Ortona, G. "Xenophobia Is Really That: A (Rational) Fear of the Stranger", 「Mind & Society」, 16, 2017, 37−49.

9) Yakushko, O., "Xenophobia: Understanding the roots and consequences of negative attitudes toward immigrants", 「The Counseling Psychologist」, 37(1), 2009, 36−66.

10) Achiume, T., op. cit.

11) Witcomb, A., op. cit.

12) Jolly, S. K., & DiGiusto, G. M. (2014). "Xenophobia and immigrant contact: French public attitudes toward immigration". 「The Social Science Journal」, 51(3), 2014, 464−473.

13) De Poli, S., Jakobsson, N., & Schüller, S., op. cit.; Achiume, T., op. cit.

14) Adjai, C., & Lazaridis, G. "Migration, Xenophobia and New Racism in Post−Apartheid South Africa". 「International Journal of Social Science Studies」, 1(1), 2013, 192−205.

15) Poynting, S., & Briskman, L., "Islamophobia in Australia: From Far−Right Deplorables to Respectable Liberals". 「Social Sciences」, 7(11), 2018, 1−17.

16) Jackson, L. B., "Introduction: Islamophobia and Racism. Islamophobia in Britain. Palgrave Macmillan", 「Cham」, 2018. 1−29.

17) 홍태영, "유럽의 시민권, 정체성 그리고 문화적 인종주의: 국민국가의 전환과 극우민족주의", 「한국정치연구」, 20(2), 2011, 235−260.

18) 김춘식, "유럽 난민문제와 독일 극우주의의 부활", 「독일연구」, 33, 2016, 153−186.

19) 난민의정서(Protocol Relating to the Status of Refugees)는 1967년 1월 31일 채택되었으며, 이 의정서의 당사국은 1951년 7월 28일 제네바에서 작성된 난민의 지위에 관한 협약이 1951년 1월 1일 전에 발생한 사건의 결과로서 난민이 된 자에게만 적용된다는 것을 고려하고, 협약이 채택된 후 새로운 사태에 의하여 난민이 발생하였으며, 따라서 이들 난민은 협약의 적용을 받을 수 없음을 고려하며, 1951년 1월 1일 이전이라는 제한에 관계없이 협약의 정의에 해당되는 모든 난민이 동등한 지위를 향유함이 바람직하다고 고려하여 합의하였다.

20) 셍겐협정은 1985년 제1차 셍겐협정과 1990년 2차 협정을 모두 포함한다.

21) European Commission website, https://ec.europa.eu/home−affairs/ policies/migration−and−asylum/common−european−asylum−system /country−responsible−asylum−application−dublin−regulation_en/

22) European Commission, https://ec.europa.eu/.

23) Eriksen, E. O., "Political differentiation and the problem of dominance: Segmentation and hegemony", 「European Journal of Political Research」, 57(4), 2018, 989−1008.

24) Sombetzki, P., & Quicker, J., "European border surveillance systems running a self−fulfilling circle", 「MaRBLe」, 3. 2016, 1−26.

25) SIS는 사람, 물건 및 자동차 등록정보를 수집하고, 이를 발견할 경우 수행할 작업에 대한 지침도 포함되어 있다. 특히 셍겐지역 내에서 발생한 범죄수사에 대응하기 위해 가입국 경찰들은 범죄자, 행방불명자 등의 정보를 공유하며, 각국 경찰들은 공조를 요청하거나 직접 추적하여 체포하는 등의 조치를 취할 수 있다. 셍겐협정 이전에는 수배자가 인접국을 진입할 경우 범죄발생지 국가의 경찰은 추적이 어려웠지만, 이 시스템의 도입으로 특별한 제약없이 범인을 추적할 수 있다.

26) Federal Criminal Police Office, Police Crime Statistics 2015, https://www.bka.de/EN/CurrentInformation/PoliceCrimeStatistics/2015/pcs2015.htm

27) Achiume, T., op. cit.

28) Feltes, T., List, K., & Bertamini, M., "More refugees, more offenders, more crime? Critical comments with data from Germany." 「Refugees and Migrants in Law and Policy」, 2018. 599−624.

29) Sampson, R. J., & Wooldredge, J. D., "Linking the micro−and macro−level dimensions of lifestyle−routine activity and opportunity models of predatory victimization", 「Journal of quantitative criminology」, 3(4), 1987, 371−393.; Pratt, T. C., & Turanovic, J. J., "Lifestyle and routine activity theories revisited: The importance of "risk" to the study of victimization", 「Victims & Offenders」, 11(3), 2016, 335−354.

30) Feltes, T., List, K., & Bertamini, M., op. cit.

31) Olly, S. K., & DiGiusto, G. M. (2014). "Xenophobia and immigrant contact: French public attitudes toward immigration". 「The Social Science Journal」, 51(3), 2014, 464−473.

32) UNHCR, op. cit. 21.

33) Time, "5 Stats That Help Explain What's Really Happening in Sweden", https://time.com/4676636/sweden−donald−trump−crime−figures/

34) The Swedish National Council for Crime Prevention, 「Swedish Crime Survey 2019」, Ministry of Justice, 5−7.

35) Adamson, G., "Migrants and Crime in Sweden in the Twenty−First Century", 「Society」, 2020, 1−13.

36) Ahlberg, J., Invandrare och invandrares barns brottslighet. En statistisk analys. 「BRÅ−rapport」, 1996, 2.; Martens, P., & Holmberg, S., Brottslighet bland personer födda i Sverige och i utlandet. Brottsförebyggande rådet (BRÅ), 「Brå−rapport」 2005, 17.

37) Kardell, J. and Martens, P.L., "Are children of immigrants born in

Sweden more law－abiding than immigrants?: A reconsideration", 「Race and Justice」, 3(3), 2013, 167－89.

38) Vasiljevic, Z., Svensson, R., & Shannon, D., "Immigration and crime: a time－trend analysis of self－reported crime in Sweden, 1999-2017", 「Nordic Journal of Criminology」, 2019, 1－10.

39) De Coninck, D., Vandenberghe, H., & Matthijs, K., "Discordance between public opinion and news media representations of immigrants and refugees in Belgium and Sweden", 「Images of Immigrants and Refugees in Western Europe」, 2019, 123－140.

40) Hesson, L., "What Happened Last Night in Sweden? Analysis of Western news media portrayal of crime in Sweden.", 2019.

41) 중앙일보(https://news.joins.com/article/22790407/). 2018. 7. 11.; 매일경제, https://www.mk.co.kr/news/world/view/2018/07/416854/.

42) 파이넨셜 뉴스, https://www.fnnews.com/news/201808011052436256/.

43) 뉴데일리, http://www.newdaily.co.kr/site/data/html/ 2018. 6. 22.

44) 최영신, & 장현석, 「외국인 폭력범죄에 관한 연구」, 형사정책연구원 연구총서, 2016, 17.

45) 법무연수원, 「2018년 범죄백서」, 2019. 170－173.

46) 박상조·박승관, "외국인 범죄에 대한 언론 보도가 외국인 우범자 인식의 형성에 미치는 영향", 「한국언론학보」, 60(3), 145－177.

47) 허경미, "미디어의 외국인 강력범죄에 대한 보도태도 연구", 「한국경찰연구」, 15(3), 2016, 351－374.; 임양준, "한국거주 이주노동자에 대한 신문의 보도경향과 인식연구", 언론과학연구」, 12(4), 2012, 419－456.

48) BBC 코리아, https://www.bbc.com/korean/news－44632261/.

49) 2019년을 기준으로 2019년 고용허가제 송출국가는 현재 필리핀, 몽골, 스리랑카, 베트남, 태국, 우즈베키스탄, 파키스탄, 인도네시아, 캄보디아, 중국, 방글라데시, 키르키즈스탄, 네팔, 미얀마, 동티모르, 라오스 등 16개국이다. 고용노동부, http://www.moel.go.kr.

50) 윤향희, "미등록 외국인근로자의 인권 보호: 출입국관리법의 개선방향 제시를 중심으로", 「현대사회와다문화」, 6(2), 2016, 127－149.

51) 김이선 외, 2018년 국민 다문화수용성 조사, 「한국여성정책연구원」, 2019. 62.

제2장

International Megan's Law
: 수정헌법을 흔들다

I. 성범죄자 처벌의 한계를 보다

성범죄자 신상정보 등록제(Sex offender Public Registry)는 국가마다 매우 다양한 형태로 발전하였지만, 최초로 도입한 국가는 미국이다. 성범죄자 신상정보 등록제란 일정한 성범죄자의 정보를 국가가 관리하며, 정보의 공개 및 범죄자처우, 성범죄에 대한 잠재적 피해자 보호 정책 등에 활용하는 제도이다.

한국의 경우 성범죄자에 대한 신상정보 등록대상 및 운용 등은 성폭력범죄의 처벌 등에 관한 특례법, 아동·청소년의 성보호에 관한 법률 등에 근거를 두고 있다. 그런데 성범죄자의 신상정보 등록제는 단순히 성범죄자의 개인정보를 국가가 관리하는 것에 그치지 않고 이들에 대한 주거지 제한, 취업제한, 개인 간 접촉제한 등의 다양한 보안처분을 병행하고 있다. 그리고 이러한 조치들이 개인의 인권침해라는 논쟁은 한국뿐 아니라 이 제도가 가장 먼저 정착된 미국에서도 여전히 진행

자료: https://njlawattorney.com/2018/06/26/international−megans−law−sex−offender/

중이다.[1)]

미국은 국제메건법을 제정하여 아동성범죄자에 대하여 미국 내에서만 불이익을 주는 것에 그치지 않고 미국 밖으로 여행(이동)하려는 등록성범죄인에게 사전에 해외여행 계획의 신고의무를 부과하고, 당사자의 여권에 성범죄자임을 알리는 식별표시(스탬프 마킹)를 하며, 범죄인의 정보를 상대국가에 제공하는 등의 조치를 취하도록 한 것이다.[2)]

물론 이 법의 취지는 미성년자 성범죄자의 이동을 제한하여 상대국가의 안전을 도모하겠다는 것이지만, 지나친 기본권 침해라는 우려도 있다. 즉, 기존의 성범죄자 등록과 관련된 일련의 조치들이 미국 내에서만 당사자의 기본권을 제한한 정도에서 벗어나 미국 밖에서까지 행동을 제약한다는 것이 가장 큰 논란의 대상이 되고 있다. 또한 미국이 국제민간항공기구(ICAO)에서 정한 여권의 기준을 위반한다는 지적 등도 있다.

따라서 여기서는 미국이 국제메건법을 제정하게 된 배경 및 주요내

용, 그리고 그 쟁점이 무엇인지에 대해 살펴보려고 한다.[3]

II. International Megan's Law까지의 험로

미국의 성범죄자 등록 및 공개제는 1993년 제이콥 웨터링법(Jacob Wetterling Crimes Against Children and Sexually Violent Offender Registration Act: Jacob Wetterling Act)까지 거슬러 올라간다.[4] 그리고 국제메건법은 성범죄자 등록제의 거듭된 진화의 최종적인 버전이라고 할 수 있다. 미국의 성범죄자 등록 및 공개제도의 발전 여정을 살펴보는 것은 국제메건법을 제정하기까지 관련 제도의 변화, 그리고 그 배경을 이해하는데 도움이 될 것이다.

1. 1993. 제이콥 웨터링법

제이콥 웨터링법((Jacob Wetterling Crimes Against Children and Sexually Violent Offender Registration Act: Jacob Wetterling Act)은 1993년 1월 5일에 제정되어 같은 해 11월 20일부터 시행되었다.[5]

이 법의 주요 내용은 주정부가 성폭력 범죄 또는 아동성폭력으로 유죄가 선고된 성범죄자를 등록하고, 성범죄자의 주소를 10년 동안 매년 확인해야 하고, 성폭력 범죄자로 분류된 범죄자는 평생 동안 분기별로 거주지 주소를 통보, 확인할 의무를 부여한다는 것이다. 이 법은 주정부의 성범죄자 등록제를 강제하였으나 그 공개를 강제하지는 않았다.

2. 1996. 연방메건법

연방메건법(Federal Megan's Law)은 1996년 3월에 제정되었다.[6] 연방

메건법의 주요내용은 국가의 성범죄자 등록기관에서 정보를 공개하고, 주정부등록 프로그램이 수집한 정보는 주법에 따라 허가된 목적으로 공개될 수 있으며, 성폭력 범죄자에 대한 등록정보를 주정부 및 연방법 집행기관이 일반대중에게 공개하는 것이다.

3. 1997. 제이콥 웨터링 개정법

제이콥 웨터링 개정법(Jacob Wetterling Improvements Act)은 1997년에 개정되었다. 개정법의 주요내용은 각 주정부 및 등록대상자에게 명확하게 업무관할 및 등록의무를 규정한 것이다.[7] 즉, 각 주정부는 성범죄자 정보를 FBI에 통보하는 책임기관을 선정토록하고, 거주지를 변경한 등록자에게 새로운 등록의무를 부과, 등록대상자의 직장 및 학교 등에 대상자통보와 등록, 각 주정부에게 국가성범죄자등록(National Sex Offender Registry)의 지시를 받을 의무부과, 교도소 석방 등록대상자에 대한 통보의무 등이다.

4. 1998. 흉악 성범죄에 대한 아동보호법

흉악 성범죄에 대한 아동보호법(Protection of Children from Sexual Predators Act)은 1998년에 제정되었다.[8] 주요내용은 연방정부의 법무지원국(Bureau of Justice Assistance: BJA)이 주정부의 성범죄자관리지원프로그램(Sex Offender Management Assistance (SOMA) program)을 지원하고, 연방정부의 기금이 교도소의 성범죄 수용자의 인터넷접속지원금으로 지원되지 않도록 감시하는 것이다. 이는 인터넷을 통해 음란물을 구독하거나 아동포르노 등을 구입하는 등의 일탈을 차단하려는 조치이다.

5. 2000. 캠퍼스 성범죄예방법

캠퍼스 성범죄예방법(The Campus Sex Crimes Prevention Act)은 2000 년에 제정되었다.[9] 주요내용은 등록된 성범죄자가 각 교육시설에 종사 하거나, 학생이었거나, 시설을 이용할 경우 반드시 학교당국 및 주정부 등에 신고할 의무를 부과한 것이다.

6. 2003. 보호법

보호법(PROTECT Act)은 2003년에 제정되었다.[10] 주요내용은 각 주정 부는 정보등록 웹사이트를 만들고, 연방법무부는 이들 웹사이트를 연결 하도록 하며, 각 주정부의 비용을 연방정부가 지원하도록 하는 것이다.

7. 2006. 아담월시 아동보호 및 안전법

아담월시 아동보호 및 안전법(Adam Walsh Child Protection)은 2006년 7월 27일에 제정되었다.[11] 주요내용은 연방 법무부의 SMART Office 가 성범죄자 등록, 통보를 관리하며, 이를 위해 성범죄자 선고, 모니터 링, 등록 및 추적시스템을 작동하고, 성범죄자 통보 및 등록 표준 규정 및 관리, 각 주정부 및 연방정부 법집행기관 종사자에 대한 Adam Walsh Act 및 관련 교육 및 기술 지원의 역할을 담당하도록 한 것이다.

따라서 이 법에 의하여 국가성범죄자공식등록(National Sex Offender Public Registry: NSOPW)이 운영되고 있다. 그리고 국가성범죄공식등록은 연방정부 법무부 산하의 「성범죄자 선고, 감시, 체포, 등록 및 추적실」 (Office of Sex Offender Sentencing, Monitoring, Apprehending, Registering, and Tracking: SMART)이 담당한다.[12]

SMART Office의 주요업무는 Adam Walsh Act의 시행에 관한 지침

을 연방 법집행기관 및 주정부에 제공하고, NSOPW를 운영하며, 각종 기술 및 성범죄자 등록 및 관리에 필요한 예산 및 보조금 배분, 성범죄 자와 관련된 중요한 입법 및 성범죄자의 등록, 신고 및 관리와 관련된 보조금 프로그램을 관리한다.

한편 미국의 「국가성범죄자등록」(National Sex Offender Public Registry: NSOPW)은 2005년에 개설되었지만, 2006년에 아담월시 아동보호 및 안전법(Adam Walsh Child Protection and Safety Act of 2006)에 따라 그 명칭이 변경되었다.

이에 따라 연방정부 및 미국 50개 주 모두가 공유하는 성범죄자등록 시스템이 2006년부터 작동되었다. 따라서 NSOPW는 미국의 유일한 연방 및 모든 주정부가 공유하고 공개하는 성범죄자등록 및 공개 웹사 이트이다.

미국의 학부모, 고용주 및 주민들은 이 웹사이트를 활용하여 자신의 이웃뿐만 아니라 주변의 다른 주 및 지역 사회에서 거주, 근무 및 보호 관찰소 등에 출석하는 성범죄자에 대한 위치정보를 확인할 수 있다. NSOPW는 주소지, 이름, 우편번호, 도시/마을 등의 다양한 검색어로 검색이 가능하다.[13]

8. 2015. 군인 성범죄자 통보법

군인 성범죄자 통보법(2015 Military Sex Offender Reporting Act)은 2015년에 제정되었다.[14] 주요내용은 국방부는 군사법원을 통해 성범죄 로 유죄가 확정된 모든 군인 성범죄자에 대한 정보를 NSOR 및 NSOPW 에 제출하여 이들의 신상정보를 등록 및 공개할 수 있도록 하였다.

9. 2016. 국제메건법

국제메건법(International Megan's Law)은 2016년 2월 2일에 제정되었다. 정식 명칭은 「여행의 사전통지를 통한 성범죄자의 아동 및 그 외 성범죄예방법」(Law to Prevent Child Exploitation and Other Sexual Crimes Through Advanced Notification of Traveling Sex Offenders)이다.[15]

앞서 1993년 제이콥 웨터링법의 제정 이후부터 2015년 군인 성범죄자 통보법이 미국 정부가 꾸준하게 추진한 성범죄자에 대한 주정부 및 연방정부의 관리 및 통제 시스템을 완성하는 과정이었다면 국제메건법은 미국 밖에서의 성범죄자에 대한 통제권을 행사하려는 의지를 엿볼 수 있다.

이 법의 주요 내용은 등록성범죄자가 해외여행을 할 경우 21일 전에 주소지의 등록사무소에 출국신고를 하여야 하고, 여권에 특정성범죄자(Covered sex offenders)임을 표시하는 식별표지를 새기도록 하며, 연방보안관실(U.S. Marshals Service)이 당사자의 여행정보를 인터폴을 통하여 상대국가에 통보할 수 있도록 한 것이다.

자료: https://twitter.com/SenShelby/status/626852034671734785/photo/1/

특정성범죄자란 미성년자 유괴, 감금, 성적 행위, 성적 행위에 대한 권유, 성적 행위나 성매매 알선, 미성년자 비디오 촬영, 아동 포르노 범죄 등을 말한다.[16]

III. International Megan's Law의 여러 논쟁

앞에서 살펴본 것과 같이 국제메건법의 등장은 성범죄자에 대한 다양한 제재 특히 개인의 신상정보의 등록 및 공개, 그리고 취업제한 등의 범주를 미국 내에서 국제사회로까지 확대하는 근거법이라는 것을 알 수 있다. 따라서 이에 대해 여러 우려하는 주장들이 있다.

1. 미국 수정헌법상 기본권 침해 여부

국제메건법의 기본 취지가 미국 내에서만 성범죄자의 기본권을 제한하는 것에 멈추지 않고 국제사회로까지 이어지자 성범죄자 등록제 자체가 본질적으로 기본권을 침해한다는 법적 다툼이 여러 주정부에서 진행되고 있다.

그리고 관련 법적 다툼은 성범죄자들의 집단소송으로 이어지고 있고, 이를 지지하는 인권단체들도 가세하는 양상을 보이고 있다. 이미 2016년 미국 연방항소법원은 미시간주의 성범죄자등록사무가 위헌이라고 판결하였다.[17] 그러나 이에 대하여 미시간주정부는 성범죄자등록소를 폐지하지 않고 이를 연방대법원에 상고하여 재판이 진행중이다.[18]

국제메건법은 기존의 연방메건법을 포함한 일련의 성범죄자등록 및 공개 관련 입법의 연장선상에 있고, 성범죄자 등록제 자체의 위헌성에 대한 논쟁이 여전함에도 불구하고 해외여행사실을 해당국에 통보하는 것은 더 심각한 위헌적 소지가 있다는 것이다.[19]

2. 법원의 엇갈리는 판결

연방법원간 성범죄자 등록제의 위헌성 인정여부에 대하 태도가 다른 판결이 잇따르고 있다. 앞서 미시간주 사건에서 연방항소법원은 미시간주의 성범죄자등록소가 일정한 과학적 증거, 즉 성범죄자 등록제가 실제로 얼마나 성범죄를 억제하는지에 대한 자료(증거)를 확실히 제시하지 못했다는 이유로 사회적 법익(잠재적 성범죄 피해 예방)을 위해 개인적 법익(프라이버시권)을 지나치게 제한하는 것은 위헌이라는 판결을 내놓았다.

그러나 이보다 앞서 연방대법원은 Smith v. Doe 재판을 통해 알래스카의 성범죄자 등록이 성범죄자의 재범률이 "무섭게 높기 때문에" 공공 안전에 필요하다고 판결했다.[20] 즉, 연방대법원은 성범죄의 재범률이 높다는 통계적 증거를 바탕으로 알래스카의 신상등록제 등의 합헌성을 인정한 것이다.

그런데 문제는 범죄자의 재범에는 개인의 인성, 교화정도, 수감의 경험, 가족관계 등 다양한 요인들이 상호영향을 주며, 성범죄자의 경우도 예외가 아니라는 점을 고려할 필요가 있고 이는 다양한 범죄학적 연구를 통하여 증명되고 있다. 같은 맥락에서 특정성범죄자의 경우 획일적으로 이들의 여행 정보를 상대국가에 통보하는 것은 개인의 재범위험성의 차이 등을 고려하지 않은 비형사사법적인 조치라는 비난이다.[21]

결국 개인의 수치심을 자극하고, 여행을 포기토록 함으로써 상대국가에서의 잠재적인 성범죄를 예방하겠다는 입법취지 역시 성범죄자는 곧 재범자라는 틀을 벗어나지 못한 것이고 무엇보다 이것을 증명하는 과학적 증거들을 정부가 제시하지 못하고 있고 법원 역시 그 판단기준이 모호하다는 지적을 받고 있다. 실제로 성범죄자 등록 및 공개제가 성범죄자의 재범률에 영향을 주지 않는다는 연구결과들도 제시되고 있다.[22]

3. 국제기구의 남용과 월권 부담

미국이 국제메건법을 통해 자국 성범죄자 여권에 성범죄자라는 스탬프를 찍는 것이 국제민간항공기구(ICAO)의 국경 통제 관리에 관한 여행자 식별 프로그램 지침(ICAO Traveller Identification Programme Guide on Border Control Management)에 부합하지 않는다는 점이다.[23] 즉, 이 지침 중 일부에는 인터폴에 수배자로 등록된 범죄자를 식별토록 하는 규정이 있지만, 이 경우 수배 여행자를 발견한 해당국은 이를 형사사법기관에 해당사실을 통보하여 수배자를 체포할 수 있도록 하는 일련의 조치를 취하는 정도이다.

그러나 국제메간법은 성범죄의 정보를 인터폴에 통보하여 이를 여행국에 전달토록 규정함으로써 인터폴의 업무 영역을 벗어나고 있다.[24] 인터폴은 회원국 및 유엔기구로부터 통보된 8가지 유형의 수배대상자들에 관한 정보를 회원국에 알리고 관련 정보를 교환하는 통로이자 회원국 간 형사사법 협력시스템 유지를 컨트롤하는 기구이다. 따라서 미국이 수배자가 아닌 자국인 성범죄자 정보를 여행대상지 국가에 전달토록 하는 통로로서 인터폴을 활용하는 것은 인터폴의 창설취지와 운영 목적에 부합하지 않는다.[25]

4. 성범죄자라는 스티그마

관리성범죄자(covered sex offenders)라는 식별표시를 여권에 마킹함으로써 국가가 범죄자에 대하여 사회적 낙인, 즉 주홍글씨(Scarlet letters)를 찍는다는 비난도 있다. 특히 이러한 조치는 제2차 세계대전 중에 나치 독일이 유대인들에게 다윗의 별(Shield of David, Magen David)이라는 노란색 별 표식을 가슴에 달고 다니도록 하는 탄압의 이미지를 연상시킨다는 지적도 있다.[26]

즉, 여권은 여행목적 이외에도 자신을 증명하는 다양한 기능, 즉 운전면허, 취업, 은행계좌, 학교입학, 공공기관출입 등으로 사용됨에도 불구하고 여권에 아동성범죄자임을 주홍글씨처럼 표시하여 여권을 사용하지 못하게 하는 역효과를 함께 가져오며, 결국 성범죄자의 사회복귀를 오히려 어렵게 할 수 있다는 것이다.

5. 성범죄자의 머릿속은 성범죄만을 생각하나?

국제메건법은 성범죄자의 해외여행의 목적을 지나치게 성매매(sex trafficking) 혹은 성관광(sex tourism)으로만 한정짓고 이들의 여행을 제한하려는 입법취지를 보이고 있다는 지적이다. 이는 성범죄자의 행동에 대한 선입감이기도 하고 동시에 인간의 모든 행동을 성적인(sexual) 것으로만 해석하고 귀착시킴으로써 인간의 존엄성(Dignity)을 존중하지 않는다는 지적도 있다.[27]

IV. 조심스러운 상념들

미국은 국제메건법을 제정하기까지 성범죄자에 대한 다양한 사회적 제재, 특히 이들의 정보를 주정부 및 연방정부가 관리하고 취업제한과 주거제한, 전자발찌제, 약물치료제 등의 잠재적 성범죄 억제정책을 개발하고 도입하였다. 일부 제도는 재범억제라는 효과를 거두었지만 그 효과성이 입증되지 않은 상태에서 입법을 서둘러 오히려 사회적 지지 확보가 더딘 경우도 있다.

국제메건법상 여권에의 성범죄자표시제나 여행국가에의 통보제 역시 아직은 제도보완을 요구하는 의견들이 분분한 것으로 보인다. 무엇보다 인권침해적 소지와 국제민간항공기구나 인터폴 등의 운영 및 기능

을 벗어나는 점, 성범죄자의 재범률과 등록제의 상관성 등에 대한 과학
적 증거 등이 명확하지 않은 점 등도 국제메건법의 적극적인 시행을
가로막는 장애요소인 것으로 보인다.

참고 자료 및 설명

1) Perlin, M. L., & Cucolo, H. E. (2017). Shaming the Constitution: the detrimental results of sexual violent predator legislation. Temple University Press.

2) H.R.515 ─ International Megan's Law to Prevent Child Exploitation and Other Sexual Crimes Through Advanced Notification of Traveling Sex Offenders. congress.gov, https://www.congress.gov/bill/114th─congress/house─bill/515/.

3) 이하 허경미. (2019). 미국의 성범죄자 등록·공개·취업제한 제도에 대한 비판적 쟁점. 한국공안행정학회보, 28(1), 271─298. 내용 전반적 참조.

4) SMART, Legislative History of Federal Sex Offender Registration and Notification, https://www.smart.gov/legislation.htm/.

5) 1989년 1989년 11세로 납치된 제이콥 웨터링(Jacob Wetterling)을 추모하기 위해 그 이름으로 명명되었다. 납치 당시 제이콥 웨터링은 11세였으며, 2016년 9월 1일에 시신으로 발견되었다. 이 사건은 실종아동의 심각성 및 실종아동에 대한 수사 및 유괴범에 대한 처벌강화 정책 등에 많은 영향을 미쳤다. 특히 성범죄 피해 아동은 여아들뿐만이 아니라 남아 역시 매우 위험하다는 사회적 경각심을 일깨웠다.

6) 42 U.S.C. 14071(d)). 이 법은 뉴저지주의 해밀턴시의 1994년 7세 된 여아 Megan Kanka가 이웃집의 아동성폭력사범에게 강간된 후 살해된 사건이 계기가 되었다. 메건의 부모가 성범죄자는 반드시 지역사회에 공개하여야 한다는 입법청원운동을 벌였고, 시민들이 이에 동참하면서 뉴저지주 의회에서 제정되었다. 이후 다른 주정부에서도 메건법을 제정하였고, 연방정부 역시 연방메건법을 제정한 것이다. megans─law.net, https://web.archive.org/web/20030603161826/http://www.megans─law.net/.

7) H.R.1683, Jacob Wetterling Crimes Against Children and Sexually Violent Offenders Registration Improvements Act of 1997. congress.gov, https://www.congress.gov/bill/105th─congress/house─bill/1683/.

8) S.2491 ─ Protection of Children From Sexual Predators Act of 1998, congress.gov, https://www.congress.gov/bill/105th─congress/senate─bill/2491?s=1&r=85/.

9) 20 U.S.C. Section 1232g. US Department of EducationU.S. Department of Education, https://www2.ed.gov/policy/gen/guid/fpco/hottopics/ht10─24─02.html/.

10) Prosecutorial Remedies and Other Tools to end the Exploitation of Children Today Act of 2003. S.151 – PROTECT Act. congress.gov, https://www.congress.gov/bill/108th – congress/senate – bill/151/.

11) H.R.4472 – Adam Walsh Child Protection and Safety Act of 2006. con gress.gov, https://www.congress.gov/bill/109th – congress/house – bill/ 4472/.

12) SMART, https://www.smart.gov/.

13) NSOPW, https://www.nsopw.gov/.

14) S.409 – Military Sex Offender Reporting Act of 2015. congress.gov, https://www.congress.gov/bill/114th – congress/senate – bill/409/text/.

15) International Megan's Law, Pub. L. No. 114 – 119, § 8, 130 Stat. 24 (2016).

16) Id. § 20911(7)(A) – (I) (Supp. V 2017).

17) Does #1-5 v. Snyder, 834 F.3d 696, 705-06 (6th Cir. 2016).

18) ABC57, ACLU pushes for removal of sex offender registry, https://www.abc57 .com/news/aclu – pushes – for – removal – of – sex – offender – registry/.

19) Porte, R. W. (2017). Sex Offender Regulations and the Rule of Law: When Civil Regulatory Schemes Circumvent the Constitution. Hastings Const. LQ, 45, 715.

20) Smith v. Doe, 538 U.S. 84, 103 (2003).

21) Levenson, J. S., Grady, M. D., & Leibowitz, G. (2016). Grand challenges: Social justice and the need for evidence – based sex offender registry reform. J. Soc. & Soc. Welfare, 43, 3.

22) Zgoba, K. M., Jennings, W. G., & Salerno, L. M. (2018). Megan's law 20 years later: An empirical analysis and policy review. Criminal Justice and Behavior, 45(7), 1028 – 1046.

23) ICAO, ICAO TRIP Guide BCM Part 1 – Guidance.pdf/.

24) INTERPOL, What is INTERPOL?, https://www.interpol.int/en/Who – we – are/What – is – INTERPOL/.

25) INTERPOL, About Notices, https://www.interpol.int/en/How – we – work/ Notices/About – Notices/.

26) Washington Post, The yellow star, the scarlet letter, and 'International Megan's Law', https://www.washingtonpost.com/news/volokh – conspiracy /wp/2016/01/06/the – yellow – star – the – scarlet – letter – and – international – megans – law/.

27) Cull, D. (2018). International Megan's Law and the Identifier Provision – An Efficacy Analysis. Wash. U. Global Stud. L. Rev., 17, 181.

제3장

화학적 거세제: 공공보호와 응징의 갈림길

I. 공공보호가 우선이라는 헌재 결정

헌법재판소는 화학적 거세제도의 위헌성에 대하여 재판관 6(합헌)대 3(위헌)의 의견으로 합헌으로 결정하였다(전원재판부 2013헌가9, 2015.12. 23). 헌법재판소는 "성충동 약물치료 명령은 신체의 자유 및 사생활의 자유, 인격권 등을 제한하지만 재범을 방지하고 성폭행 범죄로부터 국민을 보호하고자 하는 입법목적이 정당하다"고 판단했다. 그러나 15년 범위 내의 치료명령 기간에 대해서는 "치료명령의 선고시점과 집행시점 사이에 상당한 시간적 간극이 존재하게 되고, 장기간의 수감생활 중의 사정변경으로 집행시점에서 치료의 필요성이 없게 된 경우 불필요한 치료 가능성이 있고, 이를 배제할 절차가 없다"며 위헌성이 있다고 판결하였다. 한편 헌법불합치를 주장한 재판관들은 "성기능 무력화가 성폭력범죄를 불가능하게 한다고 단정할 수 없고 성범죄의 동기나 원인은 성충동에 한정되지 않으며, 화학적 거세가 사람의 신체적 기능을

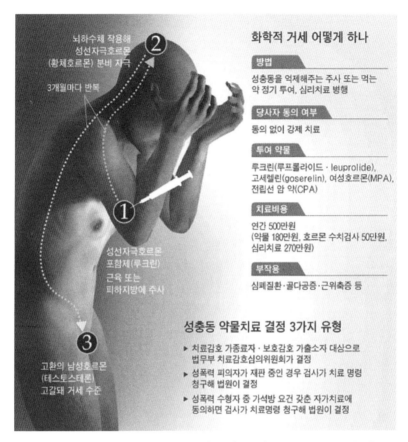

자료: https://koreajoongangdaily.joins.com/news/article/article.aspx?aid=2964967&ref
=mobile/

본인의사에 반해 훼손하고, 이런 통제를 통해 인간개조를 이끌어 내려는 시도로서 인간의 정체성을 위협하는 것은 아닌지 근본적 의문이 있다"는 의견을 피력하였다.

이와 같이 헌법재판소의 재판관들조차 화학적 거세제도에 대해서는 전원합의를 이끌어내지 못할 정도로 이 제도는 그의 필요성을 공감하면서도 개인의 신체적 기능(성기능)을 강제로 상실 또는 저하시켜 범죄문제를 해결하려는 입장을 취함으로써 중세시대의 범죄자에 대한 장형

이나 태형 등과 같은 신체적 형벌이라는 비난을 동시에 받고 있다.[1]

화학적 거세제도를 둘러싼 사회적 논쟁, 즉 그 찬반을 넘어서 앞서 지적한대로 첫째, 치료인가? vs. 형벌의 대체수단인가?, 둘째, 형벌의 대체수단이라면 보안처분인가? vs. 고문인가?, 보안처분이라면 비용부담은 당사자의 몫인가? 국가의 몫인가? 국가의 몫이라면 결국 시민의 세금으로 성범죄자의 호르몬 치료를 15년간 해야 하는가? 등에 대한 보다 명쾌한 사회적 그리고 형사사법적 합의의 논거점을 제시하지 못하였고, 헌법재판소의 판시 내용이 이를 증명하고 있다고 할 것이다.

따라서 화학적 거세 제도가 정착 및 성숙단계에 접어든 덴마크, 노르웨이, 스웨덴, 핀란드 등 노르딕 국가의 화학적 거세제도의 도입배경, 사회적 인식의 변화와 영향요인 등을 분석하여 그 시사점을 찾아보는 것은 의미가 있다.[2]

II. 화학적 거세제 변화의 여정

1. 거세의 역사

역사적으로 거세는 다양한 목적으로 행하여져 왔다. 즉, 거세는 종교적, 음악적, 의학적, 성적 그리고 성욕예방의 목적으로 행해졌다. 고대 이집트에서는 간통죄를 처벌하는 수단으로, 그리스에서는 상업적인 목적으로 노예들에게 거세를 행하였다. 중국과 중동의 왕궁에서는 시종들을 거세하여 그들의 성생활을 하지 못하도록 하였다. 유럽의 중세시대에는 강간이나 동성애에 대한 처벌수단으로 이용되었다. 12세기 영국에서는 반역죄에 대해 눈을 멀게 하고 거세를 형벌로 활용한 사례가 발견되었다. 식민지 미국에서는 전쟁 포로와 노예에게 거세를 강요했다.

19세기에 들어서면서 우생학 운동은 사회 안녕(welfare of society)을 위해 정신장애자에 대한 거세필요성을 주장하며 그 도구로 활용하였다. 독일 나치는 성범죄자, 동성애자, 정신장애자 및 유대인들에게 강제적으로 거세를 하였다. 19세기 말까지 남자 아이의 변성기 전 목소리를 유지시켜 오페라 가수로 키우려는 수단으로써 거세를 시키기도 하였다. 의학적으로는 거세를 고환손상 치료나 전립선암을 치료하는 수단으로 시행하였다.

한편 20세기에 들어서면서 성범죄자에 대한 처벌 또는 치료의 수단으로 고환을 제거하는 외과적 거세(surgical castration) 관련법이 북유럽에서 본격적으로 등장하였다.3) 덴마크(1929, 1935, 1967), 노르웨이(1934, 1977), 핀란드(1935, 1950), 에스토니아(1937), 아이슬란드(1938), 라트비아(1938), 스웨덴(1944), 체코(1966) 등이 이에 해당되고, 스위스, 네덜란드, 그린란드에서는 법률을 제정하지는 않았지만 성범죄자의 처벌수단으로 거세를 활용하였다.

2. 우생학과 외과적 거세

역사적으로 외과적 거세(surgical castration)는 사법적 거세(judicial castration)와 치료적 거세(therapeutic castration)의 두 가지 유형으로 구분할 수 있다.4)

사법적 거세는 성범죄에 대한 처벌로 간주되며, 치료적 거세는 성범죄를 방지하기 위한 치료적 목적으로 사용된다. 거세의 결과는 개인의 생리학적 변화와 수술에 대한 개인의 심리적 반응이다. 즉 성적 욕망의 호르몬을 생성하는 기관을 제거하여 대상자의 성적인 관심이 치료될 것이라고 추론하는 것이다.

북유럽의 성범죄자에 대한 외과적 거세제도는 덴마크가 1929년, 노르웨이가 1934년, 핀란드가 1935년, 스웨덴이 1944년에 각각 관련법을 제정하여 시행할 만큼 그 역사가 오래되었다. 북유럽국가들은 정신장애자, 성범죄자 등을 대상으로 외과적 거세를 시행함으로써 이들의 성적 생활을 억제하고 불임으로 심신이 건강하지 못한 사람들이 태어나지 못하도록 하는 수단, 즉 우생학적(eugenic) 목적을 달성코자 하였다.[5]

이러한 우생학적 취지에서 1930년대부터 1970년대 중반까지 북유럽 국가에서는 외과적 거세는 남성 성범죄자 등에게 뿐만 아니라 여성에 대한 불임시술의 형태로 널리 활용되었다. 우생학적 차원의 여성 불임시술의 비인간적 문제에 대해서는 1990년대 후반부터 논의되기 시작하였다. 그런데 북유럽 국가의 불임시술은 여성의 성욕과 양성평등의 이념과 합치되는지에 대한 사회적 의문을 낳기 시작하였다. 당시까지 여성의 불임시술이나 화학적 거세는 우생학적 차원과 형사적 처우의 일환으로 진행되었다.[6]

한편 북유럽의 외과적 거세가 허용되는 시기에도 이 제도의 실효성을 지지하는 연구와 반대로 인권침해적이라는 비판이 함께 제기되었고 이에 따라 자발적인 거세가 이루어지도록 관련법의 개정이 이루어졌다. 즉, 덴마크는 유럽에서 최초로 1929년에 성범죄자에 대한 외과적 거세를 합법화 하였고 1935년에 이 법을 개정하면서 강제적인 외과적 거세를 허용하였다. 그러나 실제로는 비자발적인 거세를 시행하지는 않았다. 그리고 외과적 거세가 대상자에게 비인간적이고 성적 활동을 할 수 없도록 하는 등 부작용이 있다며 1967년에 폐지하였다. 이후 1973년에 화학적 거세가 가능하도록 관련법이 개정되었다.

헤임과 허취(Heim & Hursch, 1979)에 따르면 덴마크의 의사이자 우생학자인 타게 켐프(Tage Kemp)는 1929년에서 1951년 사이에 덴마크에서 남성을 대상으로 600건의 법적인 거세가 있었으며, 1951년부터 1958년까지 핀란드에서 90건의 거세가 실시되었다고 주장한다.[7] 리디스트롬(Rydström, 2007)은 우생학적 측면에서 스웨덴에서 1944년에서 1979년 사이에 남성의 거세가 463건이고, 여성의 경우 1935년에서 1976년 사이에 약 58,000여 명이 불임시술이 있었다고 발표하였다. 그는 스웨덴에서는 거세를 동성애에 대한 혐오와 우생학적 측면에서 해당 문제를 해결하려는 수단으로 사용했다고 주장하였다.[8]

한편 외과적 거세가 성범죄자의 재범에 영향을 미치는지, 즉 그 효율성을 평가하기 위한 네 가지 중요한 연구가 수행되었다. 노르웨이의 브레머(Bremer, 1959), 독일의 랭겔뎃케(Langelüddecke, 1963), 덴마크의 슈투룹(Stürup, 1973)과 스위스의 코루(Cornu, 1973)의 남성 성범죄자의 거세 전후 성범죄 재범률 차이에 대한 연구가 그것이다. 헤임과 허취(Heim & Hursch, 1979)는 이들 연구를 재분석하여 그 결과를 발표하였다.[9]

브레머(1959)의 연구에서는 거세 성범죄자의 2.9%만이 재범을 행하였으나, 이들의 수술 전 재범률은 50%로 나타났다.

랭겔뎃케(Langelüddecke, 1963)는 1934년부터 1944년까지 독일에서 거세된 1,036명의 성범죄자에 대한 범죄 기록을 조사했다. 그는 이들과 거세를 하지 않은 성범죄자 685명과의 성범죄 재범률을 비교했다. 그 결과 거세된 범죄자의 2.3%가 재범을 하였는데 이들이 거세를 하기 전에는 84%의 재범을 하였던 것으로 나타났다. 비거세 성범죄 그룹은 재범률은 39.1%였다. 랭겔뎃케의 또 다른 집단 90명의 거세 범죄자에 대한 후속연구에서 65%가 거세 즉시 또는 거세 직후 성욕을 잃었다고 보고하였고, 17%는 일정한 시간이 지나면서 성욕이 사라졌으며, 18%는 여전히 성적 활동을 할 수 있는 것으로 나타났다(Stojanovski, 2015).

슈투룹(Stürup, 1973)은 덴마크에서 성범죄자 900건을 조사한 결과 97%의 사례에서 무성화(asexualization) 증상이 나타났으며, 재범률은 2.2%였다고 발표하였다.

코루(Cornu, 1973)는 127명의 도착적(pathological) 성범죄자 그룹을 조사했다. 거세 성범죄자의 재범률은 7.44%였다. 수술 전의 재범률은 78.9%였다. 이들은 거세 직후 63%가 성기능을 상실했고, 26%는 점차적으로 잃었으며, 10%는 여전히 성적 활동을 한 것으로 나타났다.

이와 같은 연구에 따르면 외과적 거세가 성범죄자의 재범을 상당히 감소시키는 매우 효과적인 방법이라는 것이 밝혀졌지만 한편으로는 이들의 연구가 제시하는 긍정적인 성범죄 억제효과가 과학적으로 제대로 된 평가를 거치지 않은 것이라는 비판도 함께 안고 있다(Sturup, 1973).

특히 의료계에서는 외과적 거세가 성범죄를 예방하는데 도움이 되는지에 대한 의견은 상반되고 있다. 실제로 헤임과 허취(Heim & Hursch, 1979)는 앞에서 인용한 종단적 연구들의 연구방법론의 결함을 확인했다. 조사대상자들은 성행위를 하지 않았을 수도 있고, 무성화가 그들의 정신적인 변화에 의해 발생할 수 있다는 것을 간과했다고 지적한다. 헤임(Heim, 1981)의 연구에서는 독일에서 자발적인 외과적 거세를 한 성범죄자들 중 31%는 거세 후에도 특별한 변화 없이 성적 활동을 할 수 있었다고 답한 것으로 나타났다.10)

3. 화학적 거세제의 변화

노르웨이는 2009년도에 성범죄자의 재범을 막기 위해 구금형을 선고하는 경우 화학적 거세 대신 그 약물효과를 완화한 정도의 약물치료(medical treatment)를 의무적으로 행하도록 하였다. 이 약물치료는 주로 상습적인 성범죄자와 아동성범죄자를 대상으로 한 것으로 가석방 대상자들에게는 약물치료명령이 의무적으로 부과되며 이를 거부할 경우 가석방이 취소된다.

한편 핀란드는 성범죄자에 대하여 화학적 거세를 포함한 일련의 재범예방 프로그램을 도입하고 있다. 이 프로그램의 궁극적인 목적은 고위험 성범죄자를 위해 집중적이고 다양한 방법을 제공하고, 낮은 위험을 지닌 성범죄자의 경우 석방 후 사회적응과 삶의 질을 개선하는데 초점을 맞춰 네 가지의 전략을 활용한다.11)

첫 번째는 스톱 프로그램(STOP-Program)을 1999년부터 시행하고 있다. 이것은 영국의 이른바 코어프로그램(core program)을 벤치마킹한 것이다. 스톱 프로그램은 중간 및 고위험 범죄자들을 위한 처우 프로그램으로 최장 9개월에 걸쳐 진행된다.

두 번째는 유시 선타 프로그램(Uusi Suunta Program)으로 저위험 및 중간위험 성범죄자, 그리고 고위험자 중 이미 스톱 프로그램에 참가한 적이 있었던 고위험 성범죄자의 보조프로그램(booster program)으로 진행된다. 이 프로그램은 2012년부터 시행되고 있는데 이는 인지행동이론(cognitive-behavioral theory)과 좋은 삶의 사고방식을 갖게 하는 것에 바탕을 두고 있다. 이 프로그램은 구금시설과 보호관찰과정에서 모두 사용할 수 있다. 세 번째는 약물치료 프로그램(Medication Program)으로 고위험 범죄자가 그들의 가석방 조건으로 약물치료를 받는 것이다. 네 번째는 개별정신치료 프로그램(Individual Psychotherapy)으로 가능한 개별적으로 정신치료 프로그램을 병행하는 것이다.

그러나 이와 같은 노력에도 불구하고 아동성폭력 사범이 증가하자 2017년 노르웨이 아문센(Per-Willy Amundsen) 법무부 장관은 아동성폭력범에 대한 화학적 거세를 의무적으로 하도록 관련법의 정비가 필요하다는 의견을 제시하였다.12) 나아가 화학적 거세명령과 함께 이들에 대한 노르웨이 시민권까지 박탈하는 조치를 할 필요가 있다고 강조하였다.

아문센의 이러한 제안에 대해 의학계 및 심리학계서는 화학적 거세가 가역성이라고 해도 인체에 유해한 비인간적인 처벌행위라며 비판적인 입장이다.

한편 2018년 4월 핀란드 정부는 성범죄, 특히 어린이에 대한 성폭력 범죄에 대한 처벌을 강화할 것이라고 발표했다.13) 향후 핀란드는 성범죄자에 대한 더 엄격한 처벌을 위한 정책을 마련하기 위해 총 87만 유로를 할당할 것이며, 단순 아동 성폭력에 대한 형벌을 강화하고 가해자의 위험성을 평가하고 가석방 대상을 엄격하게 제한할 방침이다.

덴마크에서는 성범죄로 유죄판결을 받은 성도착장애자(paraphilic

disorder)는 자발적으로 화학적 거세를 선택할 수 있다. 구금된 경우 화학적 거세는 가석방 또는 집행유예의 전제조건으로 또는 무기수의 석방 조건으로 이행될 수 있다. 화학적 거세의 적합성에 대한 결정은 교도소 및 보호관찰소에 의해 이루어지지만 덴마크의 법의학위원회(Legal Medical Council)가 그 치료여부를 승인해야 한다.[14]

덴마크는 가석방을 결정하면서 재범을 하지 않을 것이라는 평가지표로 화학적 거세를 활용하였다. 즉, 헐스테디교도소(The Herstedvester Institute)는 덴마크의 유일한 성범죄자 구금시설로서 대상자들을 치료하는 수단으로 화학적 거세를 활용하였다. 이 교도소는 1989년 이래로, 26명의 수용자들에게 화학적 거세를 시행하였다. 이들 중 16명이 집행유예 상태로 석방되었는데 이 가운데 1명만이 성범죄 재범을 한 것으로 나타났다(Gimino, 1997). 헐스테디교도소가 화학적 거세에 사용한 약물은 안도르커(Androcur)와 데카페틸(Decapetyl)로서 이 약물들은 성욕을 억제하는데 도움을 주는 효과가 있다. 그러나 일부 비판자들은 이 두 약물의 장기적인 효과는 성기능을 돌이킬 수 없고 비만과 우울증을 초래하며, 결국 치료가 아니라 화학적 거세라고 주장한다. 덴마크는 이 두 약물을 결합하여 사용하는 유일한 국가이다. 교도소는 대상자에게 "개별화된 통합치료요법"에 참여토록 하는데 가석방은 치료 후 5~6개월이 지나 약물의 효과가 충분히 나타날 때에만 신청할 수 있다. 대상자는 중간에 치료를 원하지 않을 경우 중단을 요청할 수 있다.[15]

한편 스웨덴의 연구진은 2018년부터 런던에서 소아성애자가 아동을 성폭력하기 전에 치료될 수 있음을 보여주기 위한 프리오탭 프로젝트(Priotab Project)를 진행 중이다.[16] 이 임상실험은 성적인 충동에 대해 걱정하는 일반 대중의 남성들이 범죄를 저지르기 전에 스스로 성공적으로 치료할 수 있는지 여부를 조사하는 것으로 이에 참여할 임상실험 대상자 30명을 모집하였다. 연구의 핵심은 아동성폭력을 예방하기 위하여 대상자의 혈액 내의 분자 또는 뇌 구조 또는 활동의 특정 패턴,

즉 바이오 마커(bio markers)를 찾아내고, 이들에게 효과적인 약물(degarelix)을 처방하여 테스토스테론을 낮춰 성욕을 억제한다는 원리를 바탕으로 한다.

스웨덴에서는 아동학대 사건을 경찰수사부터 법원에 이르기까지 처리하는 사회적 비용이 사건 당 37,000유로 정도라고 산출하고 있다. 그런데 이 프로젝트는 2008년에 영국의 노팅엄셔에 있는 왓튼교도소(Whatton Prison)에서 성범죄 수용자 100명을 대상으로 약물치료를 시행한 것이 동기가 되었다. 프리오탭 프로젝트는 왓튼교도소의 약물치료가 매우 성공적이었다고 평가하고 이에서 착안된 것이다.

III. 화학적 거세제를 둘러싼 이슈

1. 섹슈얼리티에 대한 몰이해

노르딕국가 사회에서는 수세기 동안 섹슈얼리티(sexuality)를 공개적으로 거론하는 것이 상대적으로 금기시되었고 오늘날에도 마찬가지이다. 결과적으로 의사와 심리학자의 임상훈련 프로그램에서 섹슈얼리티를 이해하고 치료하는 과정들이 실질적으로 생략되었다. 그러나 형사사법시스템에서는 성범죄 수사를 해야 할 필요성이 있기 때문에 법률적인 관점에서 해당 문제에 접근하여 왔다. 따라서 성범죄자에 대한 치료와 진단, 처벌의 과정에서 전문가집단의 개입이 일정부분 배제되거나 이른바 비전문가 집단에 의하여 문제를 해결하려는 경향이 심화되었다는 것이다.[17]

실제로 노르딕 임상성과학협회(Nordic Association for Clinical Sexology: NACS)는 2009년부터 2012년까지 성범죄에 관한 전문가 보고서를 제출한 모든 전문가의 성과학(Sexology, 性科學, 性學)전문성 여부를 조사했다. 이 기간 동안 모두 99명의 전문가가 310개의 보고서를 제출하였다. 그런데 이 99명 중 누구도 성과학에 관한 분야에서 공식적인 시험이나 자격증을 취득한 적이 없는 것으로 나타났다.

그런데 일반적으로 성범죄를 다루는 형사사법분야의 경찰과 검사와 변호사 그리고 판사 등은 자신들이 처리하는 사건의 자문을 담당하는 정신과 의사와 심리학자가 모두 성과학을 공부했다고 믿고 있고 그들의 자문결과에 대해 특별히 의문을 품지 않는다는 것이다. 그러나 정신과 의사와 심리학자는 성과학을 별도의 분야로 인정하지 않으려는 경향이 있다는 것이다. 그런데 성범죄자를 접한 형사사법 분야의 종사자는 성 분야 임상성과학(field of forensic sexology) 분야의 전문가 대신 정신과 의사 등에 자문을 하고 이는 결국 성범죄자의 근본적인 문제와 치료를 더디게 하며, 재범발생의 요인으로 작용한다는 것이다.

따라서 아동성폭력사범이라고 해도 대상자가 임상과정을 거치면 정신병질적인지, 약물중독인지, 성욕이 차단되거나 손상된 것인지, 유대감이 없는 것인지, 가족간 갈등이 원인인지, 사회적 능력이 낮은 것인지, 여러 요인들이 결합된 것인지를 파악할 필요가 있다. 그리고 이를 바탕으로 정신치료 혹은 약물치료나 보호관찰 등을 결정해야 함에도 불구하고 임상적 진단 없이 획일적으로 대상자의 재범위험성을 결정하는 우를 범한다는 지적이다.

2. 형벌인가? 우생학적 제재인가?

북유럽의 거세는 비단 성범죄 특히 아동성범죄자에게만 국한되어 허용된 것이 아니라 여성에게는 불임시술로 남성에게는 외과적 수술의 방식으로 우생학적 측면에서 오랫동안 진행되어 왔다.[18] 즉, 거세는 북유럽 우생학 법안의 일부로서 앞서서 살펴본 것처럼 북유럽 국가들은 1929년부터 1935년까지 최초 우생학 법령에 남성과 여성 모두를 거세

할 수 있는 입법적 체계를 갖추었다. 스웨덴은 1944년에 노르딕 복지
국가법(Nordic Welfare State 593)에서 남성 성범죄자에 대해 거세할 수
있는 근거규정을 두었다. 따라서 당시의 거세는 대상자의 동의 여부와
관계없이 가능했다. 정신적으로 건강한 사람들에게는 최소 연령이 21세
이었고, 정신질환자에게는 연령제한이 없었다. 거세의 판단은 교도소장
이나 정신병원장이 비정상적인 행위나 성적 행위를 하는 수용자를 대상
으로 결정하였다. 비정상적인 성행위를 한 남성 수용자를 거세함으로써
이후에 재범으로 인한 사회적 위협을 막을 뿐만 아니라 퇴행 행위를 피
할 수 있게 하는, 즉 우생학적 행형시스템을 작동한 것이다.[19]

외과적 거세의 판단과 시행의 이러한 형사사법적 풍토는 화학적 거
세 정책에도 전반적으로 영향을 미쳤고, 이것은 인류사회의 보편적 인
권정신에 반하는 조치라는 비난이다.[20]

기본적으로 우생학은 비정상적인 혹은 비이상적인 생물(生物)을 격
리, 차단 혹은 단종(斷種)하여 정상인과 사회를 보호한다는 학문적 배
경을 가지고 있다. 이러한 우생학은 북유럽 특유의 사회복지적인 사고
체계와도 맥락을 같이 하는 것으로 결국 비정상적인 성범죄자에게 외
과적 거세 혹은 화학적 거세를 시켜 성적 활동을 하지 못하게 함으로
써 일반인을 보호하겠다는 취지를 가지고 있고, 이는 결국 치료를 가장
한 사회적 단절전략이라는 비난에 직면한 것이다.[21]

3. 국제인권규범과의 충돌

화학적 거세가 잔인하고 비인간적이며 굴욕적인 대우 또는 처벌이라
는 비난들은 주로 국제적 규범을 그 근거로 삼는다.[22]

즉, 유엔의 「고문 및 기타 잔혹한, 비인간적이거나 굴욕적인 대우 또
는 처벌에 관한 협약」(The Convention against Torture and Other Cruel,
Inhuman or Degrading Treatment or Punishment, 1984) 제16조는 "각 당

사국은 제1조에 정의된 고문에 미치지 않는 잔혹하고, 비인도적이거나 굴욕적인 대우나 처벌의 다른 행위를 자국 관할권 내의 영토 내에서 방지하도록 약속한다. 그리고 그러한 행위가 공무원 또는 공식적으로 행동하는 다른 사람의 동의 또는 묵인에 의해 또는 그러한 행위에 의해 저질러지지 않도록 해야 한다"고 규정하고 있다.

그리고 「세계인권선언」(Universal Declaration of Human Right, 1948) 제5조는 "누구도 고문을 당하거나 잔인하고 비인간적이거나 굴욕적인 대우를 받아서는 안 된다"고 규정하고 있다.

유엔의 「시민적 및 정치적 권리에 관한 국제규약」(The International Covenant on Civil and Political Rights, 1966) 제7조는 "어느 누구도 고문을 당하거나 잔인하고 비인간적이거나 굴욕적인 대우를 받지 않아야 한다. 특히 누구도 그의 자유로운 동의 없이 의학적 또는 과학적 실험을 하지 않아야 한다."고 규정하고 있다.

유럽연합의 「인권과 기본적 자유의 보호를 위한 유럽협약」(European Convention for the Protection of Human Rights and Fundamental Freedoms, 1950) 제3조는 "어느 누구도 고문을 당하거나 비인간적이거나 굴욕적인 대우를 받지 않아야 한다"고 규정하고 있다. 그리고 유럽연합의 「유럽연합 기본권헌장」(Charter of Fundamental Rights of the European Union, 2000) 제4조는 "어느 누구도 고문을 당하거나 비인간적이거나 굴욕적인 대우를 받지 않아야 한다"고 규정하여 인권과 기본적 자유의 보호를 위한 유럽협약의 정신을 다시 한 번 천명하고 있다.

유엔 및 유럽연합의 이와 같은 인권규범들은 화학적 거세를 직접적으로 언급한 것은 아니다. 그러나 유엔의 고문 및 기타 잔혹한, 비인간적이거나 굴욕적인 대우 또는 처벌에 관한 협약 제6조에서 규정한 것처럼 화학적 거세가 고문이나 잔혹한 행위가 아닐 수는 있지만 법원의 해당 결정명령이나 그 집행이 비인간적이거나 굴욕적으로 받아들여질 수 있으며, 또한 북유럽 국가의 화학적 거세가 대상자의 동의에 의한 경우라 해도 공공기관에 의하여 그러한 행위를 해서는 안 된다는 이 협약의 정신과는 배치되는 것이다(Stinneford, 2005). 나아가 북유럽 국가가 화학적 거세, 즉 호르몬 치료를 먼저 받아야만 가석방을 신청할 수 있도록 하는 등의 관련 조치들은 누구도 그의 자유로운 동의 없이 의학적 또는 과학적 실험을 할 수 없도록 한 유엔의 시민적 및 정치적 권리에 관한 국제규약의 정신과도 상충된다고 할 것이다. 같은 맥락에서 화학적 거세는 유럽연합 기본권헌장이 규정한 "어느 누구도 고문을 당하거나 비인간적이거나 굴욕적인 대우를 받지 않아야 한다"는 정신과도 역시 충돌된다는 것이다.

4. 효과성 의문과 부작용

화학적 거세의 목적 즉, 메드록시 프로게스테론 아세테이트(Medroxy Progesterone Acetate; MPA), 시프로테론 아세테이트(Cyproterone Acetate), 안도르커(Androcur) 및 데카페틸(Decapetyl) 등의 약물을 성범죄자 특히 아동성범죄자에게 사용하여 성범죄 재범률을 낮추겠다는 것은 그 자체가 지나친 환상이라는 지적이다. 이들 약물의 부작용과 그 효과성 자체가 의문이라는 것이다.

MPA를 비롯한 약물들은 테스토스테론 수치를 대폭 감소시키기 때문에 성적 환상과 성적인 충동을 현저히 감소시키고 결국 성범죄 재범률이 낮아진다면서 화학적 거세의 필요성이 제기되었지만 정작 성범죄 재범의 감소기간이나 표본대상의 크기 등을 고려할 때 중요한 의미부여를 하기 어렵다는 것이다.

특히 아동성도착자의 화학적 거세가 미치는 영향에 대한 연구는 대부분 표본 크기가 작고 통제가 부족하며 추적 기간이 짧다는 특징이 있다. 실제로 오레곤주에서 실시된 강제적 화학적 거세 프로그램을 분석한 결과 화학적 거세를 행한 범죄자와 그렇지 않은 범죄자간의 재범

률에 차이가 없는 것으로 나타났다.[23]

또한 화학적 거세가 대상자의 재범률에 영향을 미치는지에 대한 추적조사가 어려운 이유는 화학적 거세 약물의 심각한 부작용으로 인해 중단율이 높은 것도 영향을 미치는 것으로 나타났다. 화학적 거세 약물의 가장 중요한 부작용은 골밀도 감소로 인한 골다공증이나 골절이며, 과도한 체중 증가, 불쾌감, 악몽, 두통, 근육경련, 소화불량, 담석, 당뇨병, 폐색전증, 고환 위축 등으로 나타났다.[24] 그리고 가역성, 즉 약물을 중단할 경우 이러한 문제들이 모두 해결되거나, 정자생산 등이 원래대로 충분히 회복되지 않는다는 것이다. 따라서 화학적 거세가 외과적 거세와는 달리 남성의 고환 등을 제거하지는 않지만 그 신체적 기능성을 해치며, 나아가 그 효과성조차도 충분하지 않은 상태에서 특정 성범죄자에게 화학적 거세를 계속하는 것은 그 자체로 인권침해이며, 형벌권의 남용이라는 지적인 것이다.[25]

5. 의료윤리적 딜레마

북유럽을 포함한 대부분의 국가에서 행해지고 있는 화학적 거세는 환자의 성적 자기의사결정에 대한 국가의 개입과 제한적인 형사사법적인 정책이지만 결국 대상자에 대한 화학적 거세 조치가 필요한지 그 효과성에 대한 의학적 판단은 의료계의 몫이다. 그런데 의료진이 대상자의 화학적 거세의 판단기준 및 치료방법 등에 대한 표준화된 매뉴얼이 존재하지 않아 결국 의료진에 따라 그리고 국가에 따라 다른 기준과 재량이 적용된다는 문제점이 있다.[26]

화학적 거세에 참여한 경험이 있는 북유럽 및 미국 등지의 178명의 의사를 대상으로 실시된 조사결과 화학적 거세는 정신과적인 치료를 병행할 때 유용하며, 폭력적인 성적 행동에 대한 중/고위험군으로 분류된 사람에게 유용한 것으로 알려졌다. 그러나 화학적 거세와 정신과적인 치료의 연계와 대상자 정보 등의 공유가 현실적으로 제대로 이루어지지 않아 대상자의 분노감과 우울감 등의 부작용과 함께 성생활의 제한이나 그 우려 등의 인권적 침해를 의료계가 부담한다는 지적이다.

대상자가 의학적으로 검사를 받고, 치료를 시작하기 전에 위험과 발생가능한 부작용에 대해 통보받고, 의료진이 동의서에 서명을 받은 경우라 해도 의사는 의료윤리적 딜레마에 빠질 수 있다.[27] 즉 화학적 거세의 동의를 대상자에게 받았다고 해도 의료수단을 국가의 범죄예방이라는 추상적인 형사사법적 목적을 달성하는데 어느 정도까지 활용할 수 있는 것인지, 어느 정도까지 의료진이 협조해야 하는지에 대한 의료윤리적 기준과 갈등이 따른다는 것이다.

IV. 남겨지는 메시지: 헌법재판소의 자기모순

북유럽국가들이 화학적 거세제도에 대하여 가지는 문제점과 딜레마와 같이 한국의 헌법재판소가 비록 이를 합헌으로 결정하였지만 이 판결문 자체에 상당한 고민이 담겨 있다(전원재판부 2013헌가9, 2015.12.23.). 즉, 헌법재판소는 "성충동 약물치료 명령은 신체의 자유 및 사생활의 자유, 인격권 등을 제한하지만 재범을 방지하고 성폭행 범죄로부터 국민을 보호하고자 하는 입법목적이 정당하다"고 판단했다. 그러나 15년 범위 내의 치료명령 기간에 대해서는 "치료명령의 선고시점과 집행시점 사이에 상당한 시간적 간극이 존재하게 되고, 장기간의 수감생활 중의 사정변경으로 집행시점에서 치료의 필요성이 없게 된 경우 불필요한 치료 가능성이 있고, 이를 배제할 절차가 없다"며 위헌성이 있다고 판결하였다.

이와 같은 판시는 헌법재판소의 결론은 합헌이지만 이 제도에 대해 매우 모호한 입장과 갈등을 안고 있다는 것을 표출한 것으로 볼 수 있다.

1. 이익형량

헌법재판소는 화학적 거세제도가 신체의 자유 및 사생활의 자유, 인격권 등을 제한한다는 것을 적시하고 있다. 대상자의 재범방지와 이들로부터 국민을 보호하려는 입법목적이 정당하다고 대상자의 인권침해 여지에 대한 정당성을 부여하였다.

2. 집행시점 갈등

치료명령의 집행시점과 관련하여 법원의 치료명령 선고시점으로부터 형집행이 종료된 시점에 약물치료를 행함으로써 수감기간 동안 개인의 성적 태도의 변화나 인성개선 등 재사회화 가능성이 있음에도 불구하고 이를 고려하지 않은 약물치료, 즉 화학적 거세를 한다는 문제점을 지적하고 있다. 이는 헌법재판소가 잠재적인 사회적 법익 보호라는 약물치료명령제의 입법취지에 비추어 그 정당성을 인정하면서도 한편으로는 대상자에게 이미 불필요한 약물치료를 행하는 모순점을 인정하고 있다. 이는 북유럽국가들이 받는 비난과는 또 다른 것으로 북유럽은 교도소 형집행 중 약물치료를 하도록 명령하거나, 또는 자발적으로 할 수 있도록 기회를 부여함에도 불구하고 이 제도 자체에 대해 비인권적이라는 비난을 받고 있음을 상기할 때 우리의 현실은 상당한 문제점이 있다.

3. 처벌 비용의 자기 부담

헌법재판소는 약물치료명령이 대상자의 재범을 억제하기 위해서 이 제도의 정당성을 인정하면서 여타 보호관찰처분과 같이 공공의 안녕을 위해 합헌이라고 판결하였지만, 그 시행의 문제점 중 또 하나 간과한 측면이 있다. 약물치료명령은 개인이 그 비용을 부담해야 하는 바, 이것은 다른 보호관찰과 차별성이 있다. 즉, 성폭력특별법 등의 특별한 예외규정을 제외하고는 보호관찰법상 수강명령 등은 국가가 그 비용을 부담하는 것을 원칙으로 하나 이 약물치료명령은 성폭력범죄자의 성충동 약물치료에 관한 법률 제24조에 의거, 자비부담을 원칙으로 한다는 점에서 여타 보안관찰처분과 비교할 때 평등하지 않다. 나아가 이는 국가가 치러야 하는 형사적 처분비용을 개인에게 부담지우는 것으로 대상자의 입장에서는 약물치료명령과는 별개로 그 비용부담의 문제를 들어 평등권 침해 시비를 가려볼 필요가 있다.

4. 사이드 이펙트

화학적 거세의 가장 큰 문제점이라고 할 수 있는 치료효과의 가역성 여부 문제가 있다. 헌법재판소는 "신체의 자유"를 제한한다는 점을 명시함으로써 부분적으로 치료효과의 가역성 문제를 인정한 것으로 보이며, 이에 대해서는 헌법불합치를 주장한 재판관들이 집중적으로 비판적 입장을 보였다. 헌법불일치 입장을 낸 소수의견으로 "성기능 무력화가 성폭력범죄를 불가능하게 한다고 단정할 수 없고 성범죄의 동기나 원인은 성충동에 한정되지 않으며, 화학적 거세가 사람의 신체적 기능을 본인의사에 반해 훼손하고, 이런 통제를 통해 인간개조를 이끌어 내려는 시도로서 인간의 정체성을 위협하는 것은 아닌지 근본적 의문이 있다"고 주장한 것이다. 이는 화학적 거세가 가지는 부작용이 무시할 수 없는 수준이라는 점을 감안하면 매우 자연스러운 지적이라고 할 수밖에 없다.

5. 풀어야 할 과제

북유럽국가가 가지는 화학적 거세제도에 대한 고민과 크게 다르지 않아 보인다. 따라서 화학적 거세에 대한 헌법재판소의 합헌판결에도 불구하고 이 제도의 문제점을 해소하고 대상자의 성범죄 억제와 공공의 안전을 도모할 대책강구가 필요해 보인다. 특히 이에는 북유럽국가들에게도 지적된 것과 같이 가석방의 조건 등으로 삼지 않고 자발적으로 호르몬 치료를 선택할 수 있도록 하는 자발적 치료의 동기를 갖도록 하는 대책이 필요해 보인다. 나아가 대상자가 자발적인 치료를 행하려 할 때 그 비용 역시 국가가 부담하는 것이 바람직해 보인다. 북유럽의 경우 국가가 치료비용을 부담함에도 불구하고 지나치게 우생학적 측면으로 성욕을 이해하고 이의 해결수단으로 약물치료를 행한다는 비난을 받지만, 우리의 경우 대상자의 자비부담을 원칙으로 약물치료를 받게 한다는 점은 개선되어야 한다. 나아가 북유럽을 포함한 일부 국가에서 지속적으로 약물치료를 자발적으로 한 경우와 법원의 명령으로 이행한 경우 등을 비교하여 약물치료의 효과와 성범죄 감소 효과 등에 대한 지속적인 종단적 연구를 통한 제도개선이 이루어져야 한다. 한편으로는 북유럽국가 역시 화학적 거세가 유엔의 고문 및 기타 잔혹한, 비인간적이거나 굴욕적인 대우 또는 처벌에 관한 협약, 세계인권선언, 시민적 및 정치적 권리에 관한 국제규약 등의 정신과 일치하지 않는다는 비난에 직면해 있음을 주목할 필요가 있다.

참고 자료 및 설명

1) 황일호. (2018). 성충동 약물치료제도의 시행과 문제점에 대한 연구. 법학논문집, 42(2). 87-109.

2) 이하 허경미. (2019). 북유럽의 성범죄자 화학적 거세제도에 관한 연구. 한국경찰연구, 18(1), 291-312. 내용 전반적 참조.

3) Heim, N., & Hursch, C. J. (1979). "Castration for sex offenders: treatment or punishment? A review and critique of recent European literature". 「Archives of Sexual Behavior」, 8(3): 281-304.

4) Carpenter, A. G. (1997). "Belgium, Germany, England, Denmark and the United States: the implementation of registration and castration laws as protection against habitual sex offenders". 「Dick. J. Int'l L.」, 16: 435-457.

5) Mattila, M. (2018). "Sterilization policy and Gypsies in Finland". 「Romani Studies」, 28(1): 109-139.

6) Roll-Hansen, N. (2017). Some Thoughts on Genetics and Politics. The Historical Misrepresentation of Scandinavian Eugenics and Sterilization. In History of Human Genetics (pp. 167-187). Springer, Cham.

7) Heim, N., & Hursch, C. J. (1979). "Castration for sex offenders: treatment or punishment? A review and critique of recent European literature". 「Archives of Sexual Behavior」, 8(3): 281-304.

8) Rydström, J. (2007). Criminally queer: Homosexuality and criminal law in Scandinavia 1842-1999. Aksant Academic Publishers, Amsterdam.

9) Heim, N., & Hursch, C. J. (1979). op cit.

10) Heim, N. (1981). Sexual behavior of castrated sex offenders. Archives of Sexual Behavior, 10(1), 11-19.

11) The Council of Nordic Ministries. (2016). Treatment and Rehabilitation of Sexual Offenders Nordic-Baltic Dialogue, Expert Round Table Seminar, Tallinn.

12) Sputniknews. (2017). Sexual Chemistry: Norwegian Minister Proposes Castration of Pedophiles.https://sputniknews.com/europe/201708301056923026-norway-castration-pedophiles/retrieved of 2019. 1. 20.

13) Helsinki Times, (2018. 4, 12). Sex offenders to face tougher punishments in Finland.

14) Aagaard, L. (2014). "Chemical castration of Danish sex offenders". 「Journal of bioethical inquiry」, 11(2): 117－118.

15) Carpenter, A. G. (1997). op cit.

16) Mail on line, (2018). 'Chemical castration' trial aims to prevent child sexual abuse, https://www.dailymail.co.uk/wires/pa/article－3527324/ Chemical－castration－trial－aims－prevent－child－sexual－abuse.html /retrieved of 2019. 1. 20.

17) The Council of Nordic Ministries. (2016). op cit., 18.

18) Meyer III, W. J., & Cole, C. M. (1997). "Physical and chemical castration of sex offenders: A review". 「Journal of Offender Rehabilitation」, 25(3 －4), 1－18.

19) Miller, R. D. (1998). "Forced administration of sex－drive reducing medications to sex offenders: Treatment or punishment. Psychology". 「Public Policy, and Law」, 4(1－2): 175－199.

20) Van der Meer, T. (2008). "Eugenic and sexual folklores and the castration of sex offenders in the Netherlands (1938-1968)". 「Studies in History and Philosophy of Science Part C: Studies in History and Philosophy of Biological and Biomedical Sciences」, 39(2): 195－204.

21) Wessel, M. (2015). "Castration of male sex offenders in the Nordic welfare state in the context of homosexuality and heteronormativity, 1930-1955". 「Scandinavian Journal of History」, 40(5): 591－609.

22) Stojanovski, V. (2015). Surgical castration of sex offenders and its legality: the case of the Czech Republic. 17－18.

23) Maletzky, B. M., & Field, G. (2003). "The biological treatment of dangerous sexual offenders: A review and preliminary report of the Oregon pilot depo－Provera program". 「Aggression and Violent Behavior」, 8(4), 391－412.

24) Turner, Daniel, et al. (2017). "Pharmacological treatment of patients with paraphilic disorders and risk of sexual offending: An international perspective". 「The World Journal of Biological Psychiatry」, 10: 1－25.

25) Maletzky, B. M., Tolan, A., & McFarland, B. (2006). "The Oregon depo －provera prograxm: a five－year follow－up". 「Sexual Abuse: A Journal of Research and Treatment」, 18(3): 303－316.

26) Turner, Daniel, et al. (2017). op cit.

27) Khan, O., & Mashru, A. (2016). "The efficacy, safety and ethics of the

use of testosterone−suppressing agents in the management of sex offending". 「Current Opinion in Endocrinology, Diabetes and Obesity」, 23(3): 271−278.

제4장

군대, 젠더 폭력의 온상인가

I. 끊이지 않는 군대 성폭력

2021년 3월 초에 공군 여성 부사관이 선임부사관에 의해 성추행을 당한 후 군당국에 신고했으나 보호받지 못하고 결국 같은 해 5월 초 자살에 이른 사건이 발생하였다.[1] 이는 2013년 10월에 육군 여성 장교가 상사에게 10개월간 폭언과 가혹행위, 성추행에 시달리다가 자신의 차 안에서 극단적 선택을 한 사건과 유사한 경우이다.[2] 그런데 성추행 피해 공군 부사관 사망 사건에 대한 국방부의 수사가 진행 중인 가운데 국방부 직할부대 소속 육군 준장이 부하 여직원을 성추행한 혐의로 구속되는 사건이 또 발생하였다. 이어 해군 여중사가 성폭력 피해를 호소하며 자살한 사건이 77일 만에 밝혀지기도 하였다.[3]

일련의 정황은 군대 내 성추행 사건이 장성에서부터 병사에 이르기까지 지위고하를 불문하고 심각한 지경에 이르렀음을 보여준다. 그동안 군당국은 양성평등기본법 및 성폭력방지법 등에 기초해 양성평등교육이나 성폭력예방교육, 성폭력피해자보호교육 등을 다양한 방식으로 시행해 왔으나, 그 실효성 역시 의심스러운 지경에 이르렀다. 실제로 2020년 여가부는 공군에 대해 공공기관 전체 평균 보다 훨씬 높은 교육 참여율과 성희롱·성폭력 예방 조치와 관련된 매뉴얼을 구비하였다고 평가한 것으로 나타났다.[4]

이와 같은 모순은 공군 여성 부사관의 성폭행 사건을 처리하는 과정에서도 여실히 드러났다. 특정 성에 대한 증오를 담고 저지르는 신체적·정신적·성적 폭력을 젠더폭력(gender violence)이라고 정의할 때 공군 여성 부사관 사건 등은 전형적인 젠더폭력이라고 할 수 있다.[5] 특히 피해자인 여성을 둘러싼 상급 군인들의 회유와 사건은폐 시도 등은 양성평등법 상 양성평등을 위한 제반조치 및 성폭력피해자 등에 대한 보호조치, 군인의 지위 및 복무에 관한 기본법 상 평등대우의 원칙 등이 무시된 것으로 군당국에 의해 행해진 매우 조직적인 젠더폭력의 전형이라고 할 수 있다.[6]

군대 내 남성간 성폭력이나 그 피해자보호체계에 대한 연구 등이 활발하지 못한 것은 폐쇄된 군대 시스템에 대한 연구자들의 접근이 제한적이기 때문으로 보인다. 또한 대다수가 남성들로 구성된 군대이므로 성폭력 역시 젠더폭력으로 다뤄지기 보다는 남성성의 문제로서의 폭력으로 다뤄지거나 군형법상 추행의 문제로 연구초점을 제한한 측면이 많다.

그런데 공군여성 부사관 사건과 같은 일련의 군대 성폭력의 경우 가해자가 동료 및 최고 상관에 이르기까지 폭넓고, 그리고 문제를 해결하는 방식에서조차 여성피해자를 협박하여 매우 구조화된 젠더폭력의 양상으로 변화하였고, 이는 본질적으로 군대 내 성인지 문화가 제대로 정착되지 못한 이유로 여겨진다.[7]

II. 성인지적 관점과 군대 성폭력

1. 성인지관점 및 젠더폭력이란

양성평등기본법 제18조는 성인지(gender-sensitivity)란 사회 모든 영역에서 법령, 정책, 관습 및 각종 제도 등이 여성과 남성에게 미치는 영향을 인식하는 능력이라고 정의하면서 국가와 지방자치단체는 이를 길러주는 교육을 소속 공무원에게 실시할 의무가 있다고 규정하였다. 따라서 이와 같은 성인지 개념을 전제로 할 때 성인지관점(gender-sensitivity perspective)이란 여성과 남성은 다른 이해나 요구를 가지고 있고, 특정 법·제도·정책·예산 속의 개념이 특정 성에게 유리하거나 불리하지 않은지, 성역할 고정관념이 개입되어 있는지 아닌지를 검토하는 관점이라고 할 수 있다.[8]

따라서 성인지관점은 양성평등(gender equality), 성(sex), 사회적 성(gender), 섹슈얼리티(sexuality), 성역할(gender role), 성 형평성(gender equity), 성 중립성(gender neutrality) 등의 개념을 포섭한다. 나아가 성인지관점은 국가정책, 사업, 그리고 그 근거가 되는 법령과 예산에 반영된다. 젠더폭력(gender violence) 또는 젠더기반폭력(gender-based violence)이란 특정 성(sex)에 대한 증오를 담고 저지르는 신체적·정신적·성적 폭력을 말한다. 일반적으로는 여성폭력이라고 한다. 젠더폭력은 곧 여성폭력이라고도 간주되기도 하나 이는 지나치게 페미니즘적인 의미라는 한계와 지적이 있다. 다만 국제인권규범, 즉 여성폭력철폐선언에서는 젠더폭력을 여성폭력으로 정의한다.[9]

젠더폭력에 대한 국제사회의 개념정의는 1975년 멕시코시티에서 열린 제1차 유엔세계여성회의보고(United Nations(1976), "Report of the World Conference of the International Women's Year", E/CONF.66/34)까지 거슬러 올라간다. 이 보고서는 여성이든 남성이든 인간의 몸은 불가침이고 인간의 몸에 대한 존중은 인간 존엄과 자유의 기본적 요소이며, 인간의 삶에서 그 적절한 위치에 대한 존중을 가르치는 것은 교육의 중요한 목표 중 일부가 되어야 한다고 강조하였다. 그리고 강간, 성매매, 신체적 폭력, 정신적 학대 등을 여성에 대한 인권침해로 예시하였다. 또한 국가는 양성이 평등하게 인권이 침해되지 않도록 보호하고 정책을 개발하는 등의 노력을 기울일 의무가 있다고 명시하였다. 1979년 여성차별철폐협약(The Convention on the Elimination of All Forms of Discrimination against Women: CEDAW, 1979) 제1조에서는 정치, 경제, 사회, 문화, 시민적 분야 또는 기타 분야에서 성별에 근거한 모든 구별, 배제 제한은 '여성에 대한 차별'로 규정하였다.

이어 여성폭력철폐선언(Declaration on the Elimination of Violence against Women, 1993)은 제1조에서 여성폭력이란 공사 모든 영역에서 젠더에 기반한 폭력 행위 및 그러한 행위를 하겠다는 협박, 강제, 임의적인 자유의 박탈로서, 여성에게 신체적, 성적, 정신적 해악이나 고통을 주거나 줄 수 있는 행위로 정의하였다.[10] 이때 처음으로 여성폭력이 '젠더에 기반한 것'임을 확인하였으며, 젠더에 기반한 폭력이라는 용어가 등장하였다.

그리고 이어 제2조에서 여성에 대한 폭력을 가정폭력, 사회폭력, 국가폭력으로 구분하였다. 가정폭력으로는 구타, 가정 내 여아에 대한 성적 학대, 지참금 관련 폭력, 부부 강간, 여성 할례 및 기타 여성에게 해로운 전통적 관행, 비배우자 폭력 및 착취와 관련된 폭력을, 사회폭력으로는 직장, 교육 기관 및 기타 장소에서 강간, 성적 학대, 성희롱 및 위협, 여성 인신매매 및 강제 성매매를 포함하여 일반 커뮤니티 내에서 발생하는 신체적, 성적 및 심리적 폭력을, 그리고 국가폭력이란 발생하는 모든 곳에서 국가가 자행하거나 묵인하는 신체적, 성적 및 심리적 폭력이라고 정의하였다. 그리고 이에 젠더폭력이 반드시 이에 국한되지는 않는 것으로 이해되어야 한다고 강조하였다.[11]

이어 1995년 북경 제4차 세계여성회의(Fourth World Conference on Women)에서는 북경선언및행동강령(Beijing Declaration and Platform for Action)을 통하여 여성폭력은 성차별의 결과이자 원인으로 분석하고, 여성폭력철폐선언의 여성폭력 정의에 살인, 조직적 강간, 성노예화, 강제임신 등 무력분쟁상황에서의 인권침해, 강제불임 및 강제낙태, 강제피임, 여아살해, 태아성감별 등을 포함시켰다.[12] 그리고 세 가지 대응전략을 제시하였다. 즉 여성폭력의 예방 및 근절을 위한 통합적 대책마련, 여성폭력의 원인, 결과 및 효과적 예방법의 연구 및 여성 인신매매 철폐, 성매매, 인신매매로 인한 폭력 피해자 지원 등이 그것이다.[13]

이와 같이 UN을 포함한 국제사회의 젠더폭력에 대한 정의는 젠더에 기반한 차별과 그를 매개로 한 폭력적 행위이며, 이는 여성폭력으로 귀결되며, 가정, 사회 및 국가폭력 등으로 구분한다는 것으로 정리할 수 있다.[14] 물론 이러한 정의는 다소 페미니즘적 논쟁을 불러올 수 있다.[15] 여기서는 그와 같은 논쟁을 배제키로 한다

2. 성인지관점에서의 군인의 인권

우리 헌법 10조는 모든 국민은 인간으로서의 존엄과 가치를 가지며, 행복을 추구할 권리를 가진다. 국가는 개인이 가지는 불가침의 기본적 인권을 확인하고 이를 보장할 의무를 진다고 규정하고 있다. 즉 국민의 행복추구권과 국가의 국민인권보호의 책무를 동시에 규정하였다. 제11조 제1항은 모든 국민은 법 앞에 평등하며, 누구든지 성별, 종교 또는 사회적 신분에 의하여 정치적·경제적·사회적·문화적 생활의 모든 영역에 있어서 차별을 받지 아니한다고 규정하였다. 이 규정은 그 신분에 의하여 차별받지 않을 권리, 즉 평등권을 규정하였다. 따라서 군인 역시 일반 시민과 같이 평등하게 대우받아야 한다.[16]

제39조 제1항은 모든 국민은 법률이 정하는 바에 의하여 국방의 의

무를 진다고 규정하였고, 이어 제2항은 누구든지 병역의무의 이행으로 인하여 불이익한 처우를 받지 아니한다고 규정하였다. 이는 국민의 병역의무를 규정하면서 동시에 병역의무로 인한 불이익한 처우를 받지 아니할 권리를 규정한 것이다. 따라서 군인은 성과 구별 없이 대한민국 국민으로서의 행복추구권을 보장받고 있으며, 국가는 이를 지켜줄 책무가 있음을 알 수 있다.

특히 이와 같은 헌법 이념을 반영하기 위하여 군인의 지위 및 복무에 관한 기본법을 2015년 12월 29일자로 제정하였다(시행 2016. 6. 30. 법률 제13631호). 이 법의 취지는 군 내 기본권 침해가 근절되지 못하고 있어 군의 사기 및 전투력 저하와 군에 대한 국민의 신뢰 상실이 우려되는 상황이라는 진단 하에 주기적인 기본권 교육을 통해 군인의 기본권 의식을 함양하고, 군인에게 다른 군인의 가혹행위에 대한 신고의무를 부과하며, 국방부장관이 가혹행위를 신고한 군인을 보호하도록 함으로써 병영 내에 잔존한 구타·가혹행위 등의 병폐를 근절하고, 군인의 기본권 제한, 의무 등에 관한 사항을 법률에서 직접 규율함으로써 군인의 기본권이 보장될 수 있도록 하려는 것에 있다고 밝혔다.[17]

성인지관점에서 군인의 지위 및 복무에 관한 기본법에서 특히 주목할 부분은 제11조의 군인은 이 법의 적용에 있어 평등하게 대우받아야 하며 차별을 받지 아니한다는 평등대우의 원칙 및 제27조의 군기문란행위 등의 일부로 성희롱·성추행 및 성폭력 등의 행위를 규정하고 이를 금지하였으며, 제41조 제2항에서 성희롱, 성폭력, 성차별 등 성(性) 관련 고충 상담을 전담하기 위하여 일정 규모 이상의 부대 또는 기관에 성(性)고충 전문상담관을 두도록 하였고, 이어 제3항에서 성고충 전문상담관은 군 생활 또는 개인 신상문제 등으로 인한 어려움을 겪고 있는 군인에 대하여 상담을 실시하고, 전문상담관이 배치되어 있는 부대 또는 기관의 장에게 피해자의 보호 등 필요한 조치를 요청할 수 있다고 규정한 점 등을 들 수 있다.

즉, 특별히 성(sexuality)을 구분하지 않고 성희롱, 성폭력, 성차별 등을 성관련 고충으로 규정하였고, 그리고 이에 대한 상담이나 피해자보호 등의 조치를 위한 전문상담관 제도를 두도록 한 점 등은 젠더폭력에 대한 성인지적 대응 태도이며, 궁극적으로 군인의 인권에 초점을 맞춘 것이다.[18]

3. 드러난 군대 젠더폭력

앞서 젠더폭력의 정의를 여성폭력철폐선언, 양성평등기본법 및 학계의 보편적 정의를 기초로 할 때 군대 젠더폭력의 실태는 군대 내에서 벌어지고 있는 성희롱, 성추행, 성폭행 등의 정도에서 파악해볼 수 있다.

이는 2012년도 및 2019년에 발표된 국가인권위원회의 연구용역보고서를 바탕으로 차별 및 젠더폭력의 정도를 가늠해 볼 수 있다.

구체적으로 살펴보면 2012년 대비 2019년 차별경험은 여성군인의 경우 보직이나 직위 관련 문제 차별이 21.8%에서 24.6%로, 화장실, 휴게실, 샤워시설 등 편의시설 관련하여 13.6%에서 15.7%로, 진급과 관련하여 9.7%에서 12.2%로, 병과의 선택 및 배치와 관련하여 4.5%에서 6.6%로 차별을 더 많이 경험한 것으로 나타났다.[19] 즉 여군들은 해당 분야에서 차별경험을 더 많이 한 것으로 차별의 정도가 더 심해졌음을 알 수 있다. 여성군인들이 겪는 진급, 보직 등의 직업전문성 역량을 키워야 하는 측면에서의 차별경험만이 아니라 화장실 등 일상생활의 불편함을 감수하는 차별경험은 개인의 삶의 질을 떨어뜨리고 행복추구권을 방해하는 요소들이라 할 것이다.

2012년 대비 2019년 성희롱 피해경험과 그 처리의 공정성에 대한 인식 정도 역시 변화를 보였다. 최근 1년 이내에 성희롱 피해경험에 대해 11.9%에서 4.6%로, 최근 1년 이내 성희롱 피해목격경험에 대해 41.3%에서 14%로, 최근 1년 중 성희롱·성폭력 고충제기 경험에 대해 17.2%

에서 7.7%로 각각 감소하였다. 그런데 부대 성희롱·성폭력 관련 고충 제기시 공정하게 처리된 경험에 대해선 75.8%에서 48.9%로 낮아졌다. 즉 직접적 성희롱 피해경험은 낮아졌지만, 피해성희롱 사건에 대한 공정한 처리여부에 대한 인식은 부정적으로 변화한 것을 알 수 있다.[20] 이러한 인식의 변화는 군당국이 양성평등센터나 성고충상담관제 등을 도입했음에도 불구하고 여전히 여성군인들의 눈높이에 맞지 않거나 실질적인 도움을 주지 못하고 있음을 반증하는 것이라 할 것이다.[21]

군대 내 여성군인의 성희롱·성폭력 행위별 피해경험은 아래와 같다. 전체적으로는 2019년은 2012년도에 비해 빈도수는 감소하였다. 2012년과 2019년의 경우 가벼운 신체접촉 24.6에서 10.2%, 외모에 대한 비유나 품평 등 20.2%에서 10.3%, 섹시하다는 등 성적 농담 16.9%에서 6.3% 등으로 이 세 유형이 가장 많은 피해경험으로 나타났다.[22]

군대 성희롱·성폭력 행위별 피해

질문 내용	2012	2019
회식, 노래방 등에서 원치 않는 신체 접촉시도	5.3	1.3
회식, 술자리서 남자군인, 남자지휘관에게 술 따름 강요	8.0	1.6
회식이나 술자리 등에서 남자군인의 옆자리에 앉기 강요	6.6	1.7
본인이 원치 않는 성관계 강요	0.4	0.1
성기 등 특정 신체부위를 고의적 노출하거나 만지는 행위	0.5	0.2
야한 잡지, pc화면, 이메일 등으로 성적 사진을 보여주거나 노출	1.8	0.3
심한 신체접촉(엉덩이, 가슴, 무릎만지기, 껴안기, 블루스 강요 등)	3.1	1.2
가벼운 신체 접촉(어깨 두드리기, 손만지기 등)	24.6	10.2
사생활에서의 성적 경험 등에 대한 공개적 질문	3.3	2.1
외모에 대한 서적 비유나 품평 별명 사용	20.2	10.3
짙은 성적 농담	8.4	3.1
가벼운 성적 농담(섹시하다는 표현 등)	16.9	6.3

자료: 국가인권위원회, 2019, 404.

성희롱·성폭력 관련 피해시 여성군인의 대응은 다음과 같다.

성희롱·성폭력 피해시 대응

질문 내용	2012	2019
행위자에게 거부의사를 표시	35.7	37.8
무대응/문제제기도 않음	38.2	34.6
가족, 친지/동료에게 알림	7.1	5.9
부대 내 비공식적 문제제기	5.3	3.2
여성고충상담관 등에 보고	5.2	4.9
군사법당국에 신고조치	0.3	4.3
기타	8.2	9.2

자료: 국가인권위원회, 2019, 405.

2012년과 2019년 비교 시 무대응이 38.2%에서 34.6%, 행위자에게 거부의사 표시가 35.7%에서 37.8%로 많은 비중을 차지하였다. 가족이나 친지에게 알림 7.1%에서 5.9%로, 부대 내 비공식적 문제제기 5.3%에서 3.2%로, 여성고충상담관에게 보고 5.2%에서 4.9%로, 군사법당국에 신고조치 0.3%에서 4.3%로 나타났다. 2019년의 경우 2012년 보다 무대응의 비중이 3.6%p 낮았고, 군사법당국에 신고조치한다는 비중이 4%p 정도 높아진 점은 긍정적 변화이다.

그러나 성희롱·성폭력 피해시 무대응하겠다는 경우가 34.6%인 점은 매우 안타까운 현상이며, 이들이 왜 적극적으로 대응할 엄두를 내지 못하는지에 대한 의문은 앞서 부대 내 성희롱·성폭력 관련 고충제기시 공정하게 처리된 경험이 2012년 75.8%에서 2019년 48.9%로 낮아진 점에서 찾을 수 있다. 즉 성희롱·성폭력 사건에서 불공정하게 처리되는 상황들을 목격한 여성군인들의 경험에서 영향을 받았음을 유추할 수 있다. 공군여중사 사건도 이와 같은 추론을 가능케 한다.

한편 국가인권위원회가 2017년에 여군 170명을 대상으로 한 설문조사에서 군대 내 성폭력이 심각하다가 57.4%로 심각하지 않다 37.7%

보다 높았고, 성폭력 사건이 발생할 경우 군대 내 문제해결이 공정하고 신속하지 않다는 부정적 응답이 54.8%이며, 긍정적 응답은 38.2%였다. 성폭력 사건의 발생정도에 대한 인식도 높지만 군대의 문제해결에 대해서도 긍정적인 신뢰 보다는 부정적인 인식을 더 많이 하고 있음을 알 수 있다. 이와 같은 부정적 인식은 성폭력 피해를 당한 후 조치에 대한 질문(복수응답 허용)에 42명이 응답하였다. 61.9%인 26명이 별다른 조치를 취하지 않았고, 지휘관 및 지휘계통 보고는 9.5%인 4명, 수사 감찰기관 신고는 4.7%인 2명, 국가인권위원회 신고는 2.4%인 1명으로 응답하였다.[23]

군인의 젠더폭력의 정도를 파악할 수 있는 또 하나의 지표는 군인에 의하여 행하여지는 군대 내에서 군인 등을 대상으로 한 강간 등 발생 사건 정도 및 민간인을 대상으로 한 성폭력 사건발생의 추이라고 할 수 있다. 국방부가 일관된 통계지표 방식에 의하여 분석, 발표한 2017년부터 2019년까지 최근 3년간 성범죄 발생 현황은 다음과 같다.

전체 성범죄 발생 및 기소건수는 2017년 1,170(508)건으로 43.4%, 2018년 1,091(413)건으로 37.9%, 2019년 1,119(449)건으로 40.1%만이 기소되어 평균 40.5% 정도로 기소율이 높지 않음을 보여준다.

한편 군형법[24] 상 추행 등은 군형법 제15장 강간과 추행의 죄로 강간, 유사강간, 강제추행, 준강간, 준강제추행, 미수범, 강간 등 상해·치상, 강간 등 살인·치사의 죄를 말한다(제92조−제92조의8). 사망한 피해 여중사의 가해자 공군제20전투비행단 소속 장모 중사는 군인등강제추행치상[25] 및 특정범죄가중처벌등에 관한 법률위반(보복협박 등)으로 군사재판을 받고 있다.

군대 성범죄 발생

발생건수(기소건수)

구분		장교	부사관	병사	군무원	기타[26]
2017	1170(508)	123(55)	266(108)	760(338)	12(4)	9(3)
군형법추행 등	396(174)	58(30)	99(48)	236(94)	–	3(2)
형법위반	337(129)	26(12)	60(27)	248(90)	2(0)	1(0)
성폭법위반	242(145)	20(12)	40(20)	173(108)	7(4)	2(1)
아·청법위반	82(48)	2(0)	10(4)	69(44)	1(0)	–
성매매	113(12)	17(1)	57(9)	34(2)	2(0)	3(0)
2018	1091(413)	107(47)	227(91)	731(260)	23(15)	3(0)
군형법추행 등	403(134)	40(22)	95(41)	256(64)	11(7)	1(0)
형법위반	330(131)	32(16)	52(23)	239(88)	6(4)	1(0)
성폭법위반	221(112)	17(7)	41(21)	158(80)	5(4)	–
아·청법위반	75(27)	4(1)	14(3)	57(23)	0(0)	–
성매매	62(9)	14(1)	25(3)	21(5)	1(0)	1(0)
2019	1119(449)	114(60)	273(113)	704(268)	24(7)	4(1)
군형법추행 등	323(123)	36(25)	88(48)	193(47)	6(3)	–
형법위반	334(126)	40(19)	73(19)	208(85)	9(2)	4(1)
성폭법위반	303(138)	24(14)	62(25)	208(97)	9(2)	–
아·청법위반	101(54)	3(2)	25(14)	73(38)	–	–
성매매	58(8)	11(0)	25(7)	22(1)	–	–

자료: 국방부, 2018－2020 국방통계연보, 재구성.

군형법 위반 추행 등 범행과 기소건수는 2017년 396(174)건, 2018년 403(134)건, 2019년 323(123)건, 모두 1,122(431)건으로 전체 발생건수의 38.4%만 기소되는 것으로 나타났다. 이 가운데 실질적 직업군인 신분인 장교, 부사관의 경우는 장교 134(77)건, 부사관 282(137)건으로 장교는 57.4%, 부사관은 48.6% 정도가 기소되었다. 이들이 차지하는 비중은 416(214)건, 37(49.7)%로 나타났다. 이는 직업군인에 의한 군형법 위반 추행 등 범행의 정도가 결코 낮지 않다는 것을 의미하며, 젠더 폭력에 대한 인식정도 역시 높지 않음을 보여주는 증거이기도 하다.

다음 표는 보통군사법원의 군대 성범죄자 판결현황을 나타낸 것이다. 2017년부터 3년간 보통군사법원에서 판결한 성범죄 1,333건 중 자유형 10.2%, 집행유예 28.7%, 선고유예 3.5%, 재산형 33.5%, 무죄 등 24%로 나타나 재산형의 비중이 가장 높다. 군형법추행 등 사건의 경우만을 별도로 분리하면 자유형 7.5%, 집행유예 54%, 선고유예 4.8%, 재산형 2.3%, 무죄 등 26.5%로 집행유예 비중이 압도적으로 높고, 실형 선고율이 매우 낮다.

보통군사법원의 군대 성범죄

구분	계	군형법추행 등			형법위반			성폭법위반			아·청법위반			성매매		
		2017	2018	2019	2017	2018	2019	2017	2018	2019	2017	2018	2019	2017	2018	2019
계	1333	158	146	96	105	154	126	129	143	129	39	34	43	11	14	6
사형	-	-	-	-	-	-	-	-	-	-	-	-	-	-	-	-
무기	-	-	-	-	-	-	-	-	-	-	-	-	-	-	-	-
자유형	136	8	14	8	11	21	22	16	13	12	5	2	4	-	-	-
집행유예	383	74	95	47	25	30	20	14	27	20	9	9	10	1	1	1
선고유예	47	22	9	8	2	-	1	-	1	2	-	-	2			
재산형	447	4	2	3	28	75	49	60	85	81	10	14	13	7	11	5
자격형	-	-	-	-	-	-	-	-	-	-	-	-	-	-	-	-
기타[27]	320	50	26	30	39	28	34	39	17	14	15	9	14	3	2	-

자료: 국방부, 2018－2020 국방통계연보, 재구성.

이는 국가인권위원회의 2019년 군대 내 인권상황 실태조사에서도 확인된다. 즉, 성희롱, 성폭력 사건의 발생원인에 대해 남성군인에 대한 조사에서 직업군인의 경우 인권의식부족 32.1%, 음주문화 19.2%, 남녀 의식차이 14.5%, 계급문화 14%, 약한 처벌 8.3%로 나타났다. 이에 비해 병사의 경우 인권의식부족 35.6%, 계급문화 21.8%, 약한 처벌 15.9%, 남녀 의식차이 12.8%, 음주문화 6.7% 등으로 나타났다. 즉, 병사의 성인지 감수성 및 젠더폭력에 대한 인식이 직업군인 보다 상대적으로 높은 것을 알 수 있다.

Ⅲ. 민낯 드러내다

1. 성인지관점의 부족

공군 여중사 사건은 2021년 3월 2일 저녁 피해자가 선임부사관 장모 중사에 의해 성추행을 당한 이후, 여러 차례 신고하였으나 군당국으로부터 제대로 보호받지 못하고, 회유와 협박, 면담강요, 피해사실 유포 등의 2차 가해가 지속되어 결국 2021년 5월 21일 피해자가 자살에 이른 것이다.[28] 사건 당일 차량 탑승인원은 총 5명으로 성추행은 A상사와 민간인이 도중 하차한 후 발생하였다. 가해자는 수차례 피해자를 성추행하고 피해자가 차에서 내린 뒤에도 피고인은 "너 신고할거지? 신고해봐"라고 위압하였고, 다음 날엔 문자로 하루종일 "죽어야겠다는 생각이 든다"라고 협박하였다. A상사는 3월 3일 10시경 강제추행 피해를 호소하는 피해자에게 "없었던 일로 해줄 수 없겠냐"며 신고하지 못하도록 협박하였고, 3월 22일에는 피해자의 남자친구에게 합의와 선처를 종용하였다.

피해자의 상관인 B준위는 3월 3일 11시경 강제추행 피해사실을 보고받았으나, 피해사실을 묵살하고 피해자를 회유하다가 당일 22시경 대대장 C중령에게 보고하였다. C중령은 가해자와 피해자를 분리하지 않은 채 피해자에게 두 달 동안 청원휴가 조치 후, 성고충전문상담관의 상담을 받도록 하였다.

사건 초기의 일련의 상황은 피해자가 1차적인 성추행을 당한 이후에도 피해자를 보호하거나 가·피해자의 분리조치 시스템은 전혀 작동되

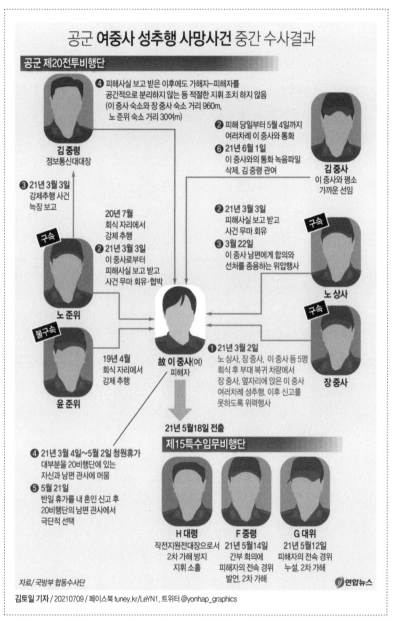

자료: https://www.yna.co.kr/view/

지 않았고, 2차적인 젠더폭력 피해를 당했음을 알 수 있다. 이는 앞서 국가인권위원회의 조사결과와 맥락을 같이한다. 즉, 부대 성희롱·성폭력 관련 고충제기시 공정하게 처리된 경험에 대해선 2012년 75.8%에서 2019년 48.9%로 낮아졌고, 성희롱 피해시 공정한 처리여부에 대한 인식이 매우 부정적으로 변화한 점을 상기할 필요가 있다.

피해자를 둘러싼 A, B, C의 태도 및 사건처리방식은 양성평등기본법 제18조의 성인지교육, 제30조의 성폭력·가정폭력·성매매 범죄의 예방 및 성희롱 방지교육, 제31조(성희롱 예방교육 등 방지조치) 및 제31조의2 성희롱 사건 발생 시 조치 등의 규정상 내용과 모두 배치된다. 나아가 이러한 행위는 군인의 지위 및 복무에 관한 기본법 제43조 제1항에 규정된 신고의무, 즉 군인은 병영생활에서 다른 군인이 구타, 폭언, 가혹행위 및 집단 따돌림 등 사적 제재를 하거나, 성추행 및 성폭력 행위를 한 사실을 알게 된 경우에는 즉시 상관에게 보고하거나 군인권보호관 또는 군 수사기관 등에 신고토록 한 규정을 위반한 것이기도 하다.

또한 부대 내 성추행 가해자를 분리조치하지 않고 오히려 청원휴가 중인 피해자를 관사에 머물도록 한 정황 등 군대 내 젠더폭력 문제를 접근하는 방식 역시 군대의 성인지적 태도가 아직 정착되지 못했음을 여실히 드러내는 것이다.

2. 국가젠더폭력의 전형: 사건은폐와 부실수사

당초 사건을 접수한 공군제20전투비행단 군사경찰단은 2021년 4월 7일 군사 검찰에 사건을 송치하기 전까지 가해자 장모 중사의 증거인멸 우려가 있음에도 불구하고 휴대전화조차 압수하지 않는 등 부실수사를 벌였다.[29] 또한 공군본부 군사경찰단은 5월 22일 피해자가 숨진 채 발견된 뒤, 해당 사건을 공군참모총장에게는 정상 보고하였으나 국방부 조사본부에는 강제추행 사실을 누락시키고 단순 변사사건으로 허

위보고 하였다.30)

　나아가 공군본부 군사경찰단의 수사상 문제점이 드러나자 국방부 조사본부가 수사를 이어 갔지만 공군제20전투비행단 군사경찰의 초기 대응이 문제가 없다고 언론에 주장하는 등 논란을 일으켰다. 결국 국방부장관이 조사본부장에 대해 경고하고, 수사단장을 이 사건 직무에서 배제하는 등의 조치로 이어졌다.

　공군제20전투비행단 군검찰, 공군본부 검찰부, 공군본부 법무실 내의 인권나래센터 등은 충실하고 공정하게 사건수사 및 기소 등을 해야 함에도 불구하고 그 책임을 다하지 못하였다. 공군제20전투비행단 군사검찰은 군사경찰로부터 4월 7일 기소의견으로 사건을 송치받았으나, 송치받은 지 54일만이자 피해자사망 이후 9일이 지나서야 사건조사에 나섰다. 결국 군사검찰이 피해자가 숨지기 전까지 가해자 조사를 단 한 번도 실시하지 않은 사실이 밝혀진 것이다.

　공군제20전투비행단 군사검찰을 지휘하는 등 책임을 져야 할 공군본부 검찰부와 법무실 역시 사건을 은폐축소하고 허위보고하여 그 최고책임자인 법무실장은 피의자신분으로 전환되었다.31)

　한편 공군본부의 부실수사 등이 여론과 정부의 질책을 받게 되어 사건을 공군본부로부터 인계받은 국방부 검찰단 역시 6월 1일 사건 수사 개시 후 피해자의 상관인 A상사와 B준위 등의 사무실 등을 압수·수색하면서도 공군검찰을 제외하여 공정하지 못하다는 비난을 받았다. 결국 국방부 검찰단은 6월 9일이 되어서야 공군본부 법무실 소속 고등검찰부와 인권나래센터를, 6월 18일에 법무실장실 등 검찰관계자들에 대한 압수수색을 각각 진행하였다.

　또한 국방부 검찰단은 사망사건 관련 초동수사자료 일체를 공군제20전투비행단에서 압수하였으나, 변사사건 수사는 하지 않고 피해자의 고등학교 생활기록부 등을 검증하는 등 적절하게 대응하지 못한다는 비난을 받았다. 결국 국방부장관은 7월 19일 특임군검사를 임명하였다.32)

3. 무시당한 피해자와 비전문성

국방부는 2013년 군 형사절차에서의 성폭력범죄 피해자 보호 등에 관한 훈령을 제정하였다. 이는 2016년 2019년 2회에 걸쳐 개정되었다. 이 훈령 제2장 피해자의 변호사에서는 제6조(성폭력범죄 피해자에 대한 변호사 선임의 특례), 제7조(국선변호사), 제8조(국선변호사 선정 대상자 명부의 작성), 제9조(국선변호사 선정), 제10조(국선변호사 선정의 고지), 제11조(국선변호사 선정 신청), 제12조(국선변호사 선정 절차 등), 제13조(국선변호사의 선정기간), 제14조(국선변호사의 변경 신청), 제15조(국선변호사의 사임), 제17조(국선변호사의 재선정) 등을 규정하고 있다. 특히 제10조는 검찰관 또는 군사법경찰관은 조사 전에 피해자에게 변호사가 있는지를 확인하여야 하고, 변호사가 없으면 피해자 또는 그 법정대리인에게 국선변호사 선정을 신청할 수 있다는 뜻을 알려주어야 한다고 명시하고 있다.

또한 국방부가 2015년 마련한 성폭력 근절 종합대책은 피해자가 여성일 경우 멘토와 국선변호인 등 조력자를 여성으로 우선 선정할 수 있도록 배려하였다.

그러나 공군여중사사건의 경우 군사경찰의 사건입건일은 3월 4일이고, 공군본부에서 파견된 전문 수사관의 피해자 조사는 3월 5일 오후에 진행되었다. 이 수사관은 피해자 조사에 앞서 체크 리스트 가운데 하나인 국선변호인 선임 관련 고지를 하였다. 즉 공군제20전투비행단 군사경찰은 피해자에게 전담수사관에게 조사를 받기 전까지 국선변호인 선임 관련 정보를 고지하지 않았고, 결국 피해자는 변호사의 조력없이 1차 피해자 조사를 마칠 수밖에 없었다. 3월 9일이 되어서야 공군제20전투비행단 군 검사가 선정한 남성 국선변호인(현역 중위)은 피해자가 사망할 때까지 단 한차례도 피해자와 면담하지 않았고, 가해자 변호사의 의견이라며 합의금 천만원 등을 거론하는 등 불성실하게 직무를 유기한 혐의로 불구속 기소되었다.[33]

또한 공군본부 양성평등센터는 피해자의 강제추행 피해 사실을 공군 제20전투비행단 성고충상담관으로부터 사건 발생 사흘 뒤인 3월 5일에 보고 받고도 33일이 지난 4월 6일에서야 국방부에 월간 현황보고 형식으로 보고하였다. 이는 양성평등담당관의 복무지침인 「국방 양성평등 지원에 관한 훈련」 제101조(성폭력 발생시 조치) 규정을 명백하게 위반한 것이다. 동 훈령은 양성평등센터담당관은 ① 성폭력 신고상담 접수시 그 사실을 국방부장관이 지정하는 양식에 따라 양성평등업무계선으로 개요를 보고해야 하며, ② 중대사고의 경우에는 양성평등업무계선으로 개요보고 후 최단시간 내 세부내용을 보고해야 하며, ③ 피해자에게 성폭력 처리절차 및 신고방법 등을 안내하고, 신고자가 지휘계통에 따르지 아니하고 상급부대 신고 등을 하였다는 이유로 어떠한 불이익의 처분을 할 수 없다는 규정을 알려주어야 하며, ④ 피해자가 요청(동의)할 경우 성고충전문상담관과 협업하여 피해자 통합지원시스템(상담·진료·법률지원 등)을 적극 활용할 수 있도록 조치해야 하며, ⑤ 성폭력 처리과정에서 피해자의 의사를 최우선적으로 고려하여 가해자 분리, 보직조정, 2차 피해 방지 등 피해자 보호를 위한 조치를 관련 부대(서)장에게 건의할 수 있으며, ⑥ 피해자의 신상노출 방지를 위하여 보고계통 및 관련 인원을 최소화해야 하며, ⑦ 이상의 규정에 따른 제반 사항에 대해 조치를 하고, 이를 묵인하거나 은폐·조작하여서는 아니된다고 명시하고 있다.

그러나 공군본부 양성평등센터장은 이러한 조치를 모두 무시하였고, 2021년 6월 10일 국회 법제사법위원회에서 "지침을 미숙지했다"고 답하여 국회의원들로부터 질타를 받았다.[34]

그런데 국방부는 2015년 6월에 각 군 본부에 양성평등센터를 설치하였고, 양성평등담당관(현역) 및 성고충전문상담관(민간)을 두고 운영하였고, 공군은 군 역사상 최초로 2019년 1월에 민간인 양성평등센터장을 위촉하였다. 그러나 양성평등지원센터는 성폭력 피해 여군에게 전문적이고 체계적인 보호와 형사사법절차상 지원, 가해자와 피해자 분리 등의 조치 등의 지원을 하지 않아 존재의 의미를 퇴색시켰다. 나아가 오히려 성폭행 피해사실을 국방부에 즉시 보고하지 않아 적절한 국방부 차원의 조치가 이루어지지 못했으며, 피해자가 2차 피해에 노출되고 극심한 고통에 이르는 등 젠더폭력을 방조한 혐의로 불구속 기소되었다.[35]

4. 무능한 군형사사법 시스템

군사법원은 헌법 제110조의 "군사재판을 관할하기 위하여 특별법원으로서 군사법원을 둘 수 있다. 군사법원의 조직, 권한 및 재판관의 자격은 법률로 정한다"라는 규정을 근거로 한다. 이에 따라 구 군사법원법 제5조는 법원은 고등군사법원과 보통군사법원으로 나눈다고 규정하였다. 이에 따라 국방부는 보통군사법원과 고등군사법원을 두고 있다. 보통군사법원의 경우 육군은 군단급 이상 제대에, 해군은 함대급 이상 제대에, 공군은 사령부급 이상 제대에 설치하였고, 모두 31개소가 운영되었다.

그런데 이와 같은 군의 형사사법체계의 특징은 이미 다음과 같은 문제점이 지적되어 왔다. 첫째, 국방부장관, 3군본부장 및 여타 제대장 등의 동일한 지휘권 하에 재판기능(법원)과 기소·수사기능이 배치되어 있어 공정한 재판과 수사를 기대하기 어렵다. 둘째, 군법무관이 판사, 검찰, 법무행정 등의 보직을 순환함으로써 전문성과 독립성을 해칠 우려가 높다. 셋째, 군법무관은 관할관 또는 심판관 제도 하에서 재판과 수사, 진급 등에 상관의 눈치를 봐야 하고, 결국 관할관의 의중을 재판, 기소 및 수사 등에 반영할 우려가 높다. 넷째, 명령복종의 원칙이 적용되는 군대조직의 특성상 관할관 기관의 사건에 대한 공정한 재판과 수사를 기대하기 어려우며, 다섯째, 지휘관이 군사경찰에 대한 지휘감독

군 형사사법체계도

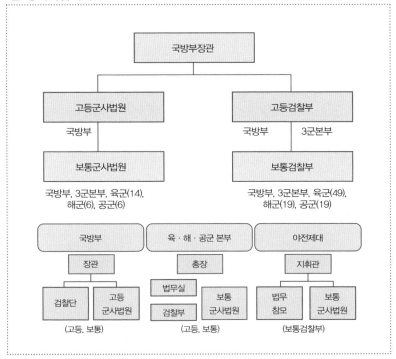

자료: 국방부 검찰단, https://new.mnd.go.kr/

권과 부대지휘감독권을 동시에 행사하고 있어 비공개수사원칙, 피해자 사생활보호원칙 등의 형사소송법상 인권보호원칙이 훼손될 소지가 매우 높다는 점이다.[36]

이와 같은 군형사사법시스템의 문제는 공군여중사 사망사건의 경우에도 여실히 드러났다.

첫째, 공군제20전투비행단장의 지휘 하에 군사경찰이 4월 7일 기소의견으로 역시 같은 소속인 군검찰에게 송치했지만, 피해자 사망 후 9일, 사건발생일부터 54일이 지나서야 사건수사에 착수했고, 이들을 지휘감독할 책임이 있는 공군본부 검찰부와 법무실 역시 사건을 은폐축소하고 허위보고하였으며, 이는 최고책임자인 공군법무실장이 피의자로 입건되는 파국을 낳았다. 이는 앞서 국가인권위원회(2019) 등의 조사와 같이 성폭력 피해여군들이 느끼는 불공정성 등을 확인시킨 것이다.

둘째, 피해자를 지원한 국선변호인 이모중위는 공군본부 법무실 소속 법무관으로 같은 법무관이지만 보직이 군판사, 군검찰인들과 상하관계, 진급문제 등 다양한 요소들이 얽혀 있다. 군법무관제도의 이러한 특성은 객관적이고 중립적인 입장에서 국선변호인으로 지정된 법무관이 피해자지원 역할을 제대로 수행할 것이란 기대는 사실상 어려우며, 이번 사건의 경우에도 피해자가 사망할 때까지 단 한번도 국선변호인 자격으로 피해자와 직접적 면담을 갖지 않았고, 심지어 피해자의 신상정보를 유출했다는 혐의로 불구속 기소되었다.

셋째, 공군제20전투비행단의 보통검찰부와 관할 보통군사법원은 공군참모총장의 지휘 하에 있고, 공군참모총장에 의해 군법무관 중 군사법원 판사가 지명된다. 또한 관할관의 신분지위를 활용해 형의 1/3까지 감경해줄 수 있는 점 등을 고려할 때 금번 사건은 1차적으로는 공군제20전투비행단의 부실한 초동조치와 직무태만도 문제지만, 근본적으로는 지휘관(관할관)이 가지는 군형사사법절차에서 행사하는 관할권(지휘권) 재량이 지나치게 담보되었던 점도 그 영향을 무시하긴 어렵다.[37]

이미 앞에서 확인된 것처럼 군대 성범죄에 대한 군검찰의 기소율과 보통군사법원의 실형선고율이 매우 낮은 것은 관할관인 지휘관 관할 내에서 성범죄자의 기소와 실형확정이 높을 경우 지휘관뿐만 아니라 개별 3군본부 등 조직관리 전체에 부정적 영향을 가져오는 등의 파장을 부담할 수밖에 없어 결국 사건을 감추거나 축소하고, 기소율을 낮추고, 실형을 줄이는 방향으로 군형사사법시스템이 운영되는 문제가 반복되기 때문이며, 2021년 7월 9일 국방부가 발표한 공군여중사 사건의 중간수사결과 발표에서도 관련 사실들이 확인되었다. 그리고 국방부는 2021년 10월 7일 최종수사결과 발표에서 이들에 대해 징계 등의 조치를 진행중이라고 밝혔다.

Ⅳ. 거의 모든 것의 변화가 필요하다

공군제20전투비행단 성폭력사건을 국가젠더폭력으로 진단하고 성인지관점에서 바람직한 해결방안을 제시해볼 수 있다.

1. 성인지관점의 사법시스템

군대성폭력 사건은 전형적인 젠더폭력으로서 성인지관점의 형사사법시스템이 작동되어야 한다. 현행과 같이 군형법상 강간과 추행의 죄(제92조-제92조의8)로 간주하고, 군사경찰, 군검찰 및 군사법원 등의 형사사법시스템이 작동되는 것은 앞서 지적한대로 결국 일반 군범죄와 같은 관할관, 심판관, 법무관 제도 등의 문제점이 그대로 반영될 수밖에 없는 구조적 모순을 안고 있다. 성폭력 피해자는 가해자로부터 1차 피해를 당하고 형사사법절차가 진행되면서 2차피해를 지속적으로 당하는 것이다. 특히 앞에서 확인되는 것처럼 군대 성폭력 사건의 기소율과 실형선고율이 낮고, 직업군인에 의한 성범죄 비중이 높은 점 등은 군대 구성원뿐만 아니라 군형사사법시스템 종사자들의 젠더의식 역시 우려할 만한 수준임을 드러낸 것이라 하겠다.

따라서 군대성폭력 사건은 일반 시민사회의 성폭력사건과 같이 성폭력범죄의 처벌 등에 관한 특례법을 적용하고, 성폭력방지 및 피해자보호 등에 관한 법률상 피해자보호제도가 구현되어야 한다. 이를 위해서는 성폭력 사건의 경우 형사소송법상 수사와 기소 그리고 재판이 진행될 수 있도록 관련 법과 제도를 개선할 필요가 있다. 즉 군사법원법 및 군형법을 개정하여 성폭력범죄는 군 형사사법절차가 아니라 일반형사법체계의 수사, 기소 및 재판이 진행되어야 한다. 이미 일반형사법체제에서는 성폭력전담수사와 기소 및 재판이 진행되고 있고, 피해자보호 역시 보다 체계적으로 진행되고 있다는 점을 고려해야 한다. 군부대 성폭력 범죄가 끊이지 않으면서 군사법원과 군검찰부 등의 제도개선 요구 목소리가 높은 점을 고려하면 국방부의 정책의지가 중요하다고 할 것이다.[38]

2. 여성군인 차별태도 개선

여성군인에 대한 차별과 불공정한 제도 및 태도개선이 선행되어야 한다. 앞서 설명한 2012년 및 2019년에 이루어진 국가인권위원회 연구용역보고서 상에서 2019년에 여군들은 2012년 보다 오히려 더 보직·진급·병과배치 등과 같은 업무와 자기개발영역, 화장실, 휴게실 등 일상생활영역 등에서 차별을 당하였다고 응답하고 있다. 양성평등기본법 및 군인의 지위 및 복무에 관한 기본법 등에서 군대 내 차별, 특히 남녀 차별을 근절키 위한 다양한 교육과 제도개선 등을 의무 또는 제도화하여 평등대우의 원칙이 구현되도록 법적 기반을 마련하였지만 금번 공군성폭력 사건은 여성군인에 대한 차별적 태도와 문화는 개선되지 않은 것을 확인케 한다. 특히 성폭력피해사건에 대한 공군제20전투비행단의 군사경찰, 군검찰부 및 국선변호인의 부실수사와 사건은폐 및 직무유기 등의 행위는 그 자체로 범죄행위이지만 성인지적 젠더의식이 결여된 직업군인들의 양태를 그대로 드러내는 것이라 할 것이다.

따라서 지금까지의 양성평등교육이나 성희롱·성폭력예방교육 등이 시간때우기 혹은 기관평가를 의식해 의례적으로 진행되지 않도록 엄격한 진단이 필요하다. 또한 여군의 군대 내 사회적 지위 및 전문성을 강화할 수 있도록 승진, 보직배치 및 병과관리 등 인사관리와 일상생활 여건을 향상할 수 있는 전반적인 제도개선이 필요하다. 특히 3사관학

교의 학생 모집시 남녀를 구분하지 않고 모집함으로써 장교인력 남녀
비의 균형을 유지할 필요가 있다. 군대 관리자의 남녀비의 균형은 성인
지관점의 군대제도와 인사, 예산, 병사지휘 등의 혁신적 변화를 이끌어
낼 수 있다.

　이미 일반공무원 및 경찰직 등은 여성관리자 임용목표제, 양성평등
채용목표제 등을 통해 남녀경계를 허문 인력관리제가 도입되었고 성인
지적 인사정책과 제도개선이 상당한 효과를 거두고 있음을 참고할 때
초급장교의 남녀 비중 균형이 필요하다.[39] 또한 부사관제도의 경우에
도 남녀를 구분하지 않고 모집, 채용함으로써 여성군인의 비중을 확대
하여 여성들이 군인으로서 전문성을 발휘하게 하고 시설개선 등의 조
치도 뒤따라야 한다.

3. 각군본부의 인권실 배치

　군대 내 성폭력피해자 지원체계의 대대적인 정비가 필요하며, 각군
본부에 인권실을 두어야 한다. 이번 공군제20전투비행단 사건에서 확
인된 것처럼 공군의 양성평등지원센터는 성폭력사건의 심각성을 제대
로 인지하지 못했고, 국방부에 제대로 보고도 하지 않았으며, 심지어
군대성폭력처리 매뉴얼 조차 제대로 인지하지 못하였다. 국선변호사
역시 피해자지원을 제대로 하지 않았다.

　이러한 배경은 현행 군형사법 및 제도하에서는 사건발생부대에 피해
여군이 도움을 청할 성폭력고충상담관, 법무관이 없고, 모두 공군본부
에 속한 국선변호사와 양성평등센터 상담관으로부터 지원을 받아야 했
다. 또한 이 국선변호사와 양성평등센터는 모두 법무실 소관하에 있어
같은 법무실장[40]의 지휘를 받으며 사건에 개입되어 있다. 즉 가해자
처벌과 피해자 보호라는 이중적 업무를 담당한 것 이외에도 피해자 사
망 이후 직무유기 등의 문제가 노출되었지만 이에 대한 수사를 담당할

검사와 양성평등센터가 동일한 법무실장 지휘하에 놓이는 구조적 모순점을 안고 있었다.

이와 같은 문제점은 군형사사법체계가 관할관, 심판관제 등을 통해 군 지휘부가 사건에 개입될 소지를 보인 것과 같이 성폭력 사건의 피해자를 돕는 것이 아니라 피해자를 압박하고, 사건을 은폐하는 통로로 작용될 우려가 높다. 따라서 각군본부의 양성평등센터는 법무실에서 분리하여 각 군 본부에 별도의 인권실을 두고, 그 산하에 성폭력피해자 지원을 포함한 인권침해 피해자를 지원하는 시스템으로 전환해야 한다. 양성평등센터장의 임명 또한 보다 공정한 채용절차를 거쳐야 하며[41], 변호사자격 등 일정한 자격요건을 두어 군법무관 등과의 균형성을 두어야 하며, 그 직급 또한 각 군 본부의 실장급에 준하는 지위를 부여해야 한다. 양성평등센터의 상담관들 역시 현행처럼 계약직 신분이 아니라 군무원 등의 정규직 신분과 그 자격요건 또한 보다 전문성을 갖추도록 함으로써 보다 정교한 피해자 지원서비스 체계를 갖춰야 한다.

4. 상설 군사법원 폐지

궁극적으로 군사법원의 폐지가 필요하다. 군사법원은 헌법 제110조에 근거를 두고 있으나 이는 임의적 규정이며, 군사법원법 제5조가 군사법원을 고등군사법원과 일반군사법원으로 구분하고 있다. 보통군사법원에서 처리된 군 기밀 누설, 군무이탈, 군용물 관련 죄 등 전형적인 군 범죄는 2019년의 경우 전체 사건의 8.0%이고 나머지는 교통범죄, 일반 형사범죄 등인 것으로 나타났다. 고등군사법원의 경우 군범죄는 13.8% 정도로 이와 같은 현상은 매년 크게 다르지 않았다.[42] 즉 군사법원이 본연의 취지인 군범죄를 재판하는 것보다 일반범죄를 재판하는 비중이 훨씬 높다는 것을 반증하는 것이다. 금번 공군제20전투비행단 사건의 경우 역시 일반법원의 성폭력사건으로 재판하는 것이 헌법 정신에 부합한다. 즉, 헌법 제27조 제2항은 "군인 또는 군무원이 아닌 국민은 대한민국의 영역안에서는 중대한 군사상 기밀·초병·초소·유독음식물공급·포로·군용물에 관한 죄중 법률이 정한 경우와 비상계엄이 선포된 경우를 제외하고는 군사법원의 재판을 받지 아니한다."고 규정하고 있다. 따라서 현행처럼 군인신분임을 이유로 모든 사건을 군사법원에서 처리하는 것은 위헌적 소지에 대한 우려를 상기할 필요가 있다.[43]

군검찰의 낮은 기소율과 군사법원의 낮은 실형선고율, 낮은 군사범죄처리율 등의 군사법원 취지에 부합하지 않는 운영 등을 고려할 때 평상시 군사법원의 전면적 폐지는 불가피한 것으로 보인다. 이는 군인의 헌법상 재판받을 권리, 즉 재판청구권을 보장한다는 측면과 누구든지 성별·종교 또는 사회적 신분에 의하여 정치적·경제적·사회적·문화적 생활의 모든 영역에 있어서 차별을 받지 아니할 권리의 정신에도 부합한다.

V. 사라진 보통군사법원, 역사를 바꾸다

공군여중사사건을 계기로 결국 군사법원법을 개정하여 군사법원을 국방부장관 산하로 이관하는 등 일부 변화가 있었다. 개정된 군사법원법(시행 2022. 7. 1. 법률 제18465호, 2021. 9. 24., 일부개정)의 주요내용은 다음과 같다.

– 군사법원 대상범죄의 제한
성폭력범죄, 군인등의 사망사건의 원인이 되는 범죄 및 군인등이 그 신분을 취득하기 전에 저지른 범죄를 군사법원의 재판권에서 제외한다.

－ 보통군사법원 폐지

군사재판 항소심을 서울고등법원으로 이관하고, 각 군단급 보통군사
법원을 폐지하며 국방부에 각 군 군사법원을 통합하여 중앙지역군사법
원·제1지역군사법원·제2지역군사법원·제3지역군사법원·제4지역군
사법원을 설치한다.

－ 관할관 및 심판관 제도 폐지

관할관 확인제도를 폐지함과 아울러 심판관 관련 규정도 삭제하며,
군사법원에서는 군판사 3명을 재판관으로 한다.

－ 보통검찰부 폐지, 국방부장관 및 각 군 참모총장 소속 검찰단 설치

보통검찰부를 폐지하고, 국방부장관 및 각 군 참모총장 소속으로 검
찰단을 두며, 국방부장관 및 각 군 참모총장은 군검사를 일반적으로 지
휘·감독하고, 구체적 사건에 관하여는 소속 검찰단장만을 지휘·감독
한다.

－ 군검사와 군사법경찰관은 구체적 사건의 범죄수사 및 공소유지에 관하
　여 상호 간에 협력

군검사는 군사법경찰관으로부터 사건을 이첩받은 경우에는 48시간
이내에 관할 검찰단에 통보, 군사법경찰관은 사건을 송치한 후 군검사
로부터 보완 수사를 요청받은 때에는 정당한 이유가 없는 한 지체없이
이를 이행하고 그 결과를 군검사에게 통보한다.

－ 영장청구시 부대의 장 승인제도 폐지

군검사가 구속영장을 청구할 때 해당 군검찰부가 설치되어 있는 부
대의 장의 승인을 받도록 하던 규정을 삭제한다.

참고 자료 및 설명

1) 국방부, 성추행 피해 여군 중사 사망사건 관련 국방부 합동수사단 중간수사 결과 발표 210709 보도자료, 2021.

2) 한겨레, 2015년 7월 16일, 부하 여군 성추행 자살케 한 소령에 징역 2년 실형 확정, https://han.gl/k814r.

3) 매일경제, 2021년 8월 14일, "술 안따르면 3년간 재수없어"…여중사 성추행 상사 2차 가해, https://han.gl/PaSbp.

4) 한국일보, 2021년 6월 30일, 여중사 성추행 사망사고 공군, 지난해 '성폭력 매뉴얼'은 '최우수'였다, https://han.gl/yRwkR.

5) 신상숙. (2018). "젠더에 기반한 차별과 폭력의 연속선: 통합적 접근의 모색". 「페미니즘 연구」, 18(1): 267-301.

6) Declaration on the Elimination of Violence against Women, 1993. sec. 2.

7) 동아일보, 2021년 6월 7일, 軍 무력화하는 낮은 성인지감수성, https://han.gl/el8HE; 이하 허경미. (2021). 성인지적 관점의 군대 젠더폭력에 대한 연구. 한국공안행정학회보, 30, 59-87. 내용 전반적 참조.

8) 마경희 외. (2010). 「성인지 예산제도 추진역량 진단 및 교육안 개발」, 한국여성정책개발원.

9) 김양희. (2013). 「젠더기반폭력에 대한 이해와 사례 연구」, 한국국제협력단.

10) Article 1. For the purposes of this Declaration, the term "violence against women" means any act of gender-based violence that results in, or is likely to result in, physical, sexual or psychological harm or suffering to women, including threats of such acts, coercion or arbitrary deprivation of liberty, whether occurring in public or in private life.

11) 윤덕경 & 차인순. (2016). "여성폭력 방지를 위한 포괄적 입법에 관한 연구. 「이화젠더법학」. 8(3), 43-77.

12) UNWOMEN, Beijing Declaration and Platform for Action, 1995.

13) UNWOMEN, Beijing Declaration and Platform for Action, 1995.

14) 신상숙. (2008). "젠더, 섹슈얼리티, 폭력: 성폭력 개념사를 통해 본 여성인권의 성정치학". 「페미니즘 연구」, 8(2): 1-45.

15) 이나영. (2009). "급진주의 페미니즘과 섹슈얼리티: 역사와 정치학의 이론화". 「경제와사회」, 6: 10-37.

16) 김형태. (2002). 「군대 내 인권실태 및 개선방안을 위한 기초연구」, 국가인권위원회.

17) 황창근. (2017). "군인의 지위 및 복무에 관한 기본법에 관한 입법 평론". 「입법학연구」, 14(1): 33-70.

18) 강현철. (2020). "군인권의 실효성 보장을 위한 군인권보호관 제도 도입방안에 관한 연구". 「유럽헌법연구」, 33: 121-157.

19) 국가인권위원회. (2019). 군대 내 인권상황 실태조사, 382.

20) 국가인권위원회. (2019). 군대 내 인권상황 실태조사, 403.

21) 한겨레, 2021년 6월 10일, "군에서 신고하면 가장 다치는 사람, 누군지 아세요? 피해자", https://han.gl/zUZRn.

22) 국가인권위원회. (2019). 군대 내 인권상황 실태조사, 404.

23) 국가인권위원회 침해구제제1위원회 결정, 군대 내 성폭력사건 근절을 위한 정책·제도개선 권고, 사건 17직권0001600·17진정0457800.

24) 군형법 제1조는 군형법의 적용대상자를 규정하고 있다. 이 법의 적용 대상자는 대한민국 군인으로 군인이란 현역에 복무하는 장교, 준사관, 부사관 및 병(兵)(전환복무(轉換服務) 중 인병은 제외), 군인에 준한 자 즉 1. 군무원 2. 군적(軍籍)을 가진 군(軍)의 학교의 학생·생도와 사관후보생·부사관후보생 및 「병역법」 제57조에 따른 군적을 가지는 재영(在營) 중인 학생 3. 소집되어 복무하고 있는 예비역·보충역 및 전시근로역인 군 등을 말한다.

25) 군형법 추행등은 군형법 제15장 강간과 추행의 죄로 강간, 유사강간, 강제추행, 준강간, 준강제추행, 미수범, 강간 등 상해·치상, 강간 등 살인·치사의 죄를 말한다(제92조-제92조의8).

26) 기타(신분) : 민간인, 후보생, 사관생도, 신분불상자 등

27) 기타 : 무죄, 공소기각, 이송, 진행, 공판절차 회부 등

28) 이하 사건 내용은 국방부의 2021년 7월 9일 1차 언론보도자료 및 2021년 10월 7일 2차 언론보도자료를 바탕으로 구성하였다.

29) 노컷뉴스, 2021년 6월 25일, '부실수사'에 '허위보고' 혐의 공군 군사경찰 5명 입건, https://han.gl/kcURY.

30) 국방부는 2021년 10월 7일 보도자료를 통해 군사경찰단, 군검찰, 공군본부 검찰부 등의 일련의 혐의에 대해 증거가 불충분하다며 언론과 유가족 등이 강력하게 문제를 제기한 혐의자들에 대하여 대부분 불기소처분 또는 징계처분 등으로 마무리한다고 발표하였다. 즉 기소 및 징계(14명), 불기소 및 징계(8명), 형사미입건자 중 징계(1명), 감사징계요구(7명) 등의 처분을 밝혔지만 부실수사와 직무유기 등의 핵심의혹 인물들에 대한 불기소처분으로 봐주기식 수사, 제식구감싸기 라는 비난과 함께 특검수사를 해야 한다는 비판적 여론이 일고 있다. 심지어 국정감사에서도 특검이 필요하다는 지적이 나오는 등 여진이 계속되고 있다(법률신문, 2021년 10월 19일).

31) news1, 2021년 7월 19일, '李중사 사건' 특임군검사 임명…향후 수사 방향
은?, https://han.gl/bGn0e.

32) 특임검사로 임명된 고민숙 해군 검찰단장은 창군 이래 첫 번째로 임명된 특
임군검사이며, 대검찰청의 「특임검사 운영에 관한 지침」상 검사의 범죄 혐
의에 대한 국민적 의혹이 제기되거나 사회적 이목이 집중되는 사건에 임명
한다는 점에 착안한 것으로 알려졌다. 이에 따라 전익수 공군 법무실장 등
공군 군검찰 수뇌부 등 군검사에 대한 수사를 벌인다(news1, 2021년 7월 19
일). 그러나 이 특임검사의 수사 결과 역시 기대에 못미친다는 평가여서 특
검수사가 필요하다는 지적이다(시사저널, 2021년 9월 29일).

33) 중앙일보, 2021년 6월 9일, "공군 중사 국선변호인, 피해자 부모님에게 성추
행 합의금 제안", https://han.gl/etxqn.

34) 동아일보, 2021년 6월 18일. 이갑숙 공군 양성평등센터장 직무유기 증거나
와, https://han.gl/d8RSM.

35) 국방부, 성폭력 피해 공군 부사관 사망사건 최종수사결과 211007 보도자료,
2021.

36) 한국일보, 2021년 6월 13일, 대통령도 나섰지만…군 사법제도 개혁 17년 넘
게 '잰걸음'인 까닭은, https://han.gl/4bbkV.

37) 언론은 이와 같은 문제점의 전형적인 사례로 공군제20전투비행단에서는 2018
년 11월 행정병으로 근무하던 최모일병이 같이 근무하는 장교들의 괴롭힘으
로 자살한 사건과 2019년 2월에는 부대 스트레스 등으로 자살한 김모하사사
건이, 그리고 2021년 5월에 성폭력 피해 여중사의 자살사건 등이 발생하는
데 일조하였다고 지적하고 있다(경향신문, 2021년 7월 8일).

38) 이에 대해 신원식 의원은 국방부 자료를 인용하여 군 법무관은 560여 명으
로 지나치게 비대해졌고, 군사법원 1심 판사의 1인당 연간 판결 건수는 265.4
건으로 일반 지방법원(1만 1,400.4건)의 2.3%, 고등군사법원 판사의 경우는
일반 고등법원의 19.5%밖에 되지 않으며, 군검찰은 일반 검찰 처리사건의
25% 정도의 사무를 처리하는 등 업무효율성이 떨어진다고 지적하였다. 더욱
이 군사법원법 개정으로 성범죄, 사망사건, 입대 전 범죄 등이 민간 법원으로
이관될 경우 전체 군형사사건의 95% 정도가 일반형사사건으로 전환되어 업
무효율성은 더욱 떨어질 것으로 예상된다(조선일보, 2021년 10월 5일).

39) 2021년 3군 사관학교 모집요강을 기준으로 육군사관학교는 총 330명 모집
(남 290명, 여 40명, 12%), 공군 235명 모집(남 211명, 여 24명, 10%), 해
군 170명 모집(남 150명, 여 20명, 12%) 등으로 평균 11% 정도 여학생을
모집하였다.

40) 공군본부의 법무실은 군사법원 및 군검찰의 운영, 군의 형사정책, 법령의 해

석·자문, 법규관리, 소송, 배상, 행정심판, 징계업무와 계약안 및 조약안의 검토 등 법무업무에 관하여 참모총장 보좌 등의 역할을 담당한다(공군본부, 2021).

41) 이갑숙(53) 공군 양성평등센터장은 2019년 1월 최초로 군인이 맡았던 센터장을 민간인으로 임용되었다. 당시 취지는 성평등 정책에 대해 군의 시각보다는 양성평등 관점에서 처리해 국민 눈높이에 맞도록 정책을 추진한다는 배경이다.

   이 센터장은 인터뷰에서 "민간 조직에 있었을 때는 군이 철저한 계급사회이기 때문에 성평등 인식이 민간보다 상당히 낮을 것 같다고 생각했다"며 "막상 군에 들어와 보니 오히려 군대가 성인지 정책과 성폭력으로 발생할 수 있는 경계선을 민간보다 더 정확하게 인지하고 있다"고 설명하기도 했다(서울신문, 2019년 4월 29일).

42) 경향신문, 2021년 6월 7일, 또 다시 던져진 질문, 군사법원 왜 있어야 하는가, https://han.gl/bRX7k.

43) 백상준. (2020). 「군 사법제도 개선논의 및 향후과제」, 국회입법조사처.

제2부

메타버스와 현실세계의 불편한 경계

제5장

인류의 새로운 현실
: 메타버스와 아바타 그리고 플레이어

Ⅰ. 또 하나의 현실: 메타버스

최근 메타버스 붐을 타고 아동·청소년들이 주로 활동하는 메타버스 플랫폼에서 이용자를 대상으로 한 아바타 스토킹·아바타 몰카·아바타 성희롱 등 일련의 성착취[1] 현상이 발생하고 있다.[2] 메타버스 주 사용자가 아동·청소년이라는 점을 고려하면 가해자와 피해자가 모두 아동·청소년일 가능성이 높지만 가해자가 성인층일 가능성도 배제할 수는 없다. 메타버스의 성적 일탈 현상은 n번방 같은 디지털 성범죄가 메타버스의 아바타 대상 성적 일탈로 진화하고 있다는 것을 보여준다.

그런데 이는 메타버스에서 성적 공격을 가하는 아바타(캐릭터)와 피해 아바타의 문제로 끝나는 것이 아니라 아바타의 행위를 조종하는 플레이어는 현실에 존재하는 사람(Human)이라는 점에서 여러 쟁점이 파생된다. 즉, 가해 아바타를 처벌할 수 있는지? 아바타 플레이어를 처벌할 것인지? 가해자의 범주에 메타버스 플랫폼 운영자를 포함할 수 있는 것인지? 처벌한다면 이들에게 어떤 법을 근거로 처벌할 수 있는 것인지? 아바타에게 현실세계와 동일한 정도의 인격권을 부여할 것인지 등 다양한 이슈들이 제기된다.[3] 특히 세계 각국에서 메타버스 기술을 발전시키고 관련 산업을 활성화하려는 경쟁이 치열한 현시점에서 현실과 동일한 규제를 적용하는 것이 바람직한지 등의 우려도 따를 수 있다.

이러한 쟁점들에 대해 전자공학계를 중심으로는 상당한 진전을 이루었으나 범죄학계에서의 논의는 활발하지 못한 것으로 보인다. 특히 메타버스 내 청소년의 성적 착취 피해 연구는 더욱 그렇다. 선구적인 연구는 2009년에 한국정보사회진흥원이 발간한 「가상세계의 진화와 10대 이슈 전망」이라는 보고서를 들 수 있다. 이 보고서는 청소년을 포함하여 가상세계에서 활동하는 사람들이 직면할 수 있는 문제로 사법권 관할, 도박, 성매매, 폭력, 사기 등 불법행위, 가상세계 중독 및 사생활 침해 등의 문제를 전망하였다.[4]

메타가 설정한 아바타끼리 거리두기(1.2m)

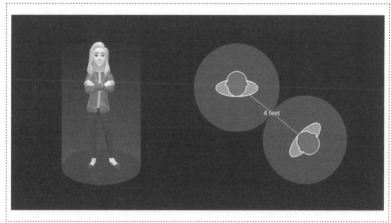

자료: https://www.sedaily.com/

한편 청소년이 메타버스에서 행할 수 있는 일탈적 행위 또는 그 피해에 대한 문제점을 간접적으로 유추할 수 있는 연구로 인터넷 중독이나 스마트폰 중독 또는 게임중독의 문제를 다루는 연구들은 다수 찾을 수 있다.

정부 역시 매년 지능정보화기본법을 근거로 아동, 청소년, 성인 그룹을 대상으로 스마트폰 과의존 실태조사를 벌여 왔다. 2020년의 대상별 과의존위험군 비율은 청소년 35.8%, 유아동 27.3%, 성인 22.2%, 60대 16.8% 등이며, 과의존위험군 증가폭은 전년도 보다 청소년 5.6%p, 유아동 4.4%p, 성인 3.4%p, 60대 1.9%p 높게 나타났다.[5]

청소년과 유아동의 과의존위험이 성인보다 상당히 높아 이들이 스마트폰을 이용해 가상세계로의 접속, 즉 메타버스에서의 높은 활동 가능성을 추론케 한다. 한편으로 이와 같은 현상은 생활양식이론을 바탕으로 할 때 메타버스에서 머무는 시간이 많은 청소년일수록 적극적인 활동을 기대할 수 있으므로 성적 착취 피해에 노출될 기회도 많아진다는 것을 의미한다.[6]

실제로 2021년 3월 말을 기준으로 대표적 메타버스 플랫폼인 제페토와 로블록스 이용자를 분석한 결과 제페토 서비스 이용자의 연령대별 분포는 7~12세 50.4%, 13~18세 20.6%이고, 성별 분포는 남성 23%, 여성 77%로 나타났다. 로블록스의 연령대별 분포는 7~12세 49.4%, 13~18세 12.9%, 남성 45%, 여성 55%로 분류되었다.[7]

초중고의 청소년기 이용자 비중이 60~70%에 달하여 앞서 청소년의 스마트폰 과의존 현상과 무관하지 않음을 보여준다.

따라서 메타버스에서 청소년 이미지 아바타(캐릭터)들이 경험할 수 있는 성착취 피해 유형[8]들을 살펴보고, 현행법으로 대응할 수 있는 영역인지, 그렇지 못하다면 어떤 방향으로 법령과 제도를 정비하여야 하는지에 대한 고민이 필요하다.[9]

II. 메타버스와 성적 일탈

1. 메타버스의 네 영역

메타버스(Metaverse)는 가상·초월을 의미하는 Meta와 세계를 뜻하
는 Universe의 합성어로 현실세계와 가상세계의 융합으로 시공간의 한
계를 초월한 다양한 형태의 연결·소통·협업 등을 지원하는 기술과 플
랫폼을 뜻하는 의미로 사용된다. 즉, 메타버스는 가상공간일 뿐만 아니
라, 우리가 사는 현실세계와 가상세계를 연결하는 연결고리이자 교차
점이고, 가상공간과 현실세계가 결합하고, 융합하며, 상호작용하는 공
간이라고 할 수 있다.10)

메타버스라는 용어는 1992년 닐 스티븐슨(Neal Stephens)의 공상과학
소설인 스노우 크래쉬(Snow Crash)에서 처음으로 사용되었다.11) 스티
븐슨은 메타버스에 대해 "아바타를 통해 인터넷으로 접속하는 3D 가
상세계로 고글과 이어폰에 의해 인터넷으로 계속 연결되는 가상의 세
계"라고 정의하였다. 그리고 이런 설명에 부합하는 초기적인 메타버스
가 미국의 린든리서치(Linden Research) 사가 개발하여 2003년부터 보
급한 세컨드라이프(Second Life)라고 할 수 있다.12) 세컨드라이프는 트
위터나 페이스북 등의 소셜네트워크서비스가 발달하면서 거의 이름만
을 유지할 정도로 쇠퇴하였다. 그런데 코로나19 바이러스로 인해 사람
들이 외부활동에 제약을 받고, 온라인 회의 및 수업 등 가상세계의 활
동이 늘어나면서 세컨드라이프와 같이 메타버스를 활용한 또 다른 삶
의 방식이 열풍을 일으키고 있다.

메타버스의 세계는 가상세계, 증강현실, 라이프로깅, 미러월드 등 네
가지 영역으로 구분된다. 각 영역에 따라 청소년의 활용과 경험은 차이
가 있다.

메타버스의 영역

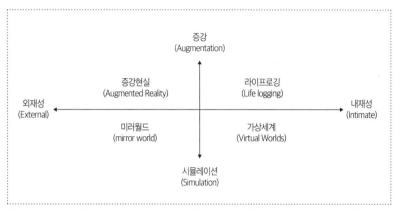

자료: Smart, John, Jamais Cascio, and Jerry Paffendorf. Metaverse road map: pathways to the 3D web. Metaverse: a cross-industry public foresight project, 2007, 5.

가상세계

가상세계(Virtual Worlds)란 사이버 세상에 현실세계와 비슷한 3D 환경의 새로운 세상을 만들어 놓고 사용자(아바타)의 직접적 참여를 통해 현실세계와 비슷한 정치, 경제, 문화, 사회적 활동을 할 수 있는 세상을 말한다. 가상현실(Virtual Reality: VR)이라고도 한다. 이 가상세계는 메타버스의 네 가지 영역에서 가장 활발한 활동 영역으로 일반인들이 통상 메타버스를 지칭할 때 이 가상세계를 염두에 둔다. 특히 청소년들에게는 제페토나 로블록스 등에서 아바타를 통해 쇼핑과 게임, 방 꾸미기, 학습 등을 통해 익숙한 세계이기도 하다. 포트나이트, 마인크래프트, 로블록스, 동물의 숲 및 버버리 B서프 등과 같은 게임이나 인터넷 플랫폼 혹은 시뮬레이션 플랫폼 등이 이에 속한다.[13] 운전교육 시뮬레이션, 비행훈련 시뮬레이션 등이나 세컨드라이프와 같은 게임 등도 이에 속한다. 한국 청소년들에게 인기가 많은 영화 마이너리티 리포트, 매트릭스나 공각기동대 등도 가상현실을 배경으로 제작되었다.[14]

컴투스(주)가 제공한 메타버스의 일상

자료: Meta Quest, https://han.gl/TRWNH/

관련 업계 시장조사 보고서에 따르면 글로벌 메타버스 산업 규모는 2020년부터 2025년까지 300조 원 정도로 예상되며, 가상세계의 인구가 늘어나고 활동에 따라 그 규모는 더욱 증가할 수 있다.15) 따라서 가상세계에서 활동하는 청소년 인구는 소비자와 판매자의 기능을 동시에 갖는다. 현재 주 고객이 청소년이므로 성적 착취의 가해자와 피해자가 모두 청소년일 가능성이 매우 높다는 의미이기도 하다.16)

증강현실

증강현실(Augmented Reality: AR)이란 컴퓨터가 만드는 3차원 그래픽을 현실세계에 합성해 보여주는 기술을 말한다. 즉, 실제로 존재하는 환경에 가상의 사물이나 정보를 합성하여 사용자가 눈으로 보는 현실세계에 가상 물체를 겹쳐 보여주어 마치 원래의 환경에 존재하는 사물처럼 보이도록 하는 컴퓨터 그래픽 기법이다.17)

증강현실 기법은 원격의료진단·방송·건축설계·제조공정관리 등에 활용된다. 증강현실을 실외에서 실현하기 위해서는 통상 착용식 컴퓨터(Wearable Computer)가 이용된다. 최근에는 스마트폰 보급이 늘면서 스마트폰 카메라를 통해 현실을 비추고 그 위에 가상의 사물과 정보를 덧붙여 활용하는 진일보된 기술단계에 도달하였다.

청소년의 경우 포켓몬고나 인그레스, 방 탈출게임, 3D 아바타를 통한 SNS, 게임과 교육 분야에서 접할 수 있다. 가상현실과 결합하여 청소년 아바타 길들이기(그루밍), 착용식 기기를 이용한 신체 터치 등의 성적 일탈이 발생할 수 있다.[18]

라이프로깅

라이프로깅(Lifelogging)은 라이프(Life·삶)와 로깅(Logging·일지, 기록)의 합성어로 SNS와 전자기기를 활용해 일상생활 전체를 기록하는 행위를 말한다. 즉 라이프로깅이란 현재 일어나는 모든 상황을 기록하고 이를 똑같이 재현해 주는 기술로 사물과 사람이 경험하는 일상의 정보를 디지털화하여 저장하는 체험기술이라고 할 수 있다. 라이프로깅은 네트워크의 발전과 스마트 기기의 범용화로 짧은 시간에 더 많은 정보를 공유할 수 있어 관련 연구와 기술발전이 촉진되고 있다. 한편으로는 이른바 상업용 또는 성적인 목적 등의 라이프로거(Lifelogger)들이 등장하면서 사생활 침해나 개인정보 노출 및 명예훼손 등의 문제가 발생할 수 있다.[19]

최근 활발해진 일명 브이로그(Vlog) 활동이 좋은 사례라고 할 수 있다. 브이로그는 동영상을 뜻하는 비디오(Video)와 로그(Log)의 합성어이다. 자신의 일상생활을 동영상으로 찍어 인터넷에 공개한 일련의 게시물을 의미한다. 소셜 네트워크 서비스 형태의 일종이다. 청소년들은 자신의 일상생활(쿠킹, 먹방, 여행, 학습과정 등)을 동영상으로 찍어 인터넷 플랫폼, 즉 유튜브, 트위치(Twitch), 네이버TV, 카카오TV 및 아프리카TV 등에 업로드하고 있다.

라이프로깅 콘텐츠를 통해 청소년들이 선정적, 폭력적 영상을 접할 수 있고, 이를 상호 교환하거나, 성인층이 청소년의 이미지를 합성하여 판매, 배포하는 등 일탈적 행태로 이어질 수 있다.[20]

미러월드

미러월드(Mirrorworld)란 거울을 뜻하는 Mirror와 세상을 뜻하는 World가 합쳐진 용어이다. 이용자는 가상세계를 열람함으로써 현실세계에 대한 정보를 얻게 되는 확장된 메타버스라고 할 수 있다.[21] 대표적인 미러월드 서비스로는 구글어스, 네이버지도, 카카오지도 등을 들 수 있다. 현실세계에 있는 음식점을 디지털로 복제한 배달의 민족과 같은 서비스나 부동산 서비스 앱인 직방이나 다방서비스도 미러월드의 사례에 속한다. 미러월드 서비스는 가상세계, 증강현실과 결합하여 청소년에 대한 성적 착취행위들로 이어질 수 있다.

2. 청소년의 메타버스 접근 실태

코로나19로 인한 원격수업의 확대와 자가격리, 타인과의 제한된 접촉 등의 외부적 환경이 청소년의 스마트폰을 통한 가상세계로의 접근을 더욱 불가피하게 만드는 현실임을 감안할 때 가상세계에서 청소년의 일탈적 양태와 성적 착취 피해 등이 심각해질 수 있다.[22] 그리고 이와 같은 현상은 청소년들이 메타버스로 접근하는 스마트폰의 과의존 실태에서도 확인된다.

한국지능정보사회진흥원이 발간한 2020년 스마트폰 과의존[23] 실태조사 결과를 통하여 청소년의 스마트폰 중독 정도를 살펴볼 수 있다.[24] 청소년의 과의존 위험은 2016년 30.6%에서 2020년 35.8%로 5.2%p 증가하여 전반적으로 청소년층이 다른 연령대보다 가파른 증가 추세를 보였다.[25] 그런데 향후 청소년 그룹에 편입될 유아동 그룹의 스마트폰 과의존 위험군의 비율도 매년 높아져 2016년 17.9%에서 2020년 27.3%로 나타났다. 성별로는 남아가 여아 보다, 연령별로는 6~9세가 3~5세 보다, 맞벌이 가정의 유아동이 외벌이 가정의 유아동 보다 과의존 위험에 더 취약한 것으로 나타났다.

이와 같은 현상은 유아동의 라이프스타일이 스마트폰을 이용한 학습과 게임, 영상물 시청 등에 익숙해지고 또 맞벌이 부모의 경우 유아동에 대한 통제가 상대적으로 약해 더욱 인터넷을 많이 접하고, 그에 노출될 기회가 많아지면서 나타나는 것이라고 할 수 있다. 그리고 스마트폰을 통한 유아동의 가상세계 생활양식은 자연스럽게 청소년기로 이어진다는 것을 2020년도 조사 결과를 통해서 확인할 수 있다.[26]

2020년 청소년 스마트폰 과의존 위험군

구분		성별		학령별			맞벌이 여부	
		남성	여성	초등학생	중학생	고등학생	맞벌이	외벌이
계	35.8	35.0	36.5	30.5	39.6	35.0	39.2	29.8
고위험	5.0	5.0	4.9	4.3	5.8	5.3	5.3	4.3
잠재적 위험	30.8	30.0	31.6	26.2	33.8	29.7	33.9	25.5

자료: 한국지능정보사회진흥원, 2020, 20. 재구성.

3. 청소년의 메타버스 내 성착취 피해 양상

제페토나 로블록스 같은 가상세계 플랫폼에서는 현실과 다른 아이덴티티(Identity), 즉 아바타를 만들어 활동할 수 있다. 즉 현실에서는 접하기 어려운 나이·성별·인종·지역을 넘어서는 친구도 사귈 수 있고, 시간과 공간을 초월하여 어디든 갈 수 있고, 무엇이든 만들어 낼 수 있다.[27] 10대 청소년 총 710명을 대상으로 진행한 '메타버스(Metaverse) 이용 현황 및 인식' 설문조사 결과 '메타버스 앱 또는 프로그램 사용경험이 있는가'에 대한 질문에는 현재는 아니지만 사용경험이 있다(43.2%,

307명), 사용해 본 적 없다(32%, 227명), 현재 사용하고 있다(24.8%, 176명)라고 응답했다. 메타버스 사용경험이 있는 483명의 학생들을 대상으로 '메타버스 앱 또는 프로그램에서 주로 하는 활동은 무엇인가'에 대한 질문에는 메타버스에서 친해진 친구들과의 친목(27.1%, 131명), 게임(26.1%, 126명), 실제 지인과의 친목(18.6%, 90명) 등이라고 응답했다. 이와 같은 조사 결과는 청소년들이 가상세계와 현실세계를 접목하고 있다는 것을 보여준다.[28]

이는 한편으로는 가상세계의 아바타를 통하여 청소년기의 성적 호기심을 자극하거나 혹은 청소년을 성적 대상으로 희롱하거나 공격하는 등의 일탈적인 현상이 발생할 수 있다는 것을 의미한다. 이미 제페토나 로블록스 등의 가상세계에서는 아바타가 아바타를 희롱하거나 따라다니면서 괴롭히는 일 등이 빈번하게 벌어지는 것으로 나타났다.[29] 즉 2020년 사이버폭력 실태조사에서 청소년이 디지털 성범죄를 목격한 경험이 5.7%에 달하였다. 여학생과 고등학생의 목격 경험률이 상대적으로 높았다. 유형으로는 지인능욕 3.0%, 불법촬영물유포 2.8%, 불법촬영 2.4%, 디지털그루밍 1.5%, 몸캠 1.3% 등의 순이었다.

그런데 현재 가상공간 내에서 벌어지는 것과 유사한 성적 착취는 1993년에 최초로 람다무(LambdaMOO)라는 가상세계에서 발생한 것으로 알려졌다.[30] 람다무는 텍스트 기반 가상환경으로 사람들이 아바타를 만들고 텍스트를 통해 상호작용하는 시스템이다. 여기서 미스터 벙글(Mr.Bungle)이라는 이용자가 부두돌프로그램[31]을 활용하여 다른 두 이용자의 아바타를 제어하고 자신의 아바타와 서로 성행위를 하도록 몇 시간 동안 강요하였다.[32] 이와 유사한 사건이 2003년에 세컨드라이프에서도 발생했다. 이에 대해 2007년에 벨기에 연방경찰이 이용자인 벨기에인과 세컨드라이프 제작자를 조사하였으나 범죄혐의로 입건하지는 않았다.[33]

2013년에는 스위티(Sweetie)라는 필리핀 소녀 아바타가 텔레그램 화상 채팅방에 나타나자 전 세계 71개국에서 2만여 명의 남성이 접속하여 채팅을 시도하였다. 이 가운데 1000여 명은 온라인섹스나 성매매를 요구하였고, 음란한 행위를 주문하였다.[34]

위와 같은 성적 착취 행위가 텍스트 기반 가상환경에서 발생한 것이었다면 2016년에는 몰입형 가상환경[35]에서도 발생하였다. 피해자인 저널리스트 조던 벨라미어(Jordan Belamire)는 몰입형 가상현실 시스템인 오큘러스 리프트(The Occulus Rift)에서 좀비와 싸우는 QuiVR 게임을 하는 중이었다.[36] 이 게임은 플레이어는 다른 플레이어에게 플로팅 헬멧과 육체가 없는 한 쌍의 손 형태로 나타나고, 성별은 다른 플레이어와 의사소통하기 위해 선택하여 사용하는 닉네임과 목소리로 식별된다. 그런데 게임 도중 다른 플레이어(BigBro442라는 닉네임)가 그녀의 가상 가슴 근처를 반복적으로 문질렀다. 이에 그녀가 그만하라고 소리치며 도망치자 그녀를 쫓아다니며 가랑이가 있을 곳을 문지르기 시작했다. 결국 그녀는 헤드셋을 벗고 게임에서 빠져나왔다. 그녀가 이 일에 대해 개발자에게 항의하자 개발자는 "이런 일을 예측하지 못한 것은 실수이며, 이런 일을 방지하기 위해 이른바 파워(거부) 제스처를 만들겠다"고 제안하였다. 파워제스처는 "누군가 몸을 문지를 때 두 팔을 모으면서 방아쇠를 당기는 제스처를 취하면 주변의 아바타들이 모두 사라지도록 하는 장치"이다.[37]

이처럼 이미 텍스트 기반 가상환경과 몰입형 가상환경 모두에서 성적 착취 현상이 나타나고 있고, 그 양태 역시 매우 다양하고 대담해지고 있다. 이를 다음과 같이 정리해 볼 수 있다.[38]

메타버스 내 성적 착취 유형

구분	가상공간 내 행위	비난, 처벌 가능성
A타입	플레이어가 아바타로 가상 캐릭터를 성적 공격	가해 플레이어는 인간이므로 가상세계에서 행한 비도덕적 행위로 비난받을 수 있음
B타입	플레이어가 아바타로 다른 아바타를 성적 공격	가해 플레이어는 비도덕적 행위를, 상대 플레이어는 그 피해자로 간주될 수 있음
C타입	플레이어가 몰입형 기술을 이용하여 가상 캐릭터를 성적 공격	가해 플레이어는 인간이므로 가상세계에서 행한 비도덕적 행위로 비난받을 수 있음
D타입	플레이어가 몰입형 기술을 사용하면서, 다른 몰입형 기술을 사용하는 플레이어가 제어하는 아바타를 성적 공격	가해 플레이어와 상대 플레이어는 인간이고, 몰입형인 아바타를 성적으로 공격했으므로 처벌 가능성 높음
E타입	가상 캐릭터가 플레이어가 제어하는 아바타를 성적 공격	플레이어가 제어하는 아바타를 가상 캐릭터가 성폭행한 것이므로 플레이어가 피해자로 간주될 수 있음
F타입	가상 캐릭터가 몰입형 기술을 사용하는 플레이어가 제어하는 아바타를 가상으로 성적 공격	몰입형 기술을 사용하는 아바타가 성폭행을 당한 것이므로 플레이어가 피해자로 간주될 수 있음

자료: Danaher, J., The law and ethics of virtual sexual assault. In Research handbook on the law of virtual and augmented reality. Edward Elgar Publishing. 2018, 9-10.

메타버스 내에서 인간(사용자, 플레이어)에 의해 제어되는 가상의 캐릭터, 아바타가 다른 인간에 의해 제어되는 가상의 캐릭터나 아바타에게 노골적으로 성적 착취를 시도한 행위는 몇 가지 쟁점을 남긴다.[39] 즉 아바타나 가상 캐릭터에게 현실세계와 동일한 인격권을 부여할 것인가? 아바타가 당한 일이긴 하나 현실세계 가해 유저에 대해 현행법을 적용하여 처벌할 수 있는 것인가? 메타버스 내 표현의 자유는 어느 정도인가? 등의 갈등이 있다. 여기서는 청소년 이미지를 가진 아바타 혹은 캐릭터를 대상으로 한 성착취에 대해서만 논의키로 한다.

Ⅲ. 청소년 아바타 성착취는 처벌할 수 있나?

1. 아바타 성착취는 디지털 성폭력인가?

디지털 성폭력은 성폭력범죄의 처벌 등에 관한 특례법[40], 아동·청소년의 성보호에 관한 법률[41], 정보통신망 이용촉진 및 정보보호 등에 관한 법률[42] 및 전기통신사업법[43] 등에 근거를 둔다. 디지털 성폭력의 유형으로는 동의 없이 상대의 신체를 촬영하거나 유포·유포 협박·저장·전시하는 행위와 사이버공간에서 타인의 성적 자율권과 인격권을 침해하는 행위를 모두 포괄한다. 현재 범죄로 규정되는 디지털 성폭력은 성적 목적을 위한 불법 촬영, 성적 촬영물 비동의 유포, 유통 및 공유, 유포 협박, 사진합성, 사이버공간에서 성적인 내용을 포함한 명예훼손이나 모욕 및 성착취 목적 대화, 즉 사이버공간에서 성적 욕망이나 수치심 또는 혐오감을 유발할 수 있는 대화를 지속적 또는 반복적으로 하거나 그러한 대화에 지속적 또는 반복적으로 참여시키는 행위 및 성매매 유인·권유 행위 등이 있다.

언론에 보도된 한 사례를 들어본다.[44]

....초등학생 정모(12)양이 가상현실 공간 제페토에서 '아바타(가상의 분신)'가 당한 일이다. 수영장으로 꾸며진 가상공간에 입장했는데, 여기서 만난 남성 아바타가 "가슴 만질래, 속옷 벗어봐"라고 요구한 것이다. 정양은 "나한테 '좌절 자세(엎드리는 자세)를 해보라'고 한 뒤 내 아바타 뒤에 서서 성행위를 연상시키는 이상한 자세도 취했다"고 했다. ...중략... 당황한 정양은 결국 해당 가상공간에서 '나가기' 버튼을 눌렀을 뿐, 부모

에게도 이 내용을 말하지 못했다. 정양은 "안 그래도 제페토에 시간과 돈을 많이 쓴다고 걱정하는 부모님한테 이런 얘기를 하고 싶지 않았다"고 했다. ...중략...

현행법상 정모양의 아바타가 당한 행위는 청소년성보호법 제15조의 2로 신설된 아동·청소년에 대한 성착취 목적 대화[45] 등에 가깝다. 제 15조의2 제1항은 우선 19세 이상의 사람이 성적 착취를 목적으로 정보통신망을 통하여 아동·청소년에게 성적 욕망이나 수치심 또는 혐오감을 유발할 수 있는 대화를 지속적 또는 반복적으로 하거나 그러한 대화에 지속적 또는 반복적으로 참여시키는 행위 및 성매매를 하도록 유인·권유하는 행위에 대해 3년 이하의 징역 또는 3천만원 이하의 벌금에 처한다고 규정하였다. 그리고 제2항은 19세 이상의 사람이 정보통신망을 통하여 16세 미만인 아동·청소년에게 위 어느 하나에 해당하는 행위를 한 경우 제1항과 동일한 형으로 처벌한다고 규정하였다.

따라서 12세인 정모양이 제페토에서 당한 행위는 제1항을 적용하면 "아동·청소년에게 성적 욕망이나 수치심 또는 혐오감을 유발할 수 있는 대화를 지속적 또는 반복적으로 하거나"에 해당할 수 있다. 그런데 문제는 정모양이 직접 당한 것이 아니라 정모양이 제어하는 아바타가 상대 아바타로부터 당한 행위이기 때문에 유저인 정모양이 직접적 피해자라고 단정하기 어렵다는 한계가 있다.

또한 이 조항은 행위자의 연령을 19세 이상의 사람이라고 명확하게 제한하고 있다. 그런데 추행을 한 아바타는 정양 또래이나 현실의 유저가 19세 이상인지 여부는 알 수 없고, 정양의 아바타가 아동 모습이긴 하나 가상공간의 특성상 아바타를 현실의 유저가 원하는 연령대를 마음대로 선택하여 꾸밀 수 있다는 속성을 고려할 필요가 있다. 즉 가상공간에 등장하는 아바타들은 현실세계 유저를 그대로 재현할 수도 있지만 대부분 또 다른 정체성(Identity)을 가진 캐릭터를 생성하여 가상 공간에서 활동한다는 점을 주목하여야 한다.

결국 추행 행위자인 현실의 유저를 처벌하려면 유저가 19세 이상이고, 가상공간의 자신의 아바타를 19세 이상의 모습으로 단장해야 하고, 상대 아바타를 19세 미만인 형상으로 인식해야 하며, 또 그 유저가 19세 미만인 점 역시 인식한 상태에서 행하는 경우일 때에만 구성요건에 해당하고 유책성을 인정, 처벌이 가능하다는 추론으로 귀결된다.

그러나 제페토를 포함한 메타버스는 현실에서 접하지 못한 경험과 지식, 정보 등을 체험하고 공유하는, 즉 시공간의 한계를 초월한 형태의 플랫폼에서 현실세계와 다른 다양한 활동을 하려는 사람들의 가상세계라는 점을 이해할 필요가 있다. 메타버스 내에서의 표현이 현실세계 인간 유저에게 적용되는 동일한 구성요건과 책임을 묻는 것이라면 메타버스의 의미는 매우 퇴색한다.

앞서 청소년성보호법 제15조2의 신설을 제안한 여성가족부는 그 이유를 "텔레그램 n번방 사건과 같이 아동·청소년 대상 '온라인 그루밍'의 경우 성착취물의 제작 및 유포에 따른 파급효과가 극심하고 피해회복이 어려우므로 이를 범죄행위로 규정하여 처벌하는 한편, 아동·청소년 대상 디지털 성범죄를 사전 예방하고 증거능력 있는 자료를 확보하기 위하여 사법경찰관리가 신분을 위장하여 수사할 수 있도록 수사 특례 규정을 마련하려는 것"이라고 설명하고 있다. 즉 이 조항의 신설 이유는 제페토와 같은 가상세계에서 아바타를 성추행하는 등의 행위들을 염두에 둔 것이 아니라 19세 미만의 아동·청소년을 대상으로 하는 불법 촬영, 성적 촬영물 비동의 유포, 유통 및 공유, 유포협박, 사진합성, 온라인 성적 착취목적 대화 등을 처벌하기 위함이 목적이다.

따라서 결국 가해자는 메타버스에서의 시민의식 혹은 도덕성을 망각한 일탈자로 규정할 수는 있지만, 신설된 청소년성보호법 제15조2의 규정으로도 정양과 같은 피해자를 구제하고, 그 가해자를 처벌하기에는 한계가 있다.

2. 아동·청소년 성착취 행위에 해당하는가?

청소년성보호법(법률 제16622호)이 개정되면서 이 법 제2조 제5호의 "아동·청소년이용음란물"이란 표현이 청소년성보호법(법률 제17338호)[46] 부터는 "아동·청소년성착취물"로 변경되었다. 즉, 청소년성보호법 제2조 제5호는 "아동·청소년성착취물이란 아동·청소년 또는 아동·청소년으로 명백하게 인식될 수 있는 사람이나 표현물이 등장하여 제4호 각 목[47]의 어느 하나에 해당하는 행위를 하거나 그 밖의 성적 행위를 하는 내용을 표현하는 것으로서 필름·비디오물·게임물 또는 컴퓨터나 그 밖의 통신매체를 통한 화상·영상 등의 형태로 된 것을 말한다."고 규정하고 있다.

이에 대하여 당시 정부는 이 법의 개정 취지를 다음과 같이 설명하였다. 첫째, 아동·청소년을 대상으로 하는 음란물은 그 자체로 아동·청소년에 대한 성착취 및 성학대를 의미하는 것임에도 불구하고, 막연히 아동·청소년을 '이용'하는 음란물의 의미로 가볍게 해석되는 경향이 있어 이를 변경함으로써 아동청소년이용음란물이 '성착취·성학대'를 의미하는 것임을 명확히 한다. 둘째, 아동·청소년성착취물 관련 범죄에 대한 처벌이 지나치게 관대해 실효성이 떨어진다는 비판에 맞서 관련 범죄에 대한 처벌을 강화함으로써 경각심을 제고한다. 셋째, 아동·청소년성착취물 관련 범죄를 저지른 사람을 수사기관에 신고한 사람에 대해 포상금을 지급할 수 있는 근거를 마련한다. 넷째, 아동·청소년성착취물의 제작·배포 등에 관한 죄의 형량을 강화하고, 아동·청소년성착취물을 광고·소개하거나 구입·시청한 자에 대한 처벌 근거를 마련한다는 것이다.

그런데 이와 같은 청소년성보호법의 개정 취지에서 아동·청소년성착취물이란 "현존하는 아동·청소년 또는 그 이미지를 활용하여 성착취 관련 행위를 하는 것"이란 정의가 성립한다. 따라서 현실세계의 사람이 아닌 가상세계의 아바타가 아바타에게 행하는 일련의 성적 접촉이나 표현을 현행 청소년성보호법의 "아동·청소년성착취행위"라고 이해하기는 어렵다. 왜냐하면 유저와 아바타의 이미지가 반드시 일치하지는 않기 때문이다.

또한 정양의 소녀 이미지 아바타나 또래 소년 이미지 아바타를 "표현물"로 볼 수 있느냐의 의문도 있다. 만약 표현물로 간주할 수 있다면 아동성착취물에 해당하는 표현물(아바타)이 등장하여, "그 밖의 성적 행위를 하는 내용을 표현하는 것"으로까지는 적용 가능할 것이다. 다만 이 "표현하는 것"이 법규정상 "필름·비디오물·게임물 또는 컴퓨터나 그 밖의 통신매체를 통한 화상·영상 등의 형태 중 어디에 해당할 것인지에 대한 고민이 남는다. 제페토라는 가상공간에서 아바타의 행위는 유저에 의해 이루어지는 가변적 행위이므로 "필름·비디오물·게임물"과 같이 이미 제작된, 즉 완성된 것이라고 볼 수 있겠는가가 관건이 된다.

메타버스는 SNS가 아니라 이를 뛰어넘는 아바타나 캐릭터를 통해 가상공간에서 새로운 자아를 구축하고, 경험하는 세계이다. 현실세계의 유저인 인간(Human)에게 적용되는 법규범을 가상세계 아바타에게 동일하게 적용한다면 메타버스의 구현원리 자체를 부인하는 결과를 초래한다.

메타버스는 현실세계의 "나"가 아닌, 현실에서 이루지 못한 지위, 욕망, 꿈, 희망, 쾌락 등을 실현하는 "부캐인 나"가 존재하는 세계이기 때문이다.[48]

따라서 메타버스 내에서 행해지는 일련의 성적 일탈 행위에 대해 현실세계와 똑같은 도덕성과 법규범을 작용하는 것은 한계가 있다.

3. 아바타 주인이 청소년인 경우

인류는 코로나19로 인해 일상생활의 파격적인 변화를 겪고 있다. 특히 청소년 세대는 기존의 학습방식을 벗어나 증강현실을 이용한 메타버스 학습을 이어나가면서 현실과 가상세계를 넘나드는 생활에 익숙해졌다. 로블록스나 제페토 가입자의 70% 이상이 청소년 세대라는 점이 바로 그 증거라고 할 것이다.[49]

이와 같은 현상은 이미 청소년 세대는 메타버스와 현실공간을 넘나들며 일상생활을 하고 있고, 현실에서 모든 일탈적인 현상을 법규범으로 규제하기 어려운 것과 같이 가상공간의 일탈적 양태를 규제하기는 어렵다는 것을 의미한다. 즉 메타버스 이용자 대부분이 청소년이고 이들은 현실세계에서도 소년법과 같이 특별법을 적용받거나 아예 형사미성년자로서 처벌을 받지 아니하거나 등의 특수한 상황에 놓여 있다. 따라서 현실세계와 똑같은 법적 잣대로는 메타버스 내 청소년의 일탈적 행위를 제재하려는 것은 무리이다.

더 나아가 만약 메타버스의 행위를 처벌할 수 있다 하더라도 국적도 영토도 없는 코드로 만들어진 가상공간의 행위에 대해 국내법을 적용하기는 어렵다. 만약 메타버스를 제작한 업체가 국내 회사라면 정보통신망 이용촉진 및 정보보호 등에 관한 법률을 들어 업체를 제재할 수는 있겠지만, 이 경우에도 제한이 있다. 즉 업체는 코드로 가상공간을 제작하였지만, 그 메타버스에서 아바타를 만들어 조종하고, 게임을 만드는 등의 행위는 유저에 의해 이루어진다. 즉 로블록스나 제페토의 유저는 전 세계에 걸쳐 있어 국내법을 적용하여 처벌하는 것은 상당한 난관에 부딪힌다.

4. 메타버스에서의 사생활과 표현의 자유

메타버스 업체가 유저에게 특정한 아바타 모습(이미지)을 만들지 못하게 코딩하거나 또는 활동을 통제한다면 이는 유저의 표현의 자유를 침해하는 것이다. 동시에 업체가 유저의 행위를 모두 감시하는 상태가 되어 개인정보 침해 혹은 사생활을 침해하는 문제로 이어진다.

이와 같은 한계 때문에 2021년 12월 10일부터 시행되는 이른바 n번방방지법 역시 논란의 중심에 있다. 지난 2020년 6월 9일 자로 개정된 정보통신망법(법률 제17358호) 및 전기통신사업법(법률 제17352호)의 주요 내용은 "연 매출 10억원 이상 또는 하루평균 이용자 10만명 이상 인터넷 사업자 등에게 아동·청소년이용성착취물 등의 불법 촬영물 등의 삭제·접속차단 등의 유통 방지 조치 의무와 기술적·관리적 조치 의무를 부과하고, 불법 촬영물 등의 삭제·접속차단 등의 조치를 의도적으로 취하지 아니한 자에게 과징금을 부과"할 수 있도록 한 것이다. 그러나 이에 대하여 이미 통신의 자유를 침해한다는 비난과 함께 이 법이 국내 네이버나 카카오 등의 사업자에게만 적용될 뿐 정작 n번방의 온상이었던 텔레그램 등의 해외사업자에게는 적용되지 않는 등의 법적 형평성이 지적되고 있다.[50]

한편 정보통신 기업의 가상공간에서의 개인의 사생활과 표현의 자유 즉, 유저의 인권침해에 대한 논쟁은 미국의 거대 기업 애플(Apple)의 iOS 모바일 운영체제의 아동 성착취 이미지의 스캐닝 기능(해시 알고리즘) 중단 선언에서도 확인할 수 있다. 즉, 애플은 2021년 8월 초에 애플의 아이폰과 아이패드를 사용하여 아이클라우드에 업로드되는 콘텐츠 중 아동을 성적으로 착취한 사진(Child Sexual Abuse Material)을 해시 알고리즘으로 찾아내어 국립실종착취아동센터(National Center for Missing and Exploited Children: NCMEMC)에 자동으로 통보하는 운영체제를 개발, 도입하겠다고 발표하였다.[51]

애플의 이 조치에 대해 사용자들은 애플이 자신들을 잠재적인 아동
성착취범으로 간주하고 개인의 사적인 이미지나 사진을 검열하는, 즉
프라이버시를 침해하는 것이라고 반발하였다. 또한 애플의 검열은 개
인이 취향대로 사진을 찍거나 영상물을 만들거나 이미지를 만드는 등
의 행위를 방해하는 것이며, 특히 현실공간과 동일한 잣대로 가상공간
의 활동을 억지시키는 것은 미국 수정헌법 제1조의 표현의 자유를 침
해하는 것이라고 반발하였다. 결국 애플은 2021년 9월 3일에 이 검열
시스템 작동 계획을 보류하겠다고 발표하였다.[52]

그런데 애플의 본래 계획, 즉 아이폰과 아이패드를 사용하는 유저들
의 아이클라우드 저장 이미지나 동영상 등에 대한 스캐닝 방침은 미국
연방수사국(FBI)을 비롯하여 각국 법집행기관들의 지속적인 요구에 따
른 것이었다. FBI 등은 그동안 애플의 높은 보안장벽으로 사용자들이
아동착취물을 업로딩, 공유하는 통로(Exploit Chain)로 이용하는 것을
포착하였지만 아이폰의 잠금해제를 풀지 못해 수사를 제대로 하지 못
하였다. 따라서 FBI는 오랫동안 애플에게 아동학대 이미지의 자동검열

자료: https://www.thewrap.com/study−public−sides−with−justice−department−
over−apple/

과 정보공유를 요구하였다.[53] 한편으로는 FBI는 애플이 범죄혐의자에
대한 개인정보를 정부에 제공하지 않는 것이 위법이라며 법적 소송도
계속하고 있다.[54] 애플은 "정부의 요구를 수용하면 정부는 사용자 몰
래 개인의 메시지를 가로채고, 건강기록 또는 금융 데이터에 액세스하
고, 위치를 추적하고, 스마트폰의 마이크나 카메라에 액세스하도록 요
구할 수 있다."며 맞서고 있다.[55]

　이와 같은 우려는 가상공간이나 라이프로깅 등의 메타버스에서 청소
년을 대상으로 한 추행이나 스토킹, 성매매 유혹 등을 예방 혹은 수사
한다는 이유로 국가기관(수사기관)이 가상공간의 접속자들에 대한 개인
정보를 제페토나 로블록스 사업자에게 요구할 수 있는가의 이슈와 맞
닿아 있다. 애플과 같이 제페토나 로블록스 사업체 역시 개인의 사생활
보호와 가상세계의 표현의 자유를 존중해야 한다는 이유를 내세워 이
를 거부할 수 있다. 한편으로는 기술적으로 연방법집행기관이 특정인
의 아이폰 등 기기 암호를 풀어 저장정보를 수집하면서 다른 사용자의
개인정보에도 접근할 수 있어 결국 일반 시민들의 개인정보와 일상활
동을 정부가 들여다보는 이른바 빅브라더 문제가 사회적 논쟁거리가
될 수 있다. 또한 정부가 현실세계의 인터넷 사업자를 규제한다는 명분
을 내세워 개인의 메타버스 생활을 감시하고, 표현의 자유를 침해한다
는 비판도 제기될 수 있다.

Ⅳ. 공감하고 공유할 것들

　우리나라 청소년의 스마트폰 과의존 경향은 날로 심각해지는 상황이
다. 이는 역설적으로 청소년들이 메타버스에서 활동하는 시간이 증가
하고 있음을 보여주는 매우 확실한 지표라 할 것이다. 특히 유아동의
스마트폰 과의존도 매년 증가하고 있어 미래로 갈수록 청소년 세대에

게 있어 메타버스 생활은 매우 일상적인 문화로 여겨질 것이다. 제페토
나 로블록스와 같은 가상세계 이용자의 70%가 청소년 인구라는 사실
은 이미 메타버스가 이들에게 매우 중요한 생활공간으로 자리 잡고 있
다는 것을 보여준다. 따라서 메타버스에서 일어나고 있는 청소년 이미
지의 아바타나 캐릭터에 대한 일련의 성착취 행위에 대한 대응책은 매
우 시급해 보인다. 여기서는 그 대응 방향성을 제시해 보려고 한다.

1. 메타버스는 게임인가?

메타버스를 게임으로 규정할 것인지 아니면 사회관계망서비스(SNS)
로 규정할 것인지를 가려내야 한다. 게임으로 규정한다면 게임산업법
(법률 제17578호) 제16조에 따라 메타버스 내의 아바타 이미지나 그 행
위양태를 중심으로 게임산업법시행령(대통령령 제32156호) 제19조의 게
임등급을 청소년이용불가등급으로 지정하여 청소년의 접근을 제한할
수 있다. 그러나 이와 같은 조치는 현실세계와 동일한 잣대로 가상세계
를 청소년용과 성인용으로 구분하고 성인이 할 수 있는 행위와 청소년
이 할 수 있는 행위를 규제할 수 있는가? 아바타에게 인격권을 부여하
여 아바타의 행위를 유저의 행위와 항상 동일시할 수 있는가? 현실세
계와 가상세계의 표현의 자유 범주는 똑같은 것인가? 등의 문제를 해
결하지 못한다.

이에 대해 국회 입법조사처는 메타버스는 게임과 유사하지만, 게임
물과 같이 사전에 프로그래밍된 것이 아니라 상황에 따라 가변적이며,
처음으로 리셋되지 않는 영속성을 갖는 점 등을 들어 게임이라고 볼
수 없다는 의견을 제시하고 있다.[56] 따라서 메타버스를 게임물로 제한
할 것인지, 확장된 현실세계로 규정하여 새로운 법적 장치를 마련할 것
인지에 대한 사회적 합의가 우선되어야 한다.

2. 메타버스의 동시성 이해하기

메타버스의 가장 큰 속성인 동시적 참여에 제한이 없다는 점을 고려하여야 한다.[57] 즉 앞서 미스터벙글사건, 스위티사건과 같이 텍스트 기반환경에서도 수많은 사람이 성착취 행위를 지켜보았지만 개입하지 않았고, 몰입형 가상현실에서도 다수의 게임 혹은 활동 중에 특정한 성적 착취행위가 발생할 수 있다. 이 경우 직접적 플레이어와 이 환경에 머문 플레이어 모두를 어떤 방식으로 제재할 것인가의 문제가 있다. 메타버스의 속성상 그 환경을 제공하는 사업자, 콘텐츠 기획자와 관리자, 광고업자 등 다양한 이해관계자들이 공유되는 점도 현실세계와 동일한 법규범과 가치를 적용하기는 어렵다. 따라서 메타버스의 속성이 반영된 입법이 필요하다. 동시에 메타버스 시민의식과 도덕성을 어떻게 정착시킬 것인지도 사회적 과제이다.

3. 추행당하는 아바타와 주인이 모두 청소년?

가상세계 내 청소년 이미지 아바타의 주인(플레이어)이 모두 청소년 성보호법상 보호대상인 19세 미만으로 간주되는 것은 바람직하지 않다. 또한 청소년 이미지의 아바타나 캐릭터를 괴롭히는 아바타의 플레이어가 모두 성인일 것이라는 가정 하에 대책을 마련하는 것도 바람직하지 않다. 청소년 이미지의 아바타 주인은 청소년일 수도 있고 성인일 수도 있고, 그 반대일 수도 있기 때문이다. 나아가 앞서 살펴본 것과 같이 메타버스 사용인구가 대부분 아동, 청소년인 현실을 고려하면 실제로는 현행법을 적용할 경우 가해자와 피해자는 모두 청소년일 가능성이 매우 높다. 이는 현실세계와 다르게 가상세계 비행 청소년에 대해 무관용주의를 적용하지 못하고, 메타버스가 범죄소년으로의 사회적 낙인을 찍는 파이프라인으로 인식되는 불합리성을 낳게 된다.

4. 개인정보보호 한계는?

메타버스의 사용자들에 대한 개인정보보호 한계에 대한 사회적 합의가 필요하다. 메타버스 내 일련의 성착취 행위를 청소년성보호법상 디지털성범죄로 간주한다면 동법 제25조의2(아동·청소년 대상 디지털 성범죄의 수사 특례)가 적용되어 사법경찰관은 신분비공개수사 및 신분위장수사를 할 수 있다. 이는 사법경찰관이 가해자와 피해자의 개인정보뿐만 아니라 같은 공간에 머문 혹은 머물렀던 플레이어(유저)들의 가상정보와 현실정보를 모두 수집하게 되는 결과를 초래할 수 있다. 또한 그 자체로 개인이 가상세계에서나 경험 혹은 행할 수 있는 표현의 자유를 제한할 우려와 메타버스의 속성 즉 현실세계와 가상세계를 확장하는 경험을 방해하는 것이기도 하다. 이는 앞서 살펴본 것과 같이 애플이나 동종 정보통신사업자들이 고객의 프라이버시 존중 정책을 들어 사법기관과 갈등하는 이유이기도 하다. 따라서 메타버스 유저의 개인정보를 어떻게 보호할 것인가에 대한 고민과 이를 반영한 성착취 개념의 정의가 필요하다.

5. 무경계성, 표현의 자유

메타버스의 무경계성과 아이덴티티(아바타, 캐릭터) 속성을 반영하여 유저들의 표현의 자유(성적 행위를 포함)와 사생활의 자유를 어느 정도 보호할 것인지에 대한 논의가 필요하다. 이는 최근 10년 만에 폐지된 게임셧다운제를 참고할 만하다. 국회는 청소년보호법(법률 제18550호, 2021. 12. 7., 일부개정, 2022년 1월 1일 시행)을 통하여 인터넷게임 제공자가 16세 미만의 청소년에게 심야시간대 인터넷게임 제공을 제한하도록 하는 셧다운제를 폐지하였다. 이 게임셧다운제는 "구시대적 발상으로 개발자들의 창의력을 억압한다"는 비판을 받아왔다.

 청소년의 메타버스 내 성착취 문제를 들어 청소년의 메타버스 활용을 제한하거나 유저 실명제를 도입하거나 청소년과 성인의 동시 입장을 제한하는 등의 대책이나 입법은 메타버스의 무경계성, 상호작용, 현실과 연결된 또 하나의 현실이라는 점 등에 대한 몰이해적인 정책 방향이다. 따라서 게임셧다운제와 같은 안타까운 실패사례가 되지 않도록 신중하고 합리적인 대안 모색이 필요하다.

참고 자료 및 설명

1) 이 책에서는 언론 및 관련 학계에서 그 처벌가능성과 관계없이 성착취라는 용어를 사용하는 점을 반영하여 아동·청소년성보호법(이하 청소년성보호법 이라 칭함) 등에서 규정한 범죄 및 선량한 성풍속에 반하는 일련의 성적 행위를 지칭하는 의미로 사용키로 한다.

2) 한국지능정보사회진흥원, 2020년 사이버폭력 실태조사, 2020, 23.

3) 조선일보, "벗어봐, 초등생들 가상현실서 아바타 성희롱", 2021.4.22. https://han.gl/AZLTT.

4) 박상현, 손준호, 가상세계의 진화와 10대 이슈 전망, 한국정보사회진흥원, 2009.

5) 2020년 조사대상은 총 10,000가구 및 가구 내 30,927명이며, 그룹별로는 유아동(만 3~9세) 2,701명, 청소년(만 10~19세) 5,032명, 성인(만 20~59세) 20,304명, 60대 2,890명으로 분류되었다. 조사기간은 전국(17개 광역시도), 2020년 8월부터 10월까지 구조화된 설문지를 이용한 가구방문 면접방식을 취하였다. 한국지능정보사회진흥원, 2020 스마트폰 과의존실태조사, 2020, 5-6.

6) 홍명기 외, "청소년 비행에 영향을 미치는 자기통제와 기회: 개인적·환경적 기회요인의 통합." 형사정책연구 제30권 제4호, 2019, 207.

7) 매일경제, "메타버스의 미래 그리고 우려...가상서 느끼는 五感, 범죄 위험은 과제", 2021.8.3. https://han.gl/iUtqV.

8) 이 밖에도 명예훼손, 모욕, 절도, 지적 재산권 침해 등 다양한 피해가 발생하나 이 연구에서는 논의의 집중을 위해 성적 일탈 문제만으로 연구범위를 제한키로 한다.

9) 이 연구에서는 청소년 이미지를 가진 아바타 혹은 캐릭터를 대상으로 한 성착취에 대해서만 논의키로 한다. 이하 허경미, "메타버스 내 청소년 아바타 성착취 처벌 관련 쟁점", 한국소년보호정책학회, 34(2), 271-294. 내용 전반적 참조.

10) 송원철, & 정동훈. "메타버스 해석과 합리적 개념화", 정보화정책, 제28권 제3호, 한국지능정보사회진흥원, 2021, 6.

11) 닐 스티븐슨, 김장환 역, 스노우 크래쉬, 새와 물고기, 1996, 48.

12) 한국일보, "갑자기 찾아온 메타버스? 이미 30년 넘게 달리고 있었다", 2021. 9.5. https://han.gl/WKKEb.

13) 윤정현, "Metaverse, 가상과 현실의 경계를 넘어", 미래연구 포커스 제49호,

2021, 4.

14) 위키백과, 가상현실, https://han.gl/umuBE.

15) 뉴스워커, '새로운 사회의 장' 메타버스…'새로운 범죄의 장' 경계해야", 2021. 7.14. https://han.gl/15Sn0.

16) 한국과학기술한림원, 메타버스 구현과 활용 위한 과제와 해결방안 제언, 한림원의 목소리 제92호 2021.7.7., 1.

17) 박상현, 손준호, 앞의 책, 2.

18) Lemley, M. A., & Volokh, E., Law, virtual reality, and augmented reality. U. Pa. L. Rev., 166, 2017, 1082－1083.

19) 머니투데이, "교사 브이로그 찬반 논란…정보 노출 vs 소통창구", 2021.5.25. https://han.gl/M2WPy.

20) 조영호 외, "라이프로깅 데이터를 이용한 소셜 네트워크 그룹 생성 시스템", 한국HCI학회논문지 제12권 제2호, 2017, 13－19.

21) 윤정현, 앞의 책, 3－8.

22) INCROS, 메타버스 시대의 마케팅, 2021, 6.

23) 스마트폰 과의존이란 과도한 스마트폰 이용으로 스마트폰에 대한 현저성이 증가하고, 이용조절력이 감소하여 문제적 결과를 경험하는 상태로 정의된다. 이에는 고위험군과 잠재적 위험군으로 구분된다. 한국지능정보사회진흥원, 2020년 스마트폰 과의존 실태조사, 42.

24) 조사대상별 연령대는 유아동 만 3~9세, 청소년 만 10~19세, 성인 만 20~59세, 60대 만 60~69세로 분류된다. 앞의 책, 25－29.

25) 앞의 책, 36.

26) 김봉섭, "2020년 사이버폭력 실태조사 결과와 의미", 한국지능정보사회진흥원, 지능정보윤리이슈리포트, 2021년 봄호, 2021, 10.

27) naver, service, https://www.naverz－corp.com.

28) 데이터솜, 청소년 10명 중 8명 "3차원 가상세계, 메타버스 인지", 2021.9.29. http://www.datasom.co.kr/news/articleView.html?idxno=117994.

29) 한국지능정보사회진흥원, 2020년 사이버폭력 실태조사, 2020, 22.

30) Dibbell, I. A Rape in Cyberspace, 1993, https://han.gl/MBlEG.

31) 부두 돌 프로그램(Voodoo Doll Program)은 가상공간에서 한 이용자가 다른 이용자의 캐릭터나 프로그램을 제어할 수 있도록 하는 원리로 구현된다. 현실에서는 저주 대상 인형을 바늘로 찌르거나 참수하는 등의 방식으로 스트레스를 푸는 놀이로 알려졌다.

32) 이 사건은 1993년 Julian Dibbell이 The Village Voice에 기고하면서 알려졌다. 여러 이용자가 람다무에서 이 행위를 지켜보았지만 개입하지 않았다.

후에 이 프로그램 운영자가 Mr. Bungle 캐릭터 주인(유저)을 람다무에서 활동하지 못하도록 계정을 폐쇄하였다. 그런데 Mr. Bungle이 실제로는 뉴욕대 학생이고, 그가 행위를 하는 동안 현장 주변에서 친구들이 지켜본 것으로 밝혀졌다. Dale Eisinger, The Original Internet Abuse Story: Julian Dibbell 20 Years After 'A Rape in Cyberspace'. 2017.4.13. https://han.gl/xyOEF.

33) Duranske, B., *Reader Roundtable: 'Virtual Rape Claim Brings Belgian Police to Second Life'*, 2007.4.24. https://han.gl/ygAVs.

34) 네덜란드의 아동권리단체인 테레 데 옴므(Terre des Hommes)는 빈곤국가에서 아동성착취를 근절키 위해 이 작전을 계획했다. 즉 이 단체는 10살 소녀 이미지를 가진 스위티(Sweeti)라는 이름의 아바타를 만들어 텔레그램 채팅방에 등장시켰다. 이용자(아동성애자)들이 스위티에게 접근하여 옷을 벗거나 외설적 자세를 하라거나 성매매를 유인하는 등의 대화를 시도하였다. 이용자가 스위티에게 성매매를 조건으로 돈을 주겠다고 하면 자동으로 계정이 차단되면서 이용자의 개인정보가 식별되었다.
10주 동안 스위티에게 71개국에서 20,000명이 연락을 취하였다. 데레 데 옴므는 이 가운데 아동성착취자로 의심되는 1,000명의 개인정보를 식별하였고 이들의 이름, IP 주소 및 소셜 미디어 계정을 각국 정부 및 Interpol에 전달했다. The Verge, *Virtual ten-year-old girl leads to pedophile conviction in Australia*, 2014.10.22, https://han.gl/QlnuD.

35) 몰입형 가상환경(Immersive Virtual Environment)이란 사용자가 가상환경을 현실세계처럼 경험할 수 있는 디지털 기술을 말한다. 사용자는 헤드 마운트 디스플레이(HMD)를 착용하고, 무선 컨트롤러로 디지털 3D 환경을 탐색하며 상호작용한다. edutechwiki, https://han.gl/euAnf.

36) Dibbell, J., *My First Virtual Reality Groping*, https://han.gl/vxUOz.

37) Stanton, A., Dealing With Harassment in VR, 2016.10.25. https://uploadvr.com/dealing-with-harassment-in-vr.

38) Danaher, J., *The law and ethics of virtual sexual assault. In Research handbook on the law of virtual and augmented reality*. Edward Elgar Publishing. 2018, 9-10.

39) McMillan, J., & King, M., *Why be Moral in a Virtual World?. Journal of Practical Ethics*, 5(2). 2017, 41-42.

40) 법률 제17507호, 이 법 제14조에 따른 촬영물 또는 복제물(복제물의 복제물을 포함한다), 제14조의2에 따른 편집물·합성물·가공물 또는 복제물(복제물의 복제물을 포함한다).

41) 법률 제17972호, 이 법 제2조 제5호에 따른 아동·청소년성착취물.

42) 법률 제18201호, 이 법 제44조의9(불법촬영물등 유통방지 책임자).

43) 법률 제18477호, 이 법 제22조의5(부가통신사업자의 불법촬영물 등 유통방지).

44) 조선일보, "벗어봐, 초등생들 가상현실서 아바타 성희롱", 2021.4.22. https://han.gl/AZLTT.

45) 법률 제17972호, 2021. 3. 23., 개정되고, 2021. 9. 24. 시행에 신설되었다.

46) 법률 제17338호, 2020. 6. 2., 일부개정, 2020. 6. 2. 시행. 2022년 1월 현행 법은 법률 제17893호, 2021. 1. 12., 타법개정. 2022. 1. 13. 시행이다. 해당 규정은 동일하다.

47) 가. 성교 행위
    나. 구강·항문 등 신체의 일부나 도구를 이용한 유사 성교 행위
    다. 신체의 전부 또는 일부를 접촉·노출하는 행위로서 일반인의 성적 수치심이나 혐오감을 일으키는 행위
    라. 자위 행위

48) 윤형섭, "메타버스 열풍과 전망", 지능정보윤리이슈리포트 여름호, 한국지능정보사회진흥원, 2021, 17.

49) 윤형섭, 앞의 논문, 18.

50) 조선일보, "정부, 오늘부터 단톡방 영상 검열 시작… "고양이 사진도 걸리더라", 2021.12.10. https://han.gl/mNggD.

51) 매일경제, "애플 클라우드 아동착취 음란사진 자동 포착·통보한다", 2021.8. 6. https://han.gl/RJtTY.

52) Dave Perera, *Apple's pause on child porn scanning highlights limits of trust in Silicon Valley*, 2021. 9. 3. https://url.kr/cjs9f5/, 2021.11.2. 검색; 그런데 애플의 아동학대 이미지 해시 통보계획의 중단과 관계없이 FBI를 포함한 미국의 10여개 국가기관이 아이폰의 iMessage 및 WhatsApp을 통해 전송, 아이클라우드나 기기에 저장될 경우 이를 읽을 수 있다는 사실이 언론에 의해 밝혀졌다. 결국 애플은 사용자들에게 WhatsApp 비활성화 등 보안 설정을 공지하는 등의 소동을 빚었다. Daily Star, *iPhone settings must be changed now as Apple warns one billion users of privacy risk*, 2021. 12. 4. https://han.gl/WBpRO.

53) FBI는 애플의 높은 암호장벽이 아동학대 수사에서부터 국가안보에 대한 테러범 수사 등에 상당한 시간을 지연시켜 궁극적으로 미국의 선량한 시민과 국가의 안전을 위협한다고 일관되게 애플사를 비난하면서, 고객의 백도어를 국가기관(수사기관)에 제공해야 한다고 주장하면서 애플과 법적 분쟁을 하고 있다. Washington Post, *The FBI wanted to unlock the San Bernardino shooter's iPhone. It turned to a little-known Australian firm.*, 2021. 4.

14. https://han.gl/DuGXo.

54) Niemczyk, G., *Questioning Constitutionality: FBI vs. Apple Inc. McMaster Undergraduate*, Journal of Law and Politics, 2(1), 2016, 42−43.

55) 애플의 입장에 대해 마이크로 소프트, 페이스북, 야후!, 아마존, 구글 등 정보통신기기 및 네트워크 업체들이 지지 의사를 표명하고 있다. Jack Clark, *Google, Tech Companies Side With Apple in Decryption Protest, Bloomberg*. 2016.1.17. https://han.gl/IOEtj.

56) 정준화, 메타버스의 현황과 향후 과제, 이슈와논점 제1858호, 국회입법조사처, 2021, 2.

57) 이진규, 메타버스와 프라이버시, 그리고 윤리, 2021 KISA 리포트 제2권, 한국인터넷진흥원, 2021, 22.

제6장

프레드폴,
범죄자 표적 찍기

I. AI와 범죄

    프레드폴(predpol) 또는 알고리즘에 의한 예측치안(Algorithm Predictive Policing)에 대한 개념 정의는 매우 다양하나 알고리즘, 데이터, 위험예측, 문제해결 등의 키워드를 활용하는 공통점이 있다.[1] 이를 바탕으로 알고리즘 예측치안이란 정량적 기술(Statistical Predictions), 즉 알고리즘을 이용하여 경찰개입의 필요성이 있는 표적을 식별하여 경찰권을 집중적으로 행사하여 범죄를 예방하거나, 과거 범죄 사건을 해결하려는 경찰전략이라고 정의할 수 있다.[2] 그런데 알고리즘 예측치안 전략의 효과에 대해 데이터를 기반으로 적절하게 경찰권을 행사하여 범죄를 예방하는 효과가 있다는 긍정적 평가와 함께 범죄예방 효과나 특별한 범죄 패턴을 찾아내는 등 실질적 효과가 거의 없다는 부정적 평가가 공존한다.[3] 특히 개인정보 침해, 데이터의 불투명성 및 차별적 경찰권 발동 등의 문제점 등이 제기되고 있다.[4] 이에 따라 최초로 알고리즘 예측치안 전략을 도입

했던 로스앤젤레스경찰청(Los Angeles Police Department: LAPD)은 2020
년 4월에,5) 시카고경찰청(Chicago Police Department: CPD)은 2020년 1
월에 이 프로그램을 중단하였다.6)

그런데 한국 경찰은 2019년 9월부터 빅데이터 통합 플랫폼 구축사
업을 시작하여 LAPD의 프레드폴을 모델로 범죄위험도 예측분석 시스
템(Predictive Crime Risk Analysis System: Pre-CAS)을 개발, 2021년 5월
부터 전면적으로 시행하고 있다. 또한 경찰청에 치안빅데이터정책담당
관제를, 경찰대학에 스마트치안 빅데이터 플랫폼과 스마트치안지능센
터를 설치하는 등 2021년부터 알고리즘 예측치안 전략 시스템을 강화
하고 있다.7) 이는 미국 대도시 경찰기관들이 속속 알고리즘 예측치안
관련 문제점이 드러나면서 많은 비판에 직면했고, 결국 이 시스템을 중
단하는 현실과는 매우 상반된 정책 방향이다.8)

따라서 미국의 LAPD, CPD 및 NYPD 등 3대 대도시 경찰기관이 알
고리즘 예측치안 프로그램을 중단하거나 그 운영을 대폭 축소하게 된
배경과 논쟁점들은 한국에게 던져주는 시사점이 매우 크다.

II. 프레드폴의 출발: 미래차트와 컴스탯

알고리즘 예측치안의 출발은 1980년대 말 뉴욕경찰청(New York
Police Department: NYPD)의 교통경찰관인 잭 메이플(Jack Maple)이 작
성한 미래차트(Charts of the Future)라고 할 수 있다.9) 메이플은 뉴욕
지하철의 강도 사건을 지하철노선도와 지도에 표시하고, 다음 강도 발
생지점을 예측하고, 교통경찰을 출동시켜 강도 발생률을 현저하게 감
소시키는 성과를 거두었다. 1990년 NYPD 교통국장으로 취임한 윌리
엄 브래튼(William Bratton)은 이 미래차트 성과에 관심을 가지게 되었
다. 1992년 브래튼이 보스턴 경찰청장으로 임명되자 그는 메이플을 발

탁하여 미래차트 전략을 도입하였다. 브래튼은 1994년에 NYPD 청장으로 임용되자 다시 메이플을 부청장으로 불러 미래차트 전략을 시행하였다. 이때 메이플은 미래차트 전략을 컴스탯(COMPuter STATistics: CompStat)이라고 명명한다.[10] 컴스탯의 성과가 알려지자 2006년까지 미국 대형 경찰기관의 약 60%가 이 시스템을 도입하였다.[11]

한편 알고리즘에 의한 예측치안은 2008년 LAPD와 UCLA의 제프 브랜팅엄(Jeff Brantingham) 교수진의 연구에서 시작되었다.[12] LAPD 청장으로 부임한 브래튼이 컴스탯을 보완하여 추가 범죄 발생 위치와 시기를 예측하는 시스템 개발을 제프 브랜팅엄(Jeff Brantingham) 교수진에 의뢰한 것이다. 이 연구진은 지진 발생 후 여진 예측에 사용하는 원리에서 착안하여 범죄발생 예측 알고리즘을 만들었고, 이를 2010년에 프레드폴(Predictive Policing: PredPol)이라 이름 짓고, 특허를 받았다. 그리고 동일 이름으로 회사를 설립하고, 이 소프트웨어를 경찰기관에 판매하며, 통계분석을 지원하는 사업을 시작하였다.[13] 이는 알고리즘 예측치안 프로그램 서비스가 민간기업의 사업대상이었음을 보여준다.

한편 연방정부 법무부 산하의 국립사법연구소(National Institute of Justice: NIJ)도 2009년 5월에 예측치안 모델을 운영할 경찰기관을 모집하고, 해당 예산을 지원하는 시범사업을 시작하였다. NIJ는 이 사업에 참여할 경찰기관은 다음과 같은 요소를 신청서에 포함하도록 요구하였다.[14] 그리고 메릴랜드경찰청, 보스턴경찰청, CPD, 워싱턴D.C.경찰청, NYPD, 루이지애나주의 슈리브포트경찰서, LAPD 등을 선정하여 최소 6만 달러에서 최대 20만 달러에 달하는 예산을 2년에 걸쳐 지원하였다.

2010년에 프레드폴[15]이 최초로 프레드폴 소프트웨어를 산타크루즈 경찰서와 LAPD에 납품하였고, 이 사실이 언론에 대대적으로 보도되면서 예측치안이 곧 프레드폴이라고 인식되기 시작했다. 그러나 실제로는 다양한 알고리즘 예측치안 소프트웨어 공급업체나 연구소들이 경찰관서에 계약을 체결하고 서비스를 제공하였다.[16]

NIJ가 요구한 필수 요소

① 향후 3~12개월 동안 프로그램의 효과 통계분석: Compstat과의 비교, ② 특정 개인이나 그룹에 대한 경찰권 발동 결정을 위한 범죄발생자료 등 통계자료 및 분석, ③ 범죄의 용의자, 피해자 및 주변 사람들의 관계 및 범죄사건과의 관계 등에 대한 시각적 자료 분석, ④ 특정 지역의 지리적 특징, 인구학적 특징, 지역경제 활성화 추세 등을 지리학적으로 분석, 향후 경찰인력 및 예산배정 등의 자료로 활용토록 수집 및 분석, ⑤ 통합 관제시스템을 구축하여 범죄위험, 발생신고 등에 대한 모니터링 및 즉각적인 경찰권 발동 체제의 확보, ⑥ 지역사회 안전활동에 참고할 수 있는 다양한 입력 변수를 사용하는 범죄예측 모델, ⑦ 범죄활동을 탐지 및 차단하는 법과학적 도구, ⑧ 예측분석을 통해 형사사법의 효율성을 개선하기 위한 계획

자료: National Institute of Justice, Solicitation: Predictive Policing Demonstration and Evaluation Program, https://han.gl/ADqhR

그러나 알고리즘 예측치안 시스템이 실제로는 적합한 성과를 내지 못하며, 나아가 특정 지역과 주민을 우범 지역화 또는 우범자로 표적함으로써 경찰관들의 편견을 야기하고, 공권력을 무리하게 발동시키는 요인으로 작용한다는 등의 문제점이 꾸준히 제기되었다.[17]

이와 같은 알고리즘 예측치안에 대한 비판적 여론과 시민들의 반발이 거세지자 최초로 이를 도입했던 산타크루즈 경찰서는 2017년 6월에,[18] CPD는 2020년 1월에, 그리고 LAPD는 같은 해 4월에[19] 이 시스템을 중단하였다. 또한 뉴욕시 의회는 2018년에 자동의사결정관련법(A Local Law in Relation to Automated Decision Systems Used by Agencies: Local Law 49 of 2018)을 제정하여 NYPD의 알고리즘 예측치안을 제한하고 있다.[20]

프레드폴의 작동

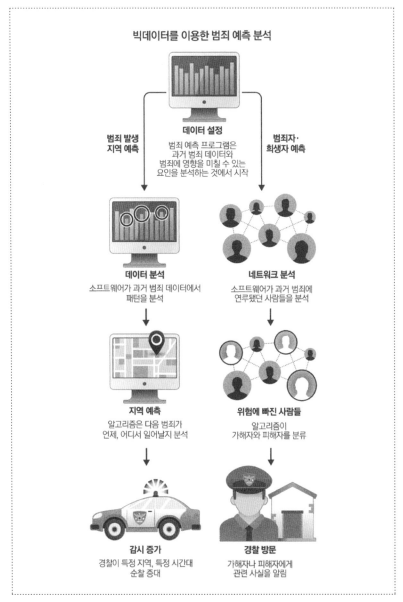

빅데이터를 이용한 범죄 예측 분석

범죄 발생
지역 예측

데이터 설정
범죄 예측 프로그램은
과거 범죄 데이터와
범죄에 영향을 미칠 수 있는
요인을 분석하는 것에서 시작

범죄자·
희생자 예측

데이터 분석
소프트웨어가 과거 범죄 데이터에서
패턴을 분석

네트워크 분석
소프트웨어가 과거 범죄에
연루됐던 사람들을 분석

지역 예측
알고리즘은 다음 범죄가
언제, 어디서 일어날지 분석

위험에 빠진 사람들
알고리즘이
가해자와 피해자를 분류

감시 증가
경찰이 특정 지역, 특정 시간대
순찰 증대

경찰 방문
가해자나 피해자에게
관련 사실을 알림

자료: Perry, W. L. (2013). Predictive policing: The role of crime forecasting in law enforcement operations. Rand Corporation. 21.

III. 프레드폴을 둘러싼 갈등

1. 사생활 침해

빅데이터 응용 분석 프로그램을 활용하는 알고리즘 예측치안의 가장 큰 이슈로 미국 수정헌법 제4조가 금지한 공권력에 의한 사생활 침해 문제가 지적된다.[21] 알고리즘을 작동하기 위하여 입력하는 데이터는 개인의 범죄경력부터 거주지역의 지리적 특징, 주변 인간관계, SNS 등 민감한 개인정보들이 수집되어야 한다.[22] 그러나 표적 대상자들은 경찰의 집중감시 대상 여부를 인지하지 못하며, 주변에서 범죄가 발생할 때마다 경찰의 빈번한 체포나 불심검문의 대상이 될 수 있다. 특히 표적 감시대상자의 주변 인물들은 대상자의 지인이라는 이유만으로 경찰권 발동 대상이 되거나 사생활 노출 등 인권침해를 당할 수 있다는 비판도 제기된다.[23]

나아가 미국의 알고리즘 예측치안 프로그램은 초기 단계부터 민간업체의 기술지원을 받아왔다. 따라서 경찰이 서비스를 받기 위해 업체에 어떤 정보를 제공하는지를 공개하라는 요구가 언론과 인권단체 등에 의하여 지속되고 있다. 대표적으로 NYPD와 인권단체인 브레넨센터(Brennan Center for Justice)와의 소송전을 들 수 있다. 이 센터는 2016년 6월에 뉴욕정보자유법(Freedom of Information Law: FOIL)을 근거로 NYPD에게 업체에 제공한 정보공개를 요구하였다. NYPD가 해당 정보 공개는 경찰업무를 방해하는 것이라며 거부하자 브레넨센터는 2017년 8월 30일 소송을 제기했다. 이에 뉴욕주대법원은 2017년 12월 22일 판결에서 NYPD의 정보공개는 경찰업무를 방해하는 것이 아니며, 소프트웨어 업체에 넘긴 CCTV 감시카메라 수집자료, 경찰이 수집한 개인의 안면인식 자료, 개인의 유전자 정보 등의 내역을 공개하라고 명령했다.[24] 결국 NYPD는 연방대법원 항소를 포기하고 브레넨센터에게 일부 자료를 공개하였다.

그런데 브레넌센터가 이 자료들을 분석한 결과 민간업체에 넘긴 개인정보의 보안이 유지되지 아니하였고, 특히 NYPD가 단독으로 계약을 맺은 Forensic Statistical Tool이라는 알고리즘 분석업체에 넘긴 범죄경력자들의 유전자 분석정보에서 심각한 오류가 발견되었다. 또한 NYPD가 2016년 예측치안 파일럿에 계약 민간업체들과 NYPD가 보유하지 못한 외부정보, 즉 특정지역 거주민들의 소득수준, 연방이나 주 정부의 보조금수혜율, 1인 가구 여부, 주민들의 출신지역, 결혼율, 출생률, 이혼율, 우범자 거주율 등 특정인이나 지역에 대한 편향성과 사생활을 침해하는 정보들의 데이터베이스를 검토한 위법성까지 드러났다.[25]

결국 뉴욕시 의회는 2018년 1월 11일 자로 공공기관의 자동의사결정관련법(A Local Law in relation to automated decision systems used by agencies: Local Law 49 of 2018)을 제정하여 뉴욕시자동결정시스템태스크포스(New York City Automated Decision Systems Task Force: ADS Task Force)를 출범토록 하였다.[26] 이에 따라 NYPD를 포함한 뉴욕시 산하의 공공기관은 이 태스크포스(ADS Task Force)의 진단과 평가를 거쳐 합리적이고 투명한 정보 및 알고리즘의 필요성 등이 인정된 경우에만 알고리즘 시스템을 제한적으로 활용할 수 있다.[27]

NYPD의 사례는 알고리즘 데이터 세트에 포함되는 개인의 정보가 수집되는 과정에서도 이미 개인의 프라이버시를 침해하지만, 나아가 그 정보가 엄격하게 관리되지 않는 점, 민간업체에 제공되는 정보의 불투명성 등의 문제를 여실하게 드러냈다.[28]

이에 대해 유엔도 2019년 제74차 총회에서 개인의 동의 없는 불투명한 데이터 알고리즘으로 개인을 식별하는 것은 인권침해이며,[29] 특히 국가가 민간영역(Private Sector), 즉 민간업체에 개인정보 수집을 의뢰하고 이를 활용하여 복지나 치안 정책에 반영하는 것은 지양해야 한다는 결의서를 채택하였다.[30] 특히 이 결의서는 유엔 인권고등판무관실이 알고리즘 행정을 가장 일찍 도입한 미국(2017)과 영국(2018)의 복지 및 치안 분야에 활용되는 알고리즘 예측 시스템의 현황을 조사하고, 이를 토대로 작성한 보고서라는 점에서 시사하는 바가 더 크다.[31)]

2. 지나친 특정범죄 편향과 몰인간화

알고리즘 예측치안 시스템은 폭력, 강도, 절도, 길거리 소란 등 전통적인 범죄에 대한 피해자나 목격자의 신고접수 등의 통계가 자료수집의 단서가 된다. 따라서 전통적인 범죄의 범죄인과 피해자, 그리고 주변 지역의 지리적 특징 등에 대한 일차적인 수집자료들을 축적하여 향후 범죄를 예측하고, 경찰력을 집중시켜 그 외의 범죄영역에 대한 경찰 대응력이 현저하게 떨어지는 문제점을 보인다. 특히 사이버상의 횡령, 사기, 자금세탁, 마약사범, 메타버스 범죄 등 피해 규모가 큰 화이트칼라 범죄보다 알고리즘 예측시스템의 개발과 유지에 더 많은 예산과 인력을 배정하는 등의 문제도 지적된다.[32)]

실제로 미국의 범죄피해자조사(NCVS)에 따르면 2020년 폭력 사건의 약 40%, 재산범죄의 33% 정도만이 경찰에 신고되었고, 이는 미국의 최근 10년 동안 공식통계와 큰 차이가 없는 것으로 나타났다.[33)] 그런데 알고리즘 예측치안은 주로 이 한정된 공식통계만을 바탕으로 위험지역과 위험인물을 예측하고, 이를 바탕으로 경찰력을 집중하게 되어 결국 새로운 영역의 범죄에 적절하게 대응하지 못하는 모순적 양상을 보인다는 것이다.[34)]

한편 알고리즘 예측치안은 지역사회의 특별한 치안 수요나 지역주민의 의견이 반영된 쌍방향적인 경찰행정(Community Policing)이 아니라, 경찰의 일방적 경찰행정이라는 문제점도 지적되고 있다.[35)] 즉, 경찰은 정성적 판단 없이 로봇처럼 알고리즘이 제시하는 위험점수 혹은 위험색깔에 따라 무력을 행사함으로써 몰인간화(Dehumanization) 되어 간다는 것이다. 유엔도 앞서 2019년 채택한 보고서에서 복지 및 치안 분야에 나타나는 알고리즘 예측행정의 몰인간화에 대한 우려를 표명하였다.[36]

3. 표적 감시와 낙인찍기

알고리즘 예측치안 소프트웨어를 활용하는 근본적 목적은 경찰개입 대상을 표적하는 것이다. 따라서 이 알고리즘 시스템을 작동하기 위해서 경찰이 첫 번째로 할 일은 지역주민들을 대상으로 위험 정도를 점수화하여 범죄인으로서의 위험성이 높은지 혹은 잠재적 피해자로서 위험성이 높은 인물인지에 대한 분류이다. 경찰이 분류한 특정인의 범죄경력, 최초 체포 연령, 범죄의 피해자 여부와 횟수, 지역의 총기나 폭력, 약물범죄 추세 등의 데이터를 프로그램에 입력, 통계적 분석 틀에 의해 범죄위험 정도가 숫자로 표시된 특정 인물 집단과 지역 등의 리스트 혹은 지도로 산출된다. 이를 바탕으로 경찰은 가장 위험점수가 높은 대상자나 그룹을 표적으로 정하고, 밀착 감시하면서 범죄의 용의선상에 올려놓고 체포하고 책임을 추궁하는 등 경찰권을 행사하게 된다.

그런데 앞서 미국의 NCVS에 의하면 미국인들은 폭력 사건의 60%, 재산범죄의 67% 정도는 피해가 작거나, 신고해도 문제가 해결되지 않을 것 같아서 또는 경찰을 신뢰하지 않아서 등의 이유 등으로 신고하지 않는다고 응답하고 있다.[37] 따라서 경찰이 알고리즘 위험예측 시스템을 작동하기 위하여 입력하는 데이터는 매우 한정된 자료에 불과하다.

그러나 이 한정된 데이터를 바탕으로 한 알고리즘 분석 추론에 따라 위험인물(Red People)이나 우범지역(Red Zone)이라고 낙인이 찍히고, 경찰 표적이 되어 상시적인 경찰권 발동 대상이 된다. 나아가 경찰의 낙인은 일반인들에게도 부정적인 영향을 끼쳐 잦은 마찰과 다툼, 범죄의 원인으로 작용하게 된다는 지적이다.[38] 또한 경찰이 수시로 불심검문을 하거나, 경찰순찰차가 상주하는 지역에서는 그렇지 않은 경우보

다 폭행이나 경미 범죄가 더 빨리 그리고 더 많이 적발된다. 따라서 위
험인물 또는 위험지역이라는 낙인이 더 강화되고, 경찰개입 역시 더 강
력해지는 악순환을 불러온다.[39] 그런데 경찰의 표적이 되어 집중감시
를 당한 지역의 어린이들은 그렇지 않은 지역사회 청소년보다 더 빨리,
그리고 더 많이 비행청소년이 되며, 성인이 되어서도 범죄경력이 더 많
아진다는 사실이 추적조사 결과 밝혀지기도 하였다.[40]

4. 과도한 성과주의와 데이터의 왜곡

경찰이 업무성과 부담을 느껴 알고리즘 소프트웨어에 입력하는 데이
터를 과소 혹은 과도화 등 왜곡하는 문제점도 지적된다.[41]

예를 들어 LAPD는 2005년부터 2012년까지 8년여간 중범죄인 상해
를 경범죄인 폭행으로 분류, 프레드폴사에 제공한 사실이 드러났다.[42]
프레드폴은 경찰력을 폭행 사건에 집중하도록 예측치안 결과를 제시했
고, 공식적 통계상으론 이 기간에 LA의 상해 사건 발생률은 계속 하향
추세를 보였다. 그러나 LA타임즈가 경찰이 제공한 자료를 재분류한 결
과 상해는 16%, 폭행은 7% 정도 증가한 것으로 나타났다. 경찰이 당
초에 상해를 폭행으로 프레드폴에 축소하여 제공함으로써 결국 위험예
측 결과가 왜곡된 것이다.

CPD도 오류 데이터를 활용한 사실이 언론 및 시민단체들에 의해 속
속 밝혀졌다.[43] CPD가 활용했던 알고리즘 예측치안 프로그램인 SSL은
최고 범죄위험 점수 500점 만점을 기준으로 400~1400여 명의 위험인
물 명단(Rank-Order List)을 작성하고, 이 가운데 250점 이상을 고위험
자 명단으로 분류하도록 설계되었다. 그런데 CPD가 SSL에 오류 데이
터를 제공하였고, 결국 SSL은 무려 398,684명의 위험인물 명단을 산출
한 것이다. 그리고 이들 중 72%인 287,404명을 250점 이상의 고위험
군으로 분류하였다. CPD는 이들을 표적 감시 및 우선적인 수사대상으

로 지정하고, 직접 방문 혹은 주변 인물 탐문수사 등의 성과를 거두었다고 홍보하고 관련 예산을 확보하여 경찰 인력을 증원한 것으로 밝혀졌다. 이러한 문제점으로 시카고 시의회는 CPD의 SSL 시스템 관련 예산을 전액 삭감하였고, 결국 CPD는 2019년 11월부터 예측치안 프로그램을 중단하였다.[44]

LAPD와 CPD의 사례들은 알고리즘 예측치안 시스템은 경찰공무원에 의해 왜곡된 빅데이터에 따라 예측위험의 결과가 달라진다는 것을 확인한 계기가 되었다.[45] 동시에 알고리즘 예측치안 프로그램이 산출하는 강력범죄의 증가 혹은 감소추세 등의 자료가 지역경찰관과 경찰기관장에게 상당한 업무성과 부담을 준다는 사실도 밝혀졌다. 즉, 범죄문제에 제대로 대응하지 못한다는 비난을 받지 않으려 알고리즘 입력 데이터들이 과소 혹은 과대 값으로 왜곡될 위험이 있다는 것이다.[46] 나아가 PredPol이나 SSL 등의 알고리즘 예측치안 전략을 스마트 경찰활동으로 홍보하는 도구[47]로 활용하고, 이를 성과로 내세운다는 비난도 받고 있다. 그러나 실제로는 예측치안 알고리즘 데이터를 이용한 범죄예방 효과는 매우 미미하거나[48] 검증되지 않았다는 문제점이 지적되고 있다.[49]

5. 불투명한 데이터, 예측 오류

알고리즘 예측치안 소프트웨어를 작동하기 위해서 빅데이터에 담기는 정보가 무엇인지 불투명하고, 신뢰성이 담보되지 않는다는 비난도 제기 된다.[50] 실례로 민간업체에서 공식적으로 밝힌 CPD의 SSL에 사용되는 데이터는 개인의 범죄경력, SNS 등이다. 그러나 언론계 및 시카고시청 감사실의 조사에 따르면 CPD가 업체에 전달한 정보는 ① 총격의 피해자가 된 횟수 ② 가장 최근에 체포된 나이 ③ 상해 또는 폭행의 피해자가 된 횟수 ④ 폭력 범죄로 이전에 체포된 횟수 ⑤ 마약류

범죄로 체포된 횟수 ⑥ 무기사용으로 체포된 횟수 ⑦ 최근의 범죄 활동 경향 ⑧ 개인의 갱 소속 등으로 차이가 있다.[51]

그런데 CPD는 여덟 가지 데이터에 위험점수를 매길 때 차이를 두었지만 누가 왜 그 기준을 설정하였는지를 명확하게 설명하지 못하였다. 또한 ⑦ 최근의 범죄활동 경향을 경찰이 어떻게 파악하는지 설명하지 못하였고, 심지어 위험인물로 분류된 398,684명 모두에게 이 항목의 위험점수를 똑같이 준 것으로 나타났다.

또한 원천 데이터 자체를 신뢰하기 어려운 오류도 발견되었다. 즉, 위험인물 명단(Rank-Order List) 중 126,904명은 범죄로 체포되거나 범죄의 피해자가 된 적이 없음에도 불구하고, 이들 중 88,592명은 250점 이상의 고위험 예측점수를 받았다. 또한 경찰 체포경력이 없는 총격, 상해, 폭행의 피해자였던 823명 중 763명이 250점 이상의 고위험 예측점수를 받았다. 특히 시카고의 20대 흑인 인구 중 56%가 특별한 전과가 없는데도 불구하고 위험인물로 분류된 것으로 나타났다.[52]

그런데 CPD는 특별지침(Chicago Police Department Special Order S10-05)에 의거, 250점 이상의 고위험 대상자들에게 경고장(Custom Notifications Letter)[53]을 1,400여 회 정도 보내 범죄를 억지하고, 잠재적 피해자들을 돕는 성과를 거뒀다고 주장했다. 그러나 이는 CPD가 예측치안 전략을 도입한 후 프로그램 유지에 사용한 예산이 4백만 달러에 육박한다는 점에서 설득력이 매우 부족한 해명이며, 동시에 그 효과 역시 검증되지 않는다는 비판을 불러왔다. 특히 CPD가 SSL 알고리즘에 폭행이나 총기사건 발생시 확보한 범인과 피해자의 지문정보를 입력하여 다수의 위험인물을 양산한 사실이 드러났다.[54]

IV. 휴먼일 것인가, AI일 것인가

LAPD, CPD 및 NYPD 등이 결국 알고리즘 예측치안 시스템 운영을 중단하거나 그 운영을 대폭 축소한 것은 빅데이터 플랫폼을 활용한 이른바 알고리즘 예측치안, 즉 스마트 치안 전략을 강력하게 추진중인 한국 공권력에게 시사하는 바가 크다.

1. 빅데이터의 합목적적 범위

첫째, 예측치안 알고리즘을 작동하기 위한 빅데이터의 범위 및 수집 방법, 보안 유지에 대한 사회적 합의가 필요하고, 관련 법령 정비가 필요하다. 특히 경찰이 운영하는 스마트 치안 빅데이터 플랫폼에 입력하는 데이터 즉, 경찰이 사건 수사시 확보한 개인정보와 CCTV 카메라나 자동차 블랙박스 카메라가 수집한 안면인식 정보, 지문이나 혈액 등의 유전자 정보 등[55]이 적절한지, 당사자의 동의 여부 등에 사회적 논의가 필요하다.

2. 데이터 조작, 성과주의 경계

LAPD, CPD 및 NYPD 등의 알고리즘 예측치안 전략 중단을 초래한 데이터의 과대 혹은 과소, 조작 등에 대한 대책이 필요하다. 특히 이러한 데이터 오류가 경찰기관의 무리한 성과주의에서 기인한다는 점은 매우 경계되어야 한다.

3. 위험한 낙인찍기

한국 경찰은 위험이 발생하기 전에 경찰권을 행사하는 이른바 선제적 경찰활동(Proactive Policing)을 위해 알고리즘 예측이 필요하다고 강조한다.[56] 그러나 미국의 경우 오히려 지나친 경찰권 행사로 위험인물 혹은 위험지역이라는 낙인화 문제가 야기되었다는 점을 상기할 필요가 있다. 특히 알고리즘 예측대로 경찰이 특정인을 위험인물로 표적하고, 선제적으로 경찰권을 행사하는 것은 목전에 현저한 위험이 있는 경우에 경찰권을 행사토록 규정한 현행 경찰관직무집행법의 이념과도 충돌한다.

4. 범죄예방 효과?

알고리즘 예측치안 전략의 범죄예방 효과가 매우 미미하며, 제대로 증명되지 않았다는 점도 고려하여야 한다. 즉 앞서 미국의 LAPD, CPD 및 NYPD 등은 알고리즘 예측치안 프로그램을 유지하기 위해 막대한 예산과 장비 그리고 인력확충에도 불구하고 뚜렷한 범죄예방 성과를 제시하지 못하였다. 한국 경찰 역시 투입된 비용에 비해 성과를 제대로 거두는지에 대한 냉철한 진단이 필요하다.

5. 휴머니즘 회복

알고리즘 예측치안 전략은 경찰이 위험을 예측한 대로 경찰권을 행사하는 일방적인 경찰행정이다. 따라서 한국 경찰이 추구하는 지역사회 경찰행정(community policing)과는 거리가 멀다는 점을 인식해야 한다.

6. 로봇과 친구되기?

알고리즘 예측치안 전략은 일선 경찰의 판단을 배제하므로 경찰의 로봇화를 초래하며, 알고리즘 프로그램을 분석하고 작동하는 정보통신기술(ICT) 부서에 예산과 권한이 집중되는 문제를 어떻게 해결할 것인지도 고민해야 한다.

7. 경찰이 치안수집 정보를 돈받고 팔 수 있나?

현재 경찰대학에 설치된 빅데이터스마트치안 플랫폼은 경찰이 수집하고 분석한 치안 관련 정보를 유료 또는 무료로 제공하고 있다.[57] 경찰이 치안목적을 위해 수집한 정보를 국민에게 판매하는 것은 합목적성과 적법성의 원칙에 부합하지 않는다는 점에서 신중해야 한다.

참고 자료 및 설명

1) 김동현. (2019). 예측치안분야 편향(BIAS) 해소 방안, 스페셜 리포트 2019
－7호. 한국정보화진흥원, 2－14.

2) Wilson, R. E., Smith, S. C., Markovic, J. D., & LeBeau, J. L. (2009).
Geospatial Technology Working Group Meeting Report on Predictive
Policing . NCJ.

3) Hunt, P., Hollywood, J. S., & Saunders, J. M. (2014). Evaluation of the
Shreveport predictive policing experiment. Santa Monica: Rand
Corporation. 49－51.

4) American Civil Liberties Union. 2013. "Statement of Concern About
Predictive Policing By ACLU and 16 Civil Rights Privacy, Racial Justice,
and Technology Organizations." ACLU.; Brayne, S. (2021).

5) Bhuiyan, J., LAPD ended predictive policing programs amid public
outcry. A new effort shares many of their flaws, (Nov 8, 2021), https://
url.kr/ghtr4v.

6) Sweeney, A., & Gorner, J. For years Chicago police rated the risk of
tens of thousands being caught up in violence. That controversial effort
has quietly been ended. JAN 24, 2020, https://url.kr/1x9nom.

7) 서울신문, "현실판 '마이너리티 리포트' 어디까지 왔나…범죄예측의 첨단, 스
마트치안센터", 2021년 9월 20일, https://han.gl/kPGLJ.

8) 경찰청. (2021. 4. 30). 보도자료, 경찰, 빅데이터·인공지능(AI) 활용한 범
죄예방활동 전국 확대, https://han.gl/hcFlQ.

9) Weisburd, D., Mastrofski, S. D., Willis, J. J., & Greenspan, R. (2006).
Changing everything so that everything can remain the same: Compstat
and American policing. Police innovation: Contrasting perspectives, 284
－301.

10) Weisburd, D., Willis, J., Mastrofski, S., & Greenspan, R. (2019). Critic:
Changing Everything so that Everything Can Remain the Same: CompStat
and American Policing. In D. Weisburd & A. Braga (Eds.), Police
Innovation: Contrasting Perspectives (pp. 417－436). Cambridge: Cambridge
University Press. doi:10.1017/9781108278423.019

11) epic.or, AI in the Criminal Justice System, https://han.gl/ajTaI.

12) Weisburd, D., Mastrofski, S. D., Willis, J. J., & Greenspan, R. op.cit.,

284−301.

13) 이 회사는 2012년에 Geolitica로 이름을 바꾸었고, 현재 캘리포니아 산타크 루즈에 본사를 두고 있다. Geolitica, https://geolitica.com/company/.

14) National Institute of Justice, Solicitation: Predictive Policing Demonstration and Evaluation Program, https://han.gl/ADqhR .

15) PredPol, PredPol is The Market Leader in Predictive Policing, https://www.predpol.com/about/.

16) Winston, Ali (April 26, 2018). "A pioneer in predictive policing is starting a troubling new project". The Verge.

17) Ferguson, A. G. (2021). Surveillance and the Tyrant Test. Georgetown Law Journal, 110(2).

18) Ibarra, Nicholas (June 23, 2020), Santa Cruz becomes first U.S. city to approve ban on predictive policing In U.S. first, City Council greenlights ordinance to bar predictive policing, facial recognition, https://han.gl/nHFDd.

19) Millerstaff, Leila (APRIL 21, 2020). LAPD will end controversial program that aimed to predict where crimes would occur, https://han.gl/gJUlC.

20) The NewYORK City Council, A Local Law in relation to automated decision systems used by agencies(2018/049), https://legistar.council.nyc.gov/LegislationDetail.aspx?ID=3137815&GUID=437A6A6D−62E1−47E2−9C42−461253F9C6D0.

21) Jouvenal, J. (2016). The new way police are surveilling you: Calculating your threat 'score'. The Washington Post, 10.

22) Degeling, M., & Berendt, B. (2018). What is wrong about Robocops as consultants? A technology−centric critique of predictive policing. Ai & Society, 33(3), 347−356.

23) Richardson, R., Schultz, J. M., & Crawford, K. (2019). Dirty data, bad predictions: How civil rights violations impact police data, predictive policing systems, and justice. NYUL Rev. Online, 94, 15.

24) Brennan Ctr. for Justice at New York Univ. Sch. of Law v New York City Police Dept.(2017 NY Slip Op 32716(U)), https://www.nycourts.gov/reporter/pdfs/2017/2017_32716.pdf.

25) Díaz, Á. (2019). New York City Police Department Surveillance Technology. Brennan Center for Justice (October 4, 2019).

26) The NewYORK City Council, A Local Law in relation to automated

decision systems used by agencies(2018/049), https://han.gl/otEwS.

27) New York City, Automated Decision Systems Task Force Report, 2019. https://han.gl/ufmLj019.pdf.

28) 한국 경찰의 경우 알고리즘 예측치안 시스템에 활용한 데이터는 범죄(KICS), 112신고, 경찰관 수, 유흥시설 수 등과 공공데이터로 인구(전입·전출·거주), 기상, 요일, 면적, 경제활동인구, 실업률, 고용률, 건물노후도, 공시지가, 학교, 공원, 소상공인 업소 수, 교통사고 건수 등이라고 공개했다. 경찰청. (2021. 4. 30). op.cit.

29) Alston, P. (2019). Report of the Special Rapporteur on extreme poverty and human rights.

30) UN Human Rights, Digital technology, social protection and human rights: Report(A/74/493), https://url.kr/nsg8mv.

31) 인공지능신문, 유엔 인권고등판무관, '인권에 심각한 위험'이 되는 인공지능(AI) 판매 및 사용 중단 촉구, 2021년 9월 18일, https://url.kr/ufeyvm.

32) 한국 경찰도 전통적 범죄영역인 강도, 절도, 폭행, 성폭력과 시비, 행패 소란, 청소년비행, 무전 식사승차, 술 취한 사람, 보호조치, 위험방지, 기타 경범, 소음, 노점상 등 경범죄에 해당하는 영역을 예측하고 있다. 경찰청. (2020. 12. 20). 보도자료, 경찰청, 빅데이터 플랫폼 구축하고 인공지능(AI) 범죄예방 시범운영, https://han.gl/BKWTw.

33) Morgan, R. E., & Truman, J. L. (2021). Criminal victimization, 2020. Washington, DC: National Crime Victimization Survey, Bureau of Justice Statistics. 2−5.

34) Richardson, R., Schultz, J. M., & Crawford, K. op.cit.

35) Gstrein, O. J., Bunnik, A., & Zwitter, A. (2019). Ethical, Legal And Social Challenges Of Predictive Policing. Católica Law Review, Direito Penal, 3(3), 77−98.

36) Alston, P. (2019). Report of the Special Rapporteur on extreme poverty and human rights.

37) Morgan, R. E., & Truman, J. L. op.cit., 8.

38) Ferguson, A. G. (2017). The police are using computer algorithms to tell if you're a threat. Time Magazine.

39) Dumke, M., & Main, F. (2017). A look inside the watch list Chicago Police fought to keep secret. Chicago Sun−Times.

40) Mehrotra, D. Surya Mattu, S., Gilbertson, A., Sankin, A. (2021). How We Determined Crime Prediction Software, https://url.kr/4qzeo1.

41) Richardson, R., Schultz, J. M., & Crawford, K., op.cit.

42) Poston, B., Rubin, J., & Pesce, A. (2015). LAPD underreported serious assaults, skewing crime stats for 8 years. Los Angeles Times, 15.

43) Dumke, M., & Main, F. (2017). op.cit.

44) Sweeney, A., & Gorner, J., op.cit.

45) Dumke, M., & Main, F. (2017). op.cit.

46) Posadas, B. (2017). How strategic is Chicago's 'Strategic Subject List'? Upturn Investigates.

47) 실제로 PredPol사의 기업홍보웹사이트는 Smart Policing with PredPol, Using PredPol With Smart Policing Initiatives 등의 홍보문구를 볼 수 있다. https://www.predpol.com/smart-policing/.

48) 이는 한국의 경우에도 크게 다르지 않다. 즉 경찰이 범죄예측시스템을 시범 운영한 결과 시범지역(울산·경기북부·충남청)의 112 신고 건수는 8.2%, 전국 평균은 8.8% 증가했다고 발표하였다. 경찰청. (2021. 4. 30). op.cit.

49) Díaz, Á., op.cit.

50) Richardson, R., Schultz, J. M., & Crawford, K., op.cit.

51) Dumke, M., & Main, F. op.cit.

52) Kunichoff, Y., & Sier, P. (2017). The contradictions of Chicago Police's secretive list. Chicago Magazine.

53) CPD는 이 지침을 2013년 7월 7일부터 시행하였다. 250점 이상 위험예측 범죄자 및 피해자들에게 맞춤고지서(Custom Notifications Letter)를 담당 경찰관, 사회복지사, 지역의 리더 등이 직접 전달하고 법규범을 준수 경고 또는 범죄피해 보호를 요청 안내를 하도록 하였다. Chicago Police Department, Violence Reduction Strategy, https://url.kr/ofrc5z.

54) Sweeney, A., & Gorner, J. op.cit.

55) 경찰청. (2021). 21년 경찰청 소관 국가연구개발사업 추진계획, 6.

56) 경찰대학 스마트치안빅데이터플랫폼, https://han.gl/IwtDd.

57) 경찰대학 스마트치안빅데이터플랫폼, https://han.gl/tjvdU.

제3부

권력과 문화의 충돌

제7장

반 고흐의 나라, 네덜란드의 성매매 굴레

I. 항구도시, 암스테르담과 로테르담의 밤거리

성매매 합법화에 대한 사회적 합의는 매우 지난하고 치열하다. 세계 최초로 성매매 합법화를 이룬 네덜란드도 다르지 않았다.

네덜란드는 2000년 10월 1일에 형법상 성매매금지령(the ban on brothels of 1911)을 폐지하여 섹스를 노동(work)으로 인정하고 성매매, 포주행위, 성매매업소 운영 등을 합법화하였다. 본래 네덜란드는 기독교적인 폐지론주의(abolitionist) 및 도덕주의자(moralist)적인 입장을 취하면서 1911년 형법에 성매매금지조항(section 249a)을 규정하였다.[1) 그러나 성매매는 완전히 근절되지 않고, 암스테르담과 로테르담의 큰 항구지역을 중심으로 바, 거리, 노동자 거주지역의 개인 주택 등지에서 성행하였고, 자치단체는 지역의 질서를 크게 해치지 않는 경우 이를 용인하는 태도를 취하였다. 한편으로는 1960년대와 1970년대를 거치면서 느슨해진 성문화와 반전문화, 그리고 개방적인 사회분위기의 변화

등으로 소규모로 이루어지던 성매매가 성산업화의 구조를 보이기 시작
했다. 전화를 통한 섹스, 섹스클럽 및 길거리 성매매, 출장성매매 사업
등 갖가지 성매매가 등장하기 시작하였다.[2]

네덜란드의 지리학적 위치

자료: https://www.google.com/maps/

암스테르담을 비롯한 대도시의 전통적인 홍등가지역이 점차 주택지
역으로까지 번져가면서 이웃주민들의 일상적인 안전을 침해하기 시작
하였다. 주민들은 이에 반발하며 지방정부에 성매매를 단속하라고 항의
하는 일들이 빈번해지기 시작하였다. 자치단체들은 홍등가 지역을 특정
지역으로 한정짓거나 재배치하려는 시도를 하였지만 법원은 이와 같은
정책은 형법상 성매매금지 규정을 위반하는 것이라는 입장을 보였다. 결
국 자치단체들은 성산업 종사자들에 대한 세금부과의 필요성과 공공질
서유지 등을 위하여 성매매금지를 폐지하는 것이 매우 중요한 과제가 되
었고, 네덜란드 자치단체협회(Vereniging Nederlandse Gemeenten, VNG)
는 이를 당면과제로 채택하였다.[3] 또한 성매매 합법화를 지지하며 조직
된 드 그라프 재단(De Graaf Stichting)이나 페미니스트단체, 그리고 보라

색 연립내각(Purple Coalition Cabinet)을 비롯한 네덜란드 정부의 지속적인 노력으로 결국 성매매 합법화를 이룬 것이다.[4]

II. 야합과 합의의 역사: 성매매 합법화

1. 페미니즘계의 투쟁

1970년대에 네덜란드는 여성들이 정치활동에 활발하게 참여하는 사회적 분위기가 형성됨에 따라 1978년에 내각을 책임졌던 노동당 정부는 여성정책을 집중적으로 처리하기 위하여 중앙부처로 여성부(Directie Coordinatie Emancipatie, DCE)를 설립했다. 초대장관은 여성운동그룹과 강한 유대관계를 갖고 있던 Hedy d'Ancona가 임명되었다. 그리고 이를 통하여 여성계는 정치적 의제에 성폭력을 포함시키는데 성공했으며, 성매매, 성매매 목적의 여성 인신매매, 강간, 가정폭력, 근친상간 및 성희롱 등을 여성인권을 침해하는 폭력으로 간주하였다.

여성부(DCE)는 1982년에 헤이그에서 성폭력에 관한 고위급 회의를 열었고, 이 회의에서 성매매에 대한 두 가지 의견을 정리하였다(Acker, & Rawie, 1982). 즉, 성매매는 남성의 여성에 대한 성적 지배이자 남녀 간의 권력 차이에서 오는 성폭력이라는 의견과 성매매는 일부 여성들에게 생계를 유지하는 방법이므로 노동(work)으로 간주할 수 있어 성매매업자를 규제하고 성매매여성들의 노동조건을 개선하기 위해서 형법의 성매매금지규정을 폐지하여야 한다는 의견이었다.

이 회의 결과를 좀 더 정교하게 다듬은 보고서(DGE, 1984-1985)가 여성부(DCE)와 여성운동가그룹, 그리고 페미니스트 변호사 및 연구자들의 협력을 통해 제출되었다.[5] 이 보고서의 핵심은 자발적인 성매매와 강제적인 성매매를 구별하고, 자발적 성매매자의 지위를 향상하기 위해서 성매매 금지규정을 폐지해야 한다는 것이다.

　이 보고서 발간을 계기로 성매매를 둘러싼 사회적 담론이 진행되었다. 여성주의자들은 여성 섹스노동자들이 자급자족할 수 있는 환경을 만들어 그들의 권리를 누릴 수 있어야 한다고 주장하였다. 성 관광업 반대에 참여한 페미니스트들은 강제적 성매매를 반대하는 비영리단체로 활동하였다.

　이러한 주장은 1980년대 중반까지, 급진적 페미니스트들과 실용주의적 성향을 가진 종교단체들로부터는 지지받지 못하였다. 급진적 페미니스트들은 여성부(DCE)와 자치단체가 추진하는 성매매폐지정책은 국가주도의 여성주의(state feminism)라며 지지하지 않았다. 그러나 급진적 페미니스트들은 특별한 아젠더 발굴에 실패하여 대중의 지지를 받지 못하게 되었고, 종교적 단체 역시 복지정책이 확대됨에 따라 성매매 금지 폐지에 대한 흥미를 잃어갔다.

　이에 따라 여성계에서는 개인의 노동권적 차원에서 성매매를 인식하는 주장이 강하여지고, 강제적 성매매에 대한 주장은 사그라져갔다.[6]

2. 기독교민주당/사회민주당/자유당 연립내각의 의지

　성매매금지규정 철폐는 형법의 개정을 필요로 했고 당연히 의회를 거쳐야 했다. 또한 네덜란드의 정치적 그리고 종교적, 사회문화적 입장이 모두 반영되어야 하는 복잡한 문제였다. 네덜란드는 과반수 정당이 없어 연립내각의 구성이 불가피한 정치상황이 계속되었다(Kersbergen, 2008). 대체로 기독교민주당(Christian Democrat Party)이 다수당이고, 사회민주당(Social Democrats)이나 자유당(Liberals Party)이 주로 연립내각을 구성하였는데, 성매매 정책에 대한 각 당의 입장은 서로 달랐다.

　기독교민주당은 성매매금지의 입장을 유지하면서 성매매는 타락한 여성과 죄 많은 남성이 행하는 범죄이므로 도덕적인 관점에서 국가가

이를 감시하고 제재하여야 한다는 이른바 폐지론자 또는 도덕주의자적
인 관점에 가까웠다.

이에 비해 사회민주당이나 자유당은 개인의 성적인(sexual) 생활에
대하여 국가가 나서는 것은 국가가 지나치게 시민의 생활을 간섭하는
것이라고 주장하며 기독교민주당과는 다른 입장을 취하였다. 즉, 사회
민주당은 성판매자의 지위를 개선하기 위해서, 그리고 자유당은 성산
업(sex market)의 정상화를 위해 성매매금지규정을 철폐해야 한다는 입
장을 취하였다. 그러나 한편 이들은 자발적 성매매와 강요된 성매매,
그리고 성노동자의 차이는 구분되어야 한다고 인식하였다.

성매매금지법 철폐의 첫 번째 시도는 1985년 자유당과 기독교민주
당의 연립내각(Lubbers I)에서 이루어졌다. 자유당 계열이었던 법무부장관은
"자발적 성매매(voluntary prostitution), 강요된 성매매(forced prostitution),
성노동(sex work)의 차이를 모두 반영하여, 개인의 동의를 얻지 않은
강요된 성매매에 대해서만 국가가 개입을 하고 자발적 성매매에 대해
서는 제재를 하지 않으며, 자치단체는 성매매업소가 지켜야 할 보건과
안전규정을 만들어 성노동을 할 수 있도록 한다"는 내용으로 법안을
만들었다.

이 법안은 1987년에 하원에 상정되었고, 기독교민주당 의원들은 강
제적 성매매와 자발적 성매매, 성 노동의 구별에 반대하며 법안에 반대
표를 던졌지만 결국 하원을 통과하였다. 그러나 절차상의 하자와 강제
적 성매매에 대한 모호한 내용이 정리될 때까지 상원에 계류되는 것으
로 결정되었다.[7]

1989년에 기독교민주당은 사회민주당과 연립내각(Lubbers III)을 이
루었고 이 법안을 손질할 기회를 잡게 되었다. 기독교민주당이 임명한
법무부장관은 "네덜란드인이 아닌 제3국의 여성이 인신매매되어 성매
매를 하는 경우 강제적 성매매와 자발적 성매매의 구분을 없애고 이들
을 인신매매의 희생자로 간주한다"는 내용의 법안을 만들었다. 또한 지

방 의회가 성매매업소에 대한 금지조례를 규정할 수 있도록 하였다. 이 법안에 대해 하원의 사회민주당 의원들은 반대했지만 결국 하원을 통과하였다.

이 법안은 1992년 상원에서 1987년에 계류되었던 법안과 함께 상당한 논쟁을 불러일으켰다. 상원은 이 법안을 수정할 권한은 없지만 두 법안 모두를 거부할 것이라는 입장을 거듭 보였다. 결국 내각은 후퇴하여 성매매금지 폐지 규정을 삭제하고, 인신매매적 성매매를 처벌한다는 규정(trafficking bill)을 형법(Penal Code)에 반영시키는 타협안을 제시하였고, 이는 상원을 통과하였다.[8]

3. 네덜란드 자치단체협의회의 연대

형법상 성매매금지 규정의 철폐법안이 원안대로 상원을 통과하지 못하면서 결국 지방의 자치단체들은 법적으로는 아무런 권한을 얻지 못한 상태가 되었고, 주민들의 각종 민원에 시달려야 하는 처지가 되었다.

그러나 한편으로 자치단체들은 결국 중앙정부가 성매매금지 규정을 폐지할 것으로 기대하고 자체적인 성매매 규제정책을 마련하기 시작하였다. 특히 암스테르담은 1990년대 초반에 전통적인 홍등가(red light street)와 같은 특정구역 밖에 위치한 성매매업소를 폐쇄하고 성매매업소에 불법 이주노동자와 미성년자를 고용하지 못하도록 자치조례를 제정하였다. 이를 위반할 경우 업소를 폐쇄할 것이라는 것도 경고하였다. 또한 자치단체의 보건당국은 성매매업소에 종사하는 여성들에게 성병검사나 에이즈검사를 실시하기 시작했고, 필요한 예산을 확보하는 등 정책변화를 보이기 시작하였다.

1994년에 네덜란드 자치단체협의회(Vereniging Nederlandse Gemeenten, VNG)는 성매매금지법을 폐지한 후 성매매규제정책을 어떻게 할 것인지 그 표준모델을 개발하였다.[9]

4. 시민사회의 실용주의적 인식 변화

성매매금지 규정을 폐지하기 위한 활동은 드 그라프 재단(de Graaf Stichting), 여성인신매매방지(Stichting tegen Vrouwenhandel, STV)를 중심으로 진행되었다. 특히 STV는 1988년에 법무부로부터 네덜란드인이 아닌 인신매매적 성매매 피해자들이 법정에서 자신들의 피해사실을 진술할 때까지 임시로 네덜란드에 머물 수 있도록 승인을 받았다. 이는 EU 회원 국가 이외에서 네덜란드로 입국한 성매매 종사자들이 네덜란드에 머물 수 있는 합법적 기회로 이어졌다.

1997년 여론조사에서 네덜란드 인구의 74%가 성매매를 직업으로 간주하고 73%는 성매매금지를 폐지하는 데 찬성하는 것으로 나타났다. 즉 시민들은 성매매금지폐지는 1960년대와 1970년대의 형사법체계 보다 좀 더 인간주의적이고 현대화된 것이라는 인식들로 변화하였다. 그런데 이는 성매매산업에 이민자들이 종사하고 이들이 마피아와 같은 조직범죄와 연계된 사실들이 언론을 통하여 보도되면서 성매매를 합법화하는 것이 이러한 범죄문제를 해결하는 방안이라는 생각, 즉 실용주의적 사고(pragmatism)에서 비롯된 것이라는 지적도 있다. 즉 시민들의 왜곡된 정보인식이 역설적으로 성매매 합법화를 지지하는 요인들로 작용하였다는 것이다.[10]

5. 보라색 연립내각의 합법화 전략

1994년 선거 결과에 따라 1917년 이래 처음으로 1997년에 기독교민주당을 배제한 연립내각이 자유당, 사회민주당으로 구성되었고 이들을 보라색 연립내각(Purple Coalition Cabinet)이라고 칭하기도 한다. 보라색 연립내각은 성매매금지 규정을 폐지하기 위한 새로운 법안을 만들었다. 이 법안은 현대주의적 그리고 인도주의적 정신을 바탕으로 하면서 아동성매매 금지와 성매매 여성의 보호에 중점을 두었다. 또한 국가는 강제적 성매매 규제를 할 수 있고, 성매매에 대한 도덕주의자로서가 아닌 현실주의적인 접근을 강조하였다.[11] 즉, 성매매금지 규정의 철폐는 성매매 여성에 대한 착취, 성학대로부터 여성을 보호하기 위한 것이고, 금지 자체를 해제하여 성매매의 표준을 부여하고 성 거래를 허가함으로써 성판매를 성노동으로 간주한다는 것이었다.

이들은 성매매는 18세 이상의 네덜란드인 혹은 EU 국적 시민으로 제한하였다. 성매매업소는 불법이민자나 외국인을 고용할 수 없으며, 따라서 이미 성매매에 종사하는 10,000명에서 15,000여 명으로 추산되는 비 EU국적자들은 합법적인 지위를 부여받지 못하였다. 의회 역시 이들에게 성노동자로서의 지위를 부여하지 않을 것임을 밝혔다.

의회는 1999년 보라색 연립내각의 새 법안에 대한 논쟁을 벌였다. 논쟁의 중점은 강제적 성매매와 자발적 성매매의 차이, 그리고 성노동을 인정할지 여부에 모아졌다. 보라색 연립내각을 이룬 자유당과 사회민주당은 성판매를 노동으로 간주하고, 그들의 노동권은 헌법상 신체적 안전성(integrity of the human body)이 보장되는 환경에서 이루어져야 한다고 주장했다. 기독교민주당은 성매매금지에 대한 자치단체의 권한을 인정할 것을 주장했으나 연립내각당의 의원들은 네덜란드 헌법정신에 반한다며 거부했다. 결국 표결로 하원에서 보라색 연립내각의 법안이 통과되었다.

통과된 법안은 성매매업소 및 종사자에 대한 허가증제(라이센싱)를 도입하여 성매매업소 및 종사자는 신분증을 소지하여야 하고, 자치단체에 등록토록 하였다. 그리고 대상자들은 세금을 내야 하며, 영업조건과 환경을 준수하는지 여부에 대해 자치단체가 규제권을 가지며, 영업시간은 일정하게 제한하였다. 성매매 합법화의 목표는 다음과 같이 정의되었다.

성매매 합법화의 목표

1. 자발적인 성매매자에 대한 착취 금지 및 통제
2. 강제적 성매매 금지 및 처벌
3. 성적 학대로부터 미성년자의 보호
4. 성판매 여성의 지위 보호
5. 성매매와 범죄와의 연계 차단
6. 불법 체류 외국인들에 의한 성매매 유입의 감소

네덜란드 상원은 이 법을 2000년 7월 1일부터 2000년 10월 1일까지는 그 효력발효를 늦춰 자치단체가 성매매허가에 필요한 조건과 자치규정을 만들 수 있도록 하였다.[12]

6. 성매매 합법화 과정의 특징

앞에서 살펴본 것처럼 1911년 이후 형법상 성매매금지 규정을 유지하던 네덜란드가 2000년 10월 1일에 성매매합법화로 변화하는 과정에서의 특징을 정리해볼 수 있다.

첫째, 끈질기게 네덜란드 연립내각을 향하여 성매매금지 규정을 폐지하도록 촉구한 네덜란드 자치단체협의회(VNG), 암스테르담, 로테르담과 같은 대도시 자치단체, 드 그라프 재단(De Graaf Foundation) 및 섹스산업의 기업가들의 활동이 있었다는 점이다. 이들은 1960년대 이후 지속적으로 유대관계를 형성하며, 중앙정부가 성매매금지법을 이용하여 개인의 사생활을 개입한다는 프레임 논리를 시민들에게 전파하였다. 또한 1980년대 이후 폭발적으로 성장한 성산업으로 성매매업소들이 지역 곳곳으로 퍼져나가는 것에 대한 일반시민들의 불만을 오히려 성매매 합법화로 문제를 해결할 수 있다는 메시지를 체계적으로 전달하였다.

둘째, 성매매 합법화를 이끈 동력은 페미니스트계의 활동 결집이었다는 점을 들 수 있다. 즉 페미니스트들은 성판매자의 사회적 지위(social status)를 향상시키기 위해서는 자발적 성매매를 성노동(sex work)으로 인식하여야 하고, 강제적 성매매는 인신매매(human traffic)로 간주하여 처벌하여야 한다는 논리를 다양한 채널을 통하여 연립내각과 의회에 전달하고 법안을 마련하는 기틀을 제공하였다.

셋째, 합법화에 반대하는 강력한 조직적인 이해관계가 없었다는 것이다. 기독교민주당은 폐지론자나 도덕적인 이유로 성매매금지 규정 철폐를 반대하였지만, 1994년 선거의 패배로 연립내각 구성에 실패하였고 보라색 연립내각의 성매매금지폐지법을 저지하는데 실패하였다.

넷째, 국가는 도덕적이어야 한다는 이른바 노예폐지론자(abolitionist)나 급진적 페미니스트 등의 주장은 낡고 고루한 사고방식으로 비쳤고, 무엇보다 의회에서 지지를 받지 못하였다.

다섯째, 네덜란드 시민들이 국가나 사회의 질서는 도덕주의적 관점이 아니라 개인의 가치나 인권적 측면을 고려하여야 한다고 생각하는 등의 의식의 변화도 성매매 합법화의 특징으로 들 수 있다. 네덜란드는 공공질서를 위협하지 않는 이상 개인의 행동은 관대하게 받아들여야 하며, 제재를 할 경우에도 최소한의 범주에서 이루어져야 한다는 인식이 확산되었다. 이와 같은 사회구성원의 인식은 성매매 합법화뿐만 아니라 낙태, 피임약사용, 대마초, 약물사용 등 기존의 범죄적 영역에 머물렀던 이슈에도 영향을 미쳤다. 그리고 이러한 이슈 역시 점차 비범죄화 혹은 합법화로 이어졌다.[13)]

III. 성매매 합법화의 함정

성매매합법화 이후 네덜란드 법무부의 과학적 조사 및 문서센터

(Scientific Research and Documentation Centre of the Ministry of Justice: WODC)는 2002년,[14] 2007년[15] 그리고 2015년[16]에 성산업의 실태를 진단하는 평가 보고서를 발표하였다. 그리고 이를 통하여 네덜란드 성매매 합법화의 문제점을 살펴볼 수 있다.

1. 만연된 음성적 영업과 자금세탁원

2002년도의 네덜란드 법무부 보고서는 성매매 합법화 정책에 대한 평가 결과를 담았다(Daalder, 2002). 이 보고서는 성매매금지 규정의 폐지정책은 자치단체마다 차이를 보이며, 대부분의 자치정부 역시 성매매를 합법화 하고 기존의 성매매 업소에게 허가증을 부여하였지만, 새로운 업소는 허용하지 않는 경향으로 나타났다. 결국 이는 성매매가 음성적인 구조로 변화하는 요인으로 작용한다고 평가하였다. 또한 경찰은 성매매 합법화로 업소들이 자금세탁 장소로 이용된다고 파악하고 있었다.

보고서는 성산업의 구조상 이동형 성매매의 대부분은 자치단체의 허가증 시스템을 벗어난 음성형 성매매로 추정되며, 이들 중 상당수는 불법이민자일 것으로 추정하였다.

2. 성매매 합법화의 여섯 가지 목표는 달성되었나?

2007년의 법무부 보고서는 네덜란드 정부가 성매매를 합법화하며 제시한 여섯 가지 목표를 어느 정도 충족하고 있는지 평가한 결과를 제시하였다.

첫 번째 목표인 성매매의 통제와 규제에 관해서는 성산업이 여전히 커플클럽, 사우나, 마사지업소, 거리성매매 등으로 행해지는 것으로 파악되었다. 두 번째 목표인 비자발적 성매매와 성매매 착취금지와 관련해서 비자발적 성매매의 정확한 실태를 파악하기 어렵다는 결과가 제시되었다. 즉, 종사자들의 비자발성의 개념 정의가 어렵고, 그 상태가 어느 정도인지에 따라 비자발성인지를 판단하기 곤란하다는 것이다. 세 번째 목표인 18세 미만의 미성년자 고용의 철폐는 거의 달성하였으며, 이는 경찰이 허가증을 받은 성매매업소를 주기적으로 방문하여 조사를 벌인 것이 주효하였다는 평가를 내렸다. 그러나 반대로 성매매업소 허가증을 받지 않은 경우나 거리형 성매매인 경우 미성년자가 어느 정도 일하고 있는지에 대한 정확한 파악을 하지 못한다는 문제점이 노출되었다.

　네 번째 목표인 성매매 여성의 법적 지위를 보호하는 것은 현저한 개선이 보이지 않았다는 진단이 내려졌다. 오히려 성판매 여성의 정서적인 면은 더욱 나빠졌고, 성매매업소를 떠나고 싶은 희망자들 중 단지 약 6%만이 자치단체의 지원을 받을 수 있었던 것으로 나타났다. 다섯 번째 목표인 성매매산업과 그 주변의 범죄와의 연결고리를 차단한다는 전략은 결과를 통계적으로 제시하기 어렵다는 부정적 평가가 내려졌다. 이는 자치단체가 형사상 범죄 및 세금체납 등의 문제 등 법적 조치를 이행하지 않는 성매매업소의 면허발급을 거부할 수 있는 명확한 법적 권한을 담은 행정당국감사법(Public Administration Probity Screening Act)이 아직 제정되지 못하였기 때문으로 나타났다. 여섯 번째로 성매매 산업에 불법이민자 등의 종사를 감소시키겠다는 목표는 통계적으로는 성공한 것으로 나타났다. 그런데 이 역시 명확한 결과인지는 판단을 유보하였다. 왜냐하면 조사대상인 허가증을 받은 성매매업소에 종사하는 여성은 법적으로 허가증을 받을 수 있는 네덜란드 출신이거나 EEA(유럽경제지역) 국가 출신이기 때문이다. 오히려 보고서는 성매매 종사자 대부분 네덜란드어를 구사하지 못하는 EEA(유럽경제지역) 국가 출신들이라는 점에서 성노동 직업을 목적으로 네덜란드에 유입되는 종사자들이 늘어나는 문제점을 발견하였다.

3. 실태와 규제의 현재상태는?

2015년의 보고서는 2014년에 세 영역으로 구분하여 실시된 실태조사 결과를 바탕으로 제시되었다. 조사대상은 성매매 실태와 자치단체의 규제, 불법적인 성매매 영역(unregulated prostitution sector), 그리고 성노동자의 사회적 지위에 관한 것으로 나뉘었다.

성매매실태와 자치단체의 규제

성매매실태와 자치단체의 규제에 대한 조사는 모든 네덜란드 자치단체에 의뢰한 설문조사 및 경찰보고서, 자치단체 사례연구 등을 통하여 진행되었다. 설문지는 모두 83%의 응답률을 보인 것으로 나타났다.

2014년을 기준으로 네덜란드 자치단체의 40% 정도에 성산업이 존재하는 것으로 나타났다. 전국적으로 833개소의 면허증을 가진 성매매업소가 영업을 하고 있었고, 이들은 2006년도에 비해 크게 감소한 것으로 나타났다. 감소 이유는 성판매자, 업주, 개인클럽 영업자의 사망이 가장 큰 요인으로 나타났다. 반대로 출장 성매매와 가정 성매매(home prostitution)가 증가한 것으로 나타났다.

자치단체는 성판매 여성의 거의 2/3가 면허가 있는 업소에서 일하고, 나머지 1/3은 규제되지 않은 불법 분야에서 일하는 것으로 추정하는 것으로 나타났다.

네덜란드 자치단체의 75%가 성매매 규제정책을 가지고 있었다. 자치단체의 24%는 자신의 관할에서 성매매를 전혀 허용하지 않고 있었다. 성매매 규제정책을 가지고 있는 자치단체의 33%는 출장 성매매를 허용하지 않았고, 43%는 가정 성매매를 허용하지 않았다.

성매매업소에 대한 감시 및 단속(surveillance and enforcement)은 주기적으로 경찰에 의하여 실시되는 것으로 나타났다. 자치단체 중 50%는 경찰에게 그 단속권을 위임한 것으로 나타났다. 업소단속은 현장에

출동하여 이루어지는데 주로 업소에 미성년자나 강제적 성매매가 있는
지 여부를 확인하는 것으로 나타났다. 그러나 가장 많이 단속이 이루어
지는 것은 가정 성매매자가 면허증을 가지고 있는지 여부로 나타났다.
단속 결과 인신매매적 성매매는 거의 발견되지 않은 것으로 나타나
2002년 및 2007년의 진단과 같이 단속대상의 적합성 등의 문제가 여
전한 것으로 나타났다. 한편 면허증 없이 성매매를 한 경우 벌금형이
부과되지만 이들이 다른 자치단체 관할권으로 넘어가 성매매를 계속할
경우 특별한 제재조치를 취할 수 없는 것으로 나타났다. 특히 자치단체
의 87%가 네덜란드에 등록되지 않은 외국인 성매매여성들의 경우 벌
금형 집행이 어렵다고 응답하였다.

불법적인 성매매

불법적인 성매매 실태에 대한 조사는 정부당국의 조사보고서, 경찰단
속보고서에 대한 조사와 웹 사이트, 소셜 미디어 및 성매매 앱(app), 온
라인 성매매사이트 등에 대하여 실시하였다. 그리고 정부당국, NGO,
성노동자노조, 전문가그룹, 성매매 여성, 고객 및 성매매업소주 등과의
심층적 인터뷰 등을 통하여 실태 조사가 진행되었다.

조사결과 불법적인 성매매는 4가지 유형으로 구분되었다.

– 무면허 성매매

이는 업주나 개인이 지방정부의 허가증을 받지 않고 성매매를 행하
는 것으로 거리성매매, 호텔 및 스윙어 클럽 등의 출장 성매매 등으로
가장 일반적인 형태의 불법적인 성매매 유형이지만 그 특성상 정확한
통계를 집계하기 어렵다는 문제점이 드러났다.

– 불법체류자 고용

불법적 고용은 성매매 여성이 유럽경제지역(EEA) 밖에서 유입되었으
며, 네덜란드에서 일할 수 있는 합법적인 거주허가증이 없는 경우를 말

한다. 이들은 법적 효력이 없는 거주허가증을 지니거나 위조문서를 가졌거나 관광비자 등을 가지고 일하는 것으로 나타났다. 면허증을 가진 성매매업소에서는 불법적인 고용사례는 거의 발견되지 않았지만 이는 경찰의 주기적인 단속망을 피하는 등의 방법으로 조사대상에서 빠져나갔을 가능성 등의 문제점으로 나타났다.

- 미성년자 고용

면허증을 가진 성매매업소에서는 미성년자를 거의 고용하지 않은 것으로 나타났다. 그러나 성매매업소에서 일하는 여성들 중 일부는 미성년 시절 거리성매매에 나선 경험이 있는 것으로 나타나 오히려 거리성매매나 호텔, 출장형 성매매, 온라인 성매매 등 공식적 제재망을 벗어난 미성년 성매매로 이어지는 실태를 제대로 파악할 필요성을 부각시켰다.

- 성 착취

허가증을 받은 성매매업소의 특성상 성 착취 여부를 파악하기란 매우 어려워 조사대상 선정 및 방법상 문제로 나타났다.

결국 이러한 문제점을 보완하기 위해서 이 보고서는 성매매 산업의 특성상 불법적인 성매매 실태를 파악하기 어려워 모든 형태의 성매매에 대한 허가제를 도입하고 이를 이행하는지 여부를 단속하는 형태로 성매매를 규제할 것을 제안하였다.

성노동자의 사회적 지위

성노동자의 사회적 지위에 관한 조사는 성산업의 다양한 부문에서 종사하는 성노동자 360명을 대상으로 심층적 인터뷰를 통하여 진행되었다.[17) 인터뷰는 네덜란드어, 스페인어, 영어, 태국어, 루마니아어, 헝가리어 및 불가리아어 등으로 진행하였다.

조사결과 다음과 같이 그 실태 및 문제점이 나타났다.

- 종사자 성별

대상자 중 93%가 여성으로 압도적인 다수를 차지하였고, 5%는 남자이고 2%는 트랜스젠더로 나타나 여성이 성산업의 주축을 이루고 있고, 여성이 상대적으로 사회경제적으로 열악한 위치에 있다는 것을 보여주었다.

- 국적

대상자 중 47%가 네덜란드에서 출생한 네덜란드 국적자이고, 53%는 비네덜란드인이고 그 가운데 21%는 동유럽, 15%는 중남미, 11%는 아시아계 출신인 것으로 나타났다. 이는 당초 보라색 연합내각이나 네덜란드 시민들이 성매매를 노동으로 인정하고 그들의 안전 등을 위해 성매매를 합법화한다는 명분을 내세웠지만, 결과적으로는 외국인 이주민들에게 네덜란드가 성매매라는 일자리를 제공하였다는 문제점이 드러났다.

- 성산업 유입 연령

대상자의 1/5은 미성년자 때 성매매를 시작하였고, 응답자 중 유입이 가장 어린 경우는 14세로 나타났다. 이는 앞서 2002년 진단보고서나 2007년 진단보고서와는 다른 양상으로 미성년자의 성매매 산업 진입 실태에 대한 정확한 조사가 필요하다는 것을 보여준다.

- 성매매 동기

응답자 대부분이 다른 일을 구하지 못하여 경제문제를 해결할 필요 때문에 성매매를 시작한 것으로 나타났다. 자신이나 가족의 빚 문제를 해결하기 위한 경우도 많아 결국 경제적 동기가 가장 큰 것으로 나타났으며, 이는 성매매자에게 직업훈련이 왜 필요한지를 보여주는 결과라 할 수 있다.

- 탈피 의사

응답자의 50% 이상이 적어도 한 번 이상 성매매 산업을 벗어나 다른 직업을 찾으려고 시도한 것으로 나타났다. 다시 성매매에 나선 이유는 1/3은 재정적 어려움 때문에 6개월 이내에 성산업으로 다시 돌아왔다고 응답하였다. 현재 50% 이상이 성매매에서 벗어나고 싶다는 의사를 밝혀 이들의 직업전환에 필요한 사회적 지원과 대책이 필요하다는 것을 알 수 있다.

- 고용계약 및 업무

인터뷰 대상자의 대다수는 고용계약 및 업무특성에 대해 만족한다고 응답하였다. 이들은 자신들이 고객을 선택할 수 있고 성행위를 위한 가격을 자유롭게 정할 수 있다고 대답하였다. 그러나 실제로는 고객의 선택이나 가격 등을 홍정하기 어려운 경우가 대부분이어서 문서상 업주와 하는 계약과 현실적인 환경은 다르다고 대답하였다.

- 지원

응답자들은 자신들이 의료지원을 어떻게 받을 수 있는지를 알고 있었다. 그러나 고용주나 업주와 갈등이 생겼을 때 그들과 동등하게 문제를 어떻게 해결해야하는지에 대한 방법을 잘 알지 못하였고, 도움이 필요하다고 지적했다.

- 건강문제

성노동자의 건강상태는 일반적으로 평균 인구의 경우 보다 나쁜 것으로 나타났다. 정신적으로는 절반 이상이 긴장감, 분노, 우울증 및 외로움을 느끼고 있었으며, 1/3은 수면장애를 겪는 것으로 나타났다.

- 자발성 여부

성노동자의 2/3는 자발적으로 일하고 있다고 응답하였지만, 자발성이나 강제성을 어떻게 정의하는지, 그리고 그 시점 등의 변수를 고려하지 않았다는 문제들이 노출되었다.

Ⅳ. 성매매 합법화의 부메랑

네덜란드는 세계 최초로 성매매를 합법화한 국가라는 점에서도 의의가 있지만, 인권을 중시하는 유엔회원국이자 유럽연합의 회원국이라는 점, 그리고 세계적인 수준의 국민소득지표가 높은 국가이며, 개혁교회적 특성을 반영한 도덕주의적 전통과 문화를 계승하는 국가라는 점에서 상징성이 매우 크다.

네덜란드 성매매 합법화는 첫째, 네덜란드 중앙정부를 구성하는 정치인들이 지속적으로 의지를 가지고 합의점을 도출하려고 노력하였고, 둘째, 자치단체협의회와 드 그라프 재단, 페미니스트단체들의 대화와 공감대가 형성되어 합법화 의지를 지속화하였으며, 셋째, 성매매 합법화를 반대하는 적극적인 또는 급진적인 세력이 존재하지 않았으며, 넷째, 기존의 국가의 역할을 도덕주의자로 인식하는 사고방식에서 사회구성원들이 탈피하였으며, 다섯째, 개인의 인권이나 공공질서는 좀 더 실용주의적 측면에서 보호할 필요가 있다는 사회적 인식과 공감대 형성이 그 배경이라고 할 수 있다.

한편 네덜란드 법무부는 2002년, 2007년, 2015년의 성매매 합법화 평가보고서를 통하여 여섯 가지 성매매합법화 목표를 모두 성공적으로 달성하지는 못하였다고 진단하고 있다. 즉 자발적 성매매와 강제적 성매매의 개념을 완전하게 구분할 수 있다고 단정할 수 없고, 미성년자의 성산업으로의 유입을 완전하게 차단하지 못하고 있으며, 성매매 여성의 사회적 지위가 향상되었다고 보기 어려우며, 성매매와 범죄와의 결탁을 성공적으로 차단하였다고 평가하기 어렵다는 것이다. 나아가 불법체류 이민자들의 성매매 유입이 괄목할 만큼 감소한 것으로 볼 수도 없다는 다소 부정적인 진단을 제시하고 있다.

네덜란드 정부의 이와 같은 부정적인 평가 결과는 매우 이례적인 것으로 특히 네덜란드가 1970년대부터 무려 30여 년에 걸쳐 성매매 합법화 전략을 추구하였고, 정부와 의회, 자치단체, 그리고 시민단체, 성산업계 등 다양한 의견을 결집하여 성매매금지를 철폐시켰다는 점에서 더욱 중요한 의미를 갖는다고 할 수 있다. 자발적인 성매매가 전제되지 않으면 노동자로서의 지위를 부여하고, 이들에게 허가증을 발급하여 세금을 부과하며, 그 안전을 보호한다는 전략이 무색해지기 때문이다. 성산업의 양성화를 기대했지만, 오히려 음성적 성산업이 발달하고, 그 종사자들은 외국인 불법이주자들로 대부분 채워진다는 사실 역시 네덜란드 정부 입장에서는 매우 곤혹스러운, 예측하지 못한 결과이며, 성매매 합법화의 부메랑이라고 할 것이다.

홍등가 정비에 반대 퍼레이드에 나선 성매매 조사자들

130명의 암스테르담 홍등가 성노동자들은 건축가, 건설회사, 개발자들에게 공개서한을 보내 도시가 제안한 고층 에로틱센터에 관여하지 말라고 호소했다.

전직 성노동자이자 Red Light United 이익단체인 Felicia Anna도 AT5에 자신이 조사한 성노동자의 93%가 이전에 반대했다고 말했다.

성노동자들을 암스테르담 도심에서 벗어나 도시 외곽에 있는 에로틱 센터(erotic center)나 성매매호텔(prostitution hotel)로 옮기려는 계획이 지난 몇 년 동안 진행 중이었다. 2021년 4월, 암스테르담시는 Haven-Stad 지구를 가능한 위치로 고려하고 있다고 밝혔다. (중략)

직업여성들은 새 지역의 안전성에 대해 회의적이다. "환상 도로 밖에 있는 산업지역으로, 위험하고 눈에 잘 띄지 않는 경우가 많다. 여기 홍등가에서는 모두가 서로를 알고 있다. 무슨 일이 발생하면 보호할 수 있다."

Felicia Anna는 많은 성노동자들이 이미 이 지역에서 안전하다고 느끼고 있다고 말했다.... 그녀는 "다른 사람들이 생각하는 것보다 우리가 그것을 어떻게 느끼고 얼마나 안전하게 경험하는지가 더 중요하다고 생각한다"고 주장한다.

암스테르담시는 올해 후반에 에로틱센터의 정확한 위치를 결정할 예정이다......

자료: https://www.yna.co.kr/view/AKR20190410132800009/

참고 자료 및 설명

1) 네덜란드 형법 제249a조의 성매매금지규정을 삭제하고, 미성년자 성매매, 강제적 성매매, 인신매매 등의 성매매를 처벌하는 내용의 250a조를 신설한 것이 2000년 10월 1일의 성매매 합법화 조치이다. 후에 네덜란드 형법이 개정되면서 250a조는 273a조로 법조항이 변경된다. 신법을 제정한 것이 아니라 기존 조항을 삭제(lift)한 것이므로 합법화(legalization 보다는 비범죄화 (decriminalization)라는 용어를 사용하는 것이 적합하다는 주장도 있다. Daalder, L. (2007). Prostitution in The Netherlands since the lifting of the brothel ban [English version]. The Hague: WODC / Boom Juridische Uitgevers. 이하 허경미. (2019). 네덜란드의 성매매 합법화의 배경과 딜레마 연구. 矯正研究, 29(2), 33－56. 내용 전반적 참조.

2) Outshoorn, J. (2012). Policy change in prostitution in the Netherlands: From legalization to strict control. Sexuality Research and Social Policy, 9(3), 233－243.

3) Jans, W., Denters, B., Need, A., & van Gerven, M. (2017). Lifting the ban on Dutch brothels: do local social needs and local political demands matter for municipal prostitution policies?. Policy & politics, 45(3), 449－466.

4) Duncan, F. (2007). Lately, Things Just don't Seem the Same' External Shocks, Party Change and the Adaptation of the Dutch Christian Democrats during 'Purple Hague' 1994－8. Party Politics, 13(1), 69－87.

5) Outshoorn, J. (2000). Legalizing prostitution as sexual service: The case of the Netherlands. In Copenhagen ECPR Joint Sessions, paper presented at the European Consortium for Political Research, Joint Sessions of Workshops, Copenhagen (Vol. 13).

6) Outshoorn, J. (2001). Debating prostitution in parliament: a feminist analysis. European Journal of Women's Studies, 8(4), 472－490. : Werkman, K. (2016), Briefing on legal prostitution in The Netherlands: policies, evaluations. normalisation, https://feminismandhumanrights.files. wordpress.com/2014/06/karin－werkman－2016－briefing－on－legal －prostitution－in－the－netherlands.pdf/

7) Outshoorn, J. (2000). . op cit.

8) Outshoorn, J. (2004). 10 Voluntary and forced prostitution: the 'realistic approach'of the Netherlands. The Politics of Prostitution:

Women's Movements, Democratic States and the Globalisation of Sex Commerce, p.185.

9) Peters, M., & Spapens, A. (2015). The administrative approach in the Netherlands. Administrative approaches to prevent and tackle crime: Legal possibilities and practical application in EU Member States, 265 – 306.

10) Gordijn, B. (2001). Regulating moral dissent in an open society: the Dutch experience with pragmatic tolerance. The Journal of Medicine and Philosophy, 26(3), 225 – 244.

11) Outshoorn, J. (2004). op, cit.

12) 2002년까지 대부분의 지방 자치 단체는 성매매업소가 근로자의 안전과 보건 위생의 기준을 마련해야만 허가증을 내주는 라이센스 시스템을 구축했다. 한편으로는 많은 지방 의회에서 성매매 업소의 수를 제한하려고 노력하였다. 특히 기독교민주당세가 강한 작은 자치단체들은 성매매업소가 들어설 적합한 지역이 없다는 점을 들어 성매매 허가증을 내주지 않는 경향을 보였다. 네덜란드나 헤이그에서는 성매매업소가 일반 술집처럼 주중에서는 오전 1시까지, 주말에는 오전 2시까지만 영업을 하도록 규정하였다. 이에 대해 성매매 업주들은 권한남용이라며 소송을 제기했지만 법원은 기각했다. Daalder, L. (2002). Het Brdeelverbod Opgeheven; Prostitutie in 2000 – 2001. WODC, Den Haag.

13) Buruma, Y. (2007). Dutch tolerance: On drugs, prostitution, and euthanasia. Crime and Justice, 35(1), 73 – 113.

14) Daalder, L. (2002). Het Brdeelverbod Opgeheven; Prostitutie in 2000 – 2001. WODC, Den Haag.

15) Daalder, L. (2007). Prostitution in The Netherlands since the lifting of the brothel ban [English version]. The Hague: WODC / Boom Juridische Uitgevers.

16) Van Wijk, A., van Ham, T., Hardeman, M., & Bremmers, B. (2014). Prostitutie in Nederlandse gemeenten. Een onderzoek naar aard en omvang, beleid, toezicht en handhaving in.

17) Bleeker, et. al. (2014). Sekswerkers aan het woord. De sociale positie van sekswerkers in Nederland in 2014. Amsterdam: Regioplan.

제8장

어둠 속의 환상
: 노르딕 성매매 모델

I. 헌법재판소, 돌을 던지다

헌법재판소는 일관되게 현행 성매매특별법상 성매매금지 및 성구매자 처벌 혹은 성매수자 처벌에 대하여 합헌이라는 입장을 고수하고 있다. 특히 이 법 제21조 제1항, 즉 "성매매를 한 사람은 1년 이하의 징역이나 300만원 이하의 벌금·구류 또는 과료(科料)에 처한다."라는 규정을 근거로 성판매자와 성구매자를 모두 처벌토록 한 것에 대해서도 헌법재판소는 합헌이라고 판결하였다.[1)]

헌법재판소는 "… 성매매 공급이 확대되거나 쉽게 접근할 수 있는 길을 열어줄 위험과 불법적인 조건으로 성매매를 유도할 가능성이 있는 점 등을 고려할 때 성판매자도 형사처벌의 대상에 포함시킬 필요성이 인정된다. 사회구조적 요인이 성매매 종사에 영향을 미칠 수는 있으나 이는 성매매에만 국한된 특유한 문제라고 볼 수 없고, 만약 이들에게 책임을 묻기 어려운 사정이 있는 경우에는 성매매피해자로 인정되

어 형사처벌의 대상에서 제외될 수 있는 가능성도 존재하는 점, 형사처
벌 외에 보호사건으로 처리될 수도 있는 점, 성매매피해자 등의 보호,
피해 회복 및 자립·자활을 지원하기 위하여 법적, 제도적 장치가 마련
되어 있는 점 등에 비추어 성판매자에 대한 형사처벌도 과도하다고 볼
수 없다. 또한 나라별로 다양하게 시행되는 성매매에 대하여 정책의 효
율성을 판단하는 것도 쉽지 않으므로, 전면적 금지정책에 기초하여 성
매매 당사자 모두를 형사처벌하도록 한 입법을 침해최소성에 어긋난다
고 볼 수 없다"고 판시함으로써 성판매자의 범죄성 및 처벌의 근거를
분명히 하였다.

　헌법재판소의 이 판례는 성매매, 특히 성판매자에 대한 사법계의 인
식을 마무리한다는 입장에서 큰 의미가 있다. 즉, 그동안 한국의 페미
니즘계가 '성판매자 = 여성 = 성매매피해자 = 처벌반대'라는 프레임 구도
에서 성매매 여성의 처벌금지와 자발적 성매매 합법화를 반대해온 한
국의 페미니즘계와는 확연한 차이를 보이는 것이다. 또한 스웨덴, 노르
웨이 등 북유럽국가들을 중심으로 시작된 성구매자만을 처벌하는 일명
노르딕 모델(Nordic Model)과도 그 방향성이 상반되는 것이다.

　그런데 최근 한 자치단체 의원이 성매매 여성 생계비지원 정책을 반
대하며 이들을 비하하는 발언을 했다는 이유를 들어 민주당이 해당 의
원을 제명하는 일이 발생하였다.2) 그러자 이와 같은 조치가 부당하다며
이를 막아달라는 청와대 청원이 무려 36건이나 제안되기도 하였다.3)

　이와 같은 일련의 사건은 2004년 3월 성매매특별법 제정 이후 20여
년 된 현 시점까지도 성매매 정책에 대한 사회적 논의가 더 필요하다
는 것을 여실히 보여주는 것이다. 나아가 페미니즘계가 강력히 추구하
는 노르딕 모델의 딜레마이다.4)5)6)7)

II. 노르딕 성매매 정책 모델

1. 노르딕 모델의 핵심

노르딕 모델(Nordic model prostitution)이란 성 서비스 구매를 처벌하여 성매매 수요를 줄이려는 성구매자 처벌 정책을 말한다.[8] 최종수요자처벌 (end demand), 평등모델(equality model), 신폐지주의(neo-abolitionism), 부분적 비범죄화(partial decriminalization) 또는 스웨덴 모델(Swedish model)이라고도 불린다.

이 모델은 1999년 스웨덴에서 여성폭력금지법(Violence Against Women Act)의 일부로 처음 제정되었다. 노르웨이는 성구매자법(Sexkjøpsloven)의 일부로 2009년부터 시행된다. 2014년부터 유럽의회는 노르덱 모델을 지지하는 구속력 없는 결의안을 채택하였다.

노르딕 국가는 북유럽의 다섯 나라, 즉 북유럽 이사회의 회원국인 노르웨이, 덴마크, 스웨덴, 아이슬란드, 핀란드를 통칭한다. 이들 국가의 무상 교육 및 의료, 퇴직자 연금제 등 최고 수준의 복지 정책 등을 노르딕 모델이라고 한다. 이들은 대체로 사회민주주의적인 경향을 보이며, 국가의 개입이 자유민주주의 국가보다 강력한 특징이 있다.

자료:　https://www.investopedia.com/articles/investing/100714/nordic-model-pros -and-cons.asp/

2. 노르딕 모델과 국가페미니즘

노르딕국가의 성매매정책은 국가페미니즘에 그 근거를 두고 있다. 국가페미니즘(State Feminism)의 사전적 정의는 국가 혹은 정부에 의하여 특정 여성계의 이슈가 입법화 또는 제도화되며, 국가가 관련 정책을 지지하는 여성계와 동맹관계를 유지하며 이를 추진하는 거버넌스를 말한다.9) 국가페미니즘은 대체로 통상 여성관련 정부부처(agency)가 특정한 프로그램이나 제도를 추진하는 형태로 진행되며, 정부는 여성정책을 추진하기 위하여 이를 반대하는 야당이나 시민단체 등의 아젠다를 규제하는 태도를 취하기도 한다.10)

국가페미니즘은 페미니즘 가치와 활동가들이 영향력을 발휘하면서 1970년대 이후 제도화되었다. 이는 유엔은 1976년부터 1985년까지 「여성을 위한 10년」(Decade for Women) 선언의 정신에 기초한 것이기도 하다.11) 이 선언은 여성의 지위를 향상시키기 위해 유엔을 포함한 국제기구, 회원국이 행할 전략을 담고 있으며 이는 국가페미니즘의 태동을 알리는 것이기도 하다.12)

국가페미니즘은 세 가지 전략에서 그 성격이 잘 드러난다. 첫째, 국가는 정치제도를 개선하여 의회의 입후보자에게 성별 쿼터제(gender quotas)를 채택토록 하였다. 선거출마 입후보자 성별 쿼터제는 선출직 여성정치인과 여성공무원의 수를 증가시키는데 기여하였다. 둘째, 유엔, 유럽연합 및 회원국 정부는 여성정책기관 및 시민단체 등에 자금을 지원하여 양성평등을 촉진하고 그 활동이 지속적으로 이어지도록 하였다. 유럽에서는 유럽여성로비(European Women's Lobby)와 유럽 의회의 여성권리 및 여성평등위원회(Women's Rights & Gender Equality Committee)가 지속적인 지원을 받게 되었다. 셋째, 유럽연합은 1995년 유엔 제4차 베이징여성회의(UN Fourth World Conference on Women) 이후 등장한 개념인 젠더주류화정책(gender main streaming)을 채택하여 회원국의 정

WHAT IS THE NORDIC MODEL?

The Nordic Model (also known as the Sex Buyer Law) is a human rights-based approach to prostitution law and policy. It has several elements:

 ## DECRIMINALISATION OF THE PROSTITUTED

Prostitution is inherently violent. Women should not be criminalised for the exploitation and abuse they endure.

 ## SUPPORT AND EXIT SERVICES

High quality, non-judgemental services to support those in prostitution and help them build a new life outside it, including: housing; training and education; child care; legal, debt and benefit advice; emotional and psychological support.

 ## BUYING SEX BECOMES A CRIMINAL OFFENCE

Buying human beings for sex is harmful, exploitative and can never be safe. We need to reduce the demand that drives sex trafficking.

 ## A HOLISTIC APPROACH

- A public information campaign
- Training for the police and CPS
- Tackling the inequality and poverty that drive women and girls into prostitution
- Effective laws against pimping and sex trafficking, with penalties that reflect the enormous damage they cause

LOOK INSIDE

자료: https://nordicmodelnow.org/2019/08/14/new−what−is−the−nordic−model−flyers/

책이 양성평등을 반영하고 보장할 수 있도록 모니터링하였다. 이에 따라 유럽연합국은 고용에 관한 성별 통계를 수집하고 고용정책에 대한 성별영향평가를 실시하는 등의 젠더주류화정책을 실천토록 하였다.

국가페미니즘은 국가마다 그 실천전략이나 수준은 다르게 나타났지만 전반적으로 여성의 정치활동과 사회진출을 확대하는 효과로 이어졌다. 프랑스의 경우 선거시 여성입후보자의 성별 쿼터제를 준수하였고, 독일과 스웨덴은 페미니스트정당을 설립하였으며, 스웨덴의 여성주의 자정당(Feministisk initiativ)은 2014년 유럽의회에 당선되는 성과를 거두기도 하였다. 또한 국가페미니즘은 성주류화정책에 대한 주도적 담론 형성을 이끌어 성별 임금격차 및 육아휴직과 해묵은 사회적 과제를 해결할 수 있게 되었다. 이는 성매매정책에도 영향을 미쳐 스웨덴, 노르웨이, 아이슬란드 모두 의회의 다수당과 내각이 성구매자처벌법을 추진하였고, 여론을 조성하는 등의 주도적 역할을 하였다. 그리고 노르딕 국가의 성매매정책은 노르딕 모델이라 칭해지며, 이후 EU의회의 관련 정책 추진에 영향을 주게 된다.[13]

3. 노르딕 모델: 스웨덴, 노르웨이, 아이슬란드

스웨덴: 성구매자들, 감옥으로 보내다

스웨덴은 1960년대부터 양성평등에 관한 사회적 담론이 형성되기 시작하였고, 이로 인해 정부에 양성평등부(Ministry of Equal Status, 1976)와 양성평등기회옴부즈맨(Equal Opportunities Ombudsman, 1980)과 같은 제도가 탄생했다.

1976년 성범죄에 관한 정부위원회 및 의회의 여성그룹위원회는 성매매가 성범죄를 야기하는지에 대한 별도의 위원회조사가 필요하다는 의견을 모았다. 이에 따라 설치된 위원회는 1981년에 성매매가 감소되고 있고, 성매매를 범죄시하는 것은 성매매를 음성적으로 만들고 낙인을

찍는 것이라고 주장하였다. 또한 성매매가 자발적(voluntary)인지, 비자
발적(involuntary)인지의 구분도 필요하다고 하였다.[14)

  1983년부터 1993년까지 50여 건의 성매매 범죄화에 대한 입법안이
국회에 제출되었는데 대부분 구매자만을 처벌하는 것을 골자로 하였
다. 그런데 이것들은 여성단체들이 국회의원들을 대상으로 입법로비를
벌인 결과였다.[15) 1993년에 성매매처벌법 제정을 위한 사법위원회(The
Justice Committee)가 의회에 만들어졌고, 1995년에 이 위원회는 성매매
와 여성을 대상으로 한 폭력, 특히 직장 내 성희롱을 모두 처벌해야 한
다는 결과를 의회에 제출하였다. 이 보고서는 성매매 양 당사자를 모두
처벌한다는 내용을 담고 있었지만 반복되는 국회 논의과정에서 성매매
가 가부장제와 여성폭력의 한 형태라는 점에서 성판매자는 피해자로
간주되었다. 사회 일각에서는 성매매의 범죄화에 반대하였으며, 정부
역시 이를 방관한다는 비난을 받았다.

  그러나 당시 고란 페르손(Göran Persson) 수상과 울리카 메싱(Ulrika
Messing) 여성부장관은 이 법안을 매우 적극적으로 지지하였으며, 사법
위원회는 성매매 범죄화가 성매매를 줄일 것이라고 확신하지는 않았지
만 법 제정의 필요성을 강조하였다.

  스웨덴 사회에서는 성매매가 성적자기의사결정권의 영역이라는 주장
과 양성평등에 반하는 행위라는 의견들이 대립하였지만, 스웨덴 정부
는 1998년 2월 5일에 여성폭력처벌법안을 만들어 의회에 제출하였고,
이 법안은 1998년 6월 4일에 의회를 통과하여 1999년 1월 1일부터 발
효되기에 이른 것이다.

  이에 따라 스웨덴은 1999년 1월 1일부터 여성폭력처벌법(Violence
Against Women Act(The Kvinnofrid law, 1999))을 제정하였고, 이는 2005
년 4월 1일부터는 형법의 성적 범죄의 장(new sexual crimes chapter)인
제6장으로 병합되었다.[16) 주요 내용은 "누구든지 대가를 지불하고 성
을 구매하는 경우 벌금형 또는 최대 6개월 동안의 구금형으로 처벌한

다(제1항). 또한 성구매에 대한 보상이 약속되었거나 다른 사람이 제공
한 경우에도 제1항에 준하여 처벌한다(제2항)라고 규정하였다. 또한 성
매매를 하도록 강요하거나 그 영리를 가로채는 등의 인신매매형 성매
매자(trafficking)에 대해서는 최소 2년에서 최대 8년의 구금형에 처하도
록 하였다.

한편 성구매자처벌법 통과 후 2년 뒤에 실시된 여론조사에서 법 제
정 당시 지지율은 76%이었지만 81%로 증가한 것으로 나타났고, 폐지
는 15%에서 14%로 낮아진 것으로 나타났다.17) 10여 년 뒤 2008년의
조사에서는 71%가 성구매를 반대했고, 여성 79%, 남성 60%가 이 법
을 지지하는 것으로 조사되었다. 특히 젊은 성인(18-38세), 특히 여성
의 지지율이 가장 높은 것으로 나타났다.18)

스웨덴 당국과 운동가들은 계속하여 국제적으로 스웨덴 모델(Swedish
Model)을 홍보하였다. 또한 스웨덴 정부는 인신매매, 성폭력 및 성매매
과 관련한 시민단체를 지원하고, 다양한 언어로 스웨덴 정책을 설명하
는 보고서를 발간하여 배포하였다. 이 보고서들은 성매매와 인신매매
는 여성과 어린이에 대한 남성폭력이며, 이들은 그 피해자라고 설명하
였다. 그리고 이러한 문제를 사회의 가장 위험요소로 지적하였다.

유럽연합, 유럽의회 그리고 유엔과 같은 국제기구들이 연대하여 인
신매매적인 성매매를 반대하며 연합되기 시작하였다. 공공기관과 공익
광고, 그리고 학교교육 등을 통한 성매매금지교육과 캠페인이 이루어
졌다. 많은 국가에서 스웨덴식의 성구매금지법 제정을 촉구하는 여권
단체들의 입법로비가 진행되었다.

한편 미국 국무부는 2018년에 2017년 인신매매보고서(2017 Trafficking
in Persons Report)에서 스웨덴을 인신매매 감시 및 대응이 매우 뛰어난
1등급(tier 1)으로 평가하였다.19)

노르웨이: 구매자 처벌, 반대 목소리도 상존

노르웨이는 1997년부터 성구매자의 범죄화를 논의하기 시작하였지만, 법무부는 이에 대해 반대 의견을 제시하면서 2년 후부터 논의를 재개토록 하였다. 이어 2000년에 18세 미만의 미성년자에 대한 성구매행위를 처벌토록 하는 규정을 형법 제203조에 두었다.

이어 노르웨이는 성구매자처벌법을 2008년 11월에 의회에서 통과시켰고, 2009년 1월 1일부터 시행하였다. 이 법은 스웨덴과 같이 성판매자는 처벌하지 않고 성구매자만 처벌하도록 하였다. 이 법은 노르웨이 형법 제202a조로 편입되었다. 노르웨이 형법 제202a조는 "누구든지 성을 구매하거나 이를 알선하는 등의 행위를 하는 경우 벌금이나 6개월 미만의 구금형에 처할 수 있고, 성행위가 강요된 경우 1년 미만의 구금형에 처할 수 있다"고 규정하였다. 제203조는 "18세 미만의 미성년자에게 대가를 지불하고 성을 구매한 경우에는 벌금 또는 최대 2년의 징역형에 처하며, 이는 미성년자의 나이를 몰랐을 경우에도 형이 감경되지 아니한다"고 규정하여 미성년자에 대한 성구매행위를 더 엄격하게 처벌하고 있다. 제224조는 인신매매에 대하여 최대 10년형의 구금형에 처하도록 하고 미성년자가 그 대상일 경우 가중처벌하도록 하였다.

그런데 성구매자처벌법은 의회를 통과하면서 정치권의 상당한 논쟁을 불러 일으켰다. 중도좌익적색‒녹색연합정부(centre‒left red‒green coalition government)는 이 법을 지지하였지만 야당인 보수당(Høyre, H), 진보당(Fremskrittspartiet, FrP), 자유당(Venstre, V) 등은 이를 반대하였다. 야당은 성매매가 이미 만연해 있고, 성판매자가 고객을 자유롭게 선택할 수 있다는 논리로 성구매자 처벌을 반대하였다.

2013년 선거로 야당인 보수당연합이 집권하자 성구매자처벌법을 폐지해야 한다는 주장들이 제기되기 시작하였다. 한편으로는 오히려 성판매자 역시 처벌해야 한다는 정치권의 주장도 등장하는 등 정당에 따

라 그 입장이 다르며, 급진적 페미니스트들은 성판매자와 구매자 모두
를 처벌할 것을 요구하고 있다.

　노르웨이는 인신매매 성매매의 피해자들에게는 최종적인 목적지가
될 수 있는 국가이며, 동유럽과 아프리카, 특히 불가리아, 리투아니아,
나이지리아, 루마니아, 그리고 파키스탄과 필리핀 등지에서 유입되는
것으로 밝혀졌다. 한편 미국 국무부는 2018년에 2017년 인신매매보고
서(2017 Trafficking in Persons Report)에서 노르웨이를 인신매매 감시 및
대응이 매우 뛰어난 1등급(Tier 1)으로 평가하였다.[20]

아이슬란드: 구매자 처벌, 브로커들의 세계

　아이슬란드는 2006년 이전에 성판매자는 형법 제206조에 의해 최대
2년 이하에 처한다고 규정하여 판매자만을 처벌하였다. 그러나 이후
아이슬란드 정부는 성판매는 다른 선택의 여지가 없는 사람들에게 성
을 팔 것을 강요하는 것이므로 성판매자를 처벌하지 않고 합법화하겠
다며 2007년 3월에 이 규정을 폐지하였다. 아이슬란드의 이러한 방침
은 일부 국제여성그룹에 의해 지지되었다.[21]

　2009년 4월에 아이슬란드 의회는 스웨덴 및 노르웨이와 같이 성구매
자처벌법을 통과시켰다. 이 법안은 2007년 이후 지속적으로 성구매 및
스트립쇼클럽 등을 처벌하는 입법을 추진한 결과이다. 2007년도의 여론
조사에서 아이슬란드인들은 성구매자처벌법에 대해 여성의 83%, 남성의
57%가 지지하는 것으로 밝혀져 남녀간의 차이를 보였다. 전체적으로는
아이슬란드인의 70%가 성구매자처벌에 동의하는 것으로 나타났다.

　아이슬란드는 스트립쇼클럽의 운영금지를 2010년부터 시행하였다.
아이슬란드의 성구매자처벌법은 정치인 및 여권단체 등의 지지를 바탕
으로 추진되었는데 이들은 "여성이나 사람들은 일반적으로 팔리는 제
품이 아니다"라는데 인식을 같이하였다. 그러나 한편으로는 아이슬란
드의 성구매자처벌법이나 스트립쇼클럽 운영금지 등은 성산업을 위축

시키고 국민의 인권을 침해하는 것이라는 반론도 제기되었다.

한편 아이슬란드 형법 제 227a조는 인신매매에 대해 최대 12년까지의 징역형으로 처벌하고 있지만 인신매매 피해 여성의 목적지이자 중계국으로 지목되고 있다. 미국 국무부는 2018년에 2017년 인신매매보고서(2017 Trafficking in Persons Report)에서 아이슬란드가 동유럽, 발트해 연안 및 남미 출신 여성들이 아이슬란드를 거쳐 인근국가로 이주하는 중개국가로 이용되고 있다며 아이슬란드의 인신매매 예방국가의 등급을 1등급(Tier 1)에서 2등급(Tier 2) 국가로 그 등급을 낮췄다.[22]

Ⅲ. 노르딕 모델의 딜레마

1. 사적인 영역에의 국가개입

노르딕모델에 영향을 준 국가페미니즘은 신자유주의(Neoliberalism) 담론이 등장하면서 기존의 정책추진과 새로운 젠더이슈 선정에 있어 도전을 받고 있다. 신자유주의자들은 모든 형태의 국가 간섭으로부터 자유롭고 개방적이고 경쟁적이며 규제되지 않은 시장(Market)이 실제로 경제개발을 위한 최적의 메커니즘이라고 주장한다. 그러나 동시에 신자유주의 정책의 실행은 적극적으로 국가의 시장개입을 요구하는 복잡하고 모순적인 거버넌스 양상으로 이어지기도 한다.

신자유주의 정책은 롤백신자유주의(Roll-Back Neoliberalism)와 롤아웃신자유주의(Roll-Out Neoliberalism)의 상호 관련 프로세스를 수반한다. 롤백신자유주의는 케인즈주의 복지주의자 및 사회집단주의자 제도의 적극적인 파괴 또는 불신을, 롤아웃신자유주의는 국가가 의도적으로 사회적 개입정책을 수립하고 비정부기구에 권한을 위임하는 등의 정책으로 표현될 수 있다.[23]

스웨덴을 태두로 한 북유럽의 성매매정책은 이 롤아웃신자유주의를 기저로 하고 있지만 한편으로는 북유럽국가들이 공통으로 가지는 사회민주주의적인 정치성향과도 맞물려 있다. 그리고 사회민주주의가 추구하는 평등주의와 보편적 복지주의와도 그 궤를 같이 한다.24) 즉 성판매자, 여성은 성구매자인 남성보다 권력관계의 평등성이 깨어진 상태이므로 그 깨어진 평등성을 회복시켜주어야 하는 것이 사회민주주의 국가의 의무이자 동시에 복지국가가 추구하는 가치라는 것에 공감대를 형성한 정부와 여성단체들이 일궈낸 결과라고 할 수 있다. 이와 같은 스웨덴의 성매매정책은 사회적 배경과 정치적 환경이 유사한 인근 노르딕국가의 경우 특별한 사회적 반향을 일으키지 않고 수용될 수 있었다.25)

1970년대 이후 노르딕뿐만 아니라 유럽사회 및 한국에서도 국가페미니즘이 가지는 여성단체와의 동맹적 관계는 다양한 젠더문제를 해결하는데 있어 매우 기여한 바가 크고, 특히 페미니즘계가 오랫동안 고민해 이슈들, 즉 성매매, 성폭력, 가정폭력, 직장 내 성희롱 등의 문제를 젠더적 관점에서 해결하는데 상당한 기여를 한 측면이 있다. 한국의 경우 노무현 대통령 시절 성매매처벌법의 제정과 호주제의 폐지 등은 여성운동과 정부의 협력 하에 여성사에 있어 기념비적인 의미가 있고, 무엇보다 불평등한 젠더관계의 근본적인 변화를 가져왔다는 평가이다.26)

그러나 한편 국가페미니즘은 국가와의 동맹관계에서 벗어난, 즉 주류페미니즘에서 벗어난 이른바 비주류페미니즘이 던지는 이슈나 주장에 대하여는 상당 부분 거리를 보이는 것도 사실이다.

2. 국제엠네스티의 성노동 개념과의 충돌

2015년 8월 11일에 국제엠네스티는 국제대의원총회를 통해 자발적 성매매에 대한 완전한 비범죄화 결의안을 채택하고, 회원국 정부 역시 이 결의안에 따른 입법적 조치를 할 것을 권고하였다. 국제엠네스티 사무총장 살린 쉐티(Salil Shetty)는 성노동자들은 세계에서 가장 소외된 그룹 중 하나이며, 대부분의 경우 차별, 폭력 및 학대의 위험에 직면해 있다고 주장하였다. 결의안의 요지는 다음과 같이 정리된다.[27]

> "국제엠네스티는 회원국은 합의된 성노동의 모든 측면에 대한 완전한 비범죄화를 지지하는 정책을 개발할 것을 권고한다. 또한 성노동자들이 착취, 인신매매 및 폭력으로부터 완전하고 평등한 법적 보호를 누릴 수 있도록 회원국은 필요한 조치를 취할 것을 촉구한다."

그런데 엠네스티의 이러한 정책은 세계보건기구(World Health Organization), 유엔난민기구(UNAIDS), 건강권리에 관한 유엔특별보고관과 같은 유엔기구를 포함한 다양한 기관의 자료를 바탕으로 제안되었으며, 4개국(아르헨티나, 홍콩, 노르웨이, 파푸아뉴기니)에서 연구를 수행한 결과이다. 또한 이 결의안은 성노동자그룹, 성매매피해자를 대표하는 단체, 성매매폐지론자조직(abolitionist organizations), 페미니스트 및 기타 여성권리대표, LGBTI 활동가, 인신매매방지단체 및 HIV/에이즈단체 등의 자문을 거쳐 받아 추진되었다.

국제엠네스티는 인신매매가 성적 착취를 포함한 인신매매는 국제법의 문제이며, 형사처벌의 대상이 되어야 하고, 향후 국제엠네스티의 가장 중요한 사업이 될 것이라고 밝히면서 자발적 성매매의 비범죄화는 매우 어렵지만 인류의 인권이 나아가야 할 방향을 결정한 의미가 있다고 설명하였다.

3. 유럽 각국의 성매매 정책 현실

한편 유럽의회는 회원국에게 노르딕모델 성매매정책을 채택할 것을

유럽의 성매매 관련 정책 유형

금지주의 (Prohibitionism)	폐지주의 (Abolitionism)	규제주의 (건강검진 및 면허증) (Regulationism with health checks and licenses)
리투아니아(과태료) 몰타(호객행위처벌) 루마니아(직업적 성매매 처벌)	불가리아 체코 공화국 키프로스 덴마크 에스토니아 핀란드 프랑스 아일랜드 이탈리아 룩셈부르크 폴란드 포르투갈 슬로바키아 슬로베니아 영국	그리스 헝가리(특정지역에서만 성매매 허용) 라트비아(실내 성매매만 허용)
신금지주의 (Neo prohibitionism: 성구매자 처벌)	폐지주의(실내허용)	신규제주의 (Neo regulationism)
스웨덴 아이슬란드 노르웨이	벨기에(지역 규정) 스페인	오스트리아(강제 건강진단) 독일 네덜란드

자료: Danna, 2014.

권고하고 있지만 유럽 각국은 그 역사와 사회문화적 배경에 따라 국가의 개입방식은 여전히 매우 다른 모습을 보이고 있다. 2014년도에 EU 의회가 채택한 앞서의 착취와 성매매 그리고 남녀평등에 미치는 영향 보고서에서 나타난 성매매에 대한 유럽국가의 개입방식은 6가지 유형으로 구분된다.[28]

금지주의는 성매매를 비도덕적인 범죄행위로 규정하고 판매자와 구매자 모두를 처벌하는 경우이다. 폐지주의는 성매매는 대체로 성판매 여성은 억압되거나 강요, 약물중독 등의 폭력적 상태이거나 포주들의 지배적 구조 하에 처해 강요된 성매매(Prostituted Women)를 하는 노예적 상태에 있는 것이므로 포주(Pimps)나 인신매매범(Traffickers)을 퇴치하고, 강요된 성매매여성을 비범죄화 및 보호하여야 한다는 입장이다.[29) 규제주의는 성판매자나 포주에게 일정한 조건을 붙여 성매매를 허용하는 경우이다. 한편 금지주의는 성구매자와 판매자 모두를 처벌하던 형태에서 성구매자만을 처벌하는 노르딕 모델을 채택한 스웨덴, 아이슬란드, 노르웨이 등의 신금지주의 국가들이 등장하였고, 규제주의 역시 오스트리아, 독일, 네덜란드 등의 신규제주의국가들이 등장하는 등 EU국가 역시 통합된 모습을 보이지는 못한다는 점이다.

특히 EU의회가 노르딕 모델을 채택하도록 회원국들에게 권유한 이후 최초로 이를 입법화한 프랑스는 노르딕 모델의 현실적인 문제점을 적나라하게 드러낸다.

당초 프랑스는 1998년 형법상 15세 이상과는 상대방과의 동의하에 성관계를 할 수 있지만, 18세 미만과의 성매매는 처벌하도록 규정하였다. 그런데 성매매를 모두 합법화하거나 아예 금지해야 한다는 논쟁이 일자 하원은 2013년 12월에 성구매자만을 벌금형으로 처벌하는 성구매자처벌법을 통과시켰다. 그러나 성판매를 지지하는 페미니스트들과 성판매 종사자들의 강력한 반대 운동 등으로 다수당이었던 사회당의 주도로 상원은 2014년 7월 8일 이 법안의 승인을 거부했다. 이어 2014년 9월 총선에서 승리한 보수당이 다수당이 되자 상원에서 2015년 3월 31일 법안의 내용을 변경하여 승인했다. 변경된 법안은 성판매자의 공공장소에서의 유혹행위에 대한 벌금형 또는 2개월 이내 징역형을 유지하되, 성구매자에 대한 처벌조항은 삭제하였다. 이는 다시 하원에 최종 심의가 요청되었고, 프랑스 정부는 법안이 당초의 입법취지를 반영하지 못하였다고 반발하였다.[30) 결국 이 법안은 그 내용이 수정되어 2016년 4월 4일에 하원에서 최종적으로 통과되었다.

따라서 현행 프랑스의 성구매자처벌법은 성구매 초범에게 1,500유로 벌금을, 재범은 최대 3,500유로 벌금과 각각 수강명령이 부과된다. 성

매매의 알선, 장애자, 미성년자, 임신여성 등과의 성매매 등의 경우에
는 3년의 구금형 및 45,000유로의 벌금이 부과된다.[31] 성판매여성은
피해자로 간주하며, 임시거주지가 제공되며, 이들의 재활을 위하여 기
금을 조성하도록 하였다.[32]

이와 같이 프랑스는 노르딕국가들처럼 의회와 정부, 그리고 성매매
반대 페미니스트단체, 즉 국가페미니즘 활동 방식으로 이를 추진하였
지만 상당한 사회적 고통과 혼란을 치렀고 아직 그 분쟁이 사라진 것
으로 보이지는 않는다.[33]

프랑스의 성구매자처벌법의 제정은 노르딕모델이 안고 있는 근본적
인 문제 즉, 성판매여성들의 생존권적 차원에서의 반대 목소리를 법제
정에 반영하지 않았고, 자발적 성매매여성들에 대한 도덕적 평가와 낙
인,[34] 성적 자기의사결정권을 제한한다는 비판에 직면해 있다.[35]

IV. 한국사회: 수용과 비판

1. 자발적 성판매자의 의견?

노르딕국가는 다수당인 내각과 성구매자 처벌을 주장하는 페미니즘
계와의 강력한 결속으로 성구매자처벌법을 제정하는 데에는 성공하였
지만, 자발적 성판매자, 즉 성노동자의 목소리를 충분히 반영하지 못하
였다는 비판이 제기된다. 2016년 헌법재판소가 성매매특별법을 합헌이
라고 판결하면서도 "자발적 성매매는 사생활의 내밀한 영역으로 사생
활을 범죄로 보지 않는 현대 형법 경향에 반한다"고 소수의견을 제시
한 것은 합의된, 자발적 성매매의 범죄화 여부에 대한 공론화가 더 치
열해질 필요가 있다는 것을 보여준다.

2. 자발적 성판매자의 생각은 늘 비합리적인가?

합의된 자발적 성판매자의 성적자기의사결정권을 부정적으로 인식하는 것도 눈여겨 봐야 한다. 노르딕 모델은 여성에게 불평등한 사회구조라는 전제를 들어 자발성의 의미를 부정하지만, 성판매를 성노동으로 인정해달라는 주장 역시 분명하다. 이는 한국의 경우에도 직업선택의 자유를 주장하는 성매매 여성들은 자신들을 비도덕적이거나 인권을 잘 이해하지 못하는 사람들로 평가되는 것을 거부하는 것과 맥락을 같이 하는 것이다.

3. 섹스워커와 슬레이브 개념 짓기?

자발적 성판매자를 성노동으로 인정하지 않고, 복지의 대상으로 인식하는 것 역시 노르딕국가의 사회민주주의가 추구하는 획일적 평등주의의 또 다른 부정적 측면이라는 지적이다. 한국의 경우에는 성매매특별법상 성매매피해자로 간주될 경우 비범죄화의 대상이 되며, 그렇지 않을 경우 처벌대상이 된다. 이는 노르딕 모델이 자발, 강요와 관계없이 성판매자를 처벌하지 않는 것과 비교되는 것으로 한국의 국가페미니즘의 한계이자 모순적 태도라고 할 것이다.

헌법재판소는 성판매자의 성공급으로 인하여 성매매가 확대되거나 구매자의 접근을 쉽게 해줄 수 있는 길을 열어줄 위험성과 불법적인 조건으로 성매매를 유도할 위험성을 들어 성판매행위의 범죄화와 이에 대한 당연한 급부행위로서의 형사처벌 대상자로서의 지위를 명확히 하고 있다.

이미 헌법재판소의 이러한 판결은 국가페미니즘계가 이 법 제정 후 15년여가 지났음에도 불구하고 해결하지 못한 숙제가 낳은 당연한 결과라 할 것이다. 또한 한편으로는 성매매피해자가 아닌 한 성매매 당사자를 모두 처벌하는 현행 입법구조와 성판매자에 대한 보호처분, 자립

지원정책 등의 법적 장치가 구비된 측면에서 오히려 성판매자를 처벌하지 않는다면 그 자체가 입법의 형해화라는 모순을 피하기 위해서라도 헌재의 결정은 당연한 결정이라고 할 수 있다.[36]

나아가 헌법재판소의 입장은 성매매라는 특수한 페미니즘 이슈에 있는 여성들의 기울어진 인권문제만을 지적할 것이 아니라 노동현장이나 교육현장 등의 다양한 분야에서 상대적으로 취약한 입장에 처한 여성들의 권익을 위해서는 과연 국가기관과 동맹관계를 맺은 주류페미니즘계가 그토록 치열했는지를 묻는 의미도 있다.

4. 국제엠네스티의 진정한 의도 파악하기

노르딕모델은 2016년 국제엠네스티의 최근의 성판매자의 성노동자로의 지위인정과 성노동환경개선이라는 아젠다와도 부합되지 않는다는 점이다. 이는 한국의 경우에도 예외가 아니며, 국제엠네스타의 권고를 국가와 페미니즘계의 수용여부에 대한 결단과 대안이 필요하다.

5. 노르딕모델은 성공했다?

노르딕 모델의 성과에 대한 명확한 평가를 내리기 어렵다는 점이다. 노르딕 3개국 중 스웨덴과 노르웨이는 미국 법무부의 2017년 인신매매 보고서(2017 Trafficking in Persons Report)에서 인신매매 감시 및 대응이 뛰어난 1등급(tier 1)으로 평가되었지만, 아이슬란드는 2등급으로 평가되는 등 노르딕국가가 성판매자를 비범죄화함으로써 남유럽과 아프리카, 아시아 등지의 성매매 여성들의 최종적인 종착지로 여겨져 인신매매의 위험성을 지적받고 있다. 한국의 경우에도 성매매가 근절되지 않았고, 오히려 미성년의 성매매나 인터넷성매매 등 변형적 성매매마켓이 확대되는 등 바람직스럽지 못한 현실이다.

참고 자료 및 설명

1) 헌법재판소 2016. 3. 31. 선고 2013헌가2 결정(성매매알선 등 행위의 처벌에 관한 법률 제21조 제1항 위헌제청), 헌법재판소 판례집 28-1상, 259 [합헌].
2) 뉴시스, http://news.donga.com/Main/3/all/20190407/94935263/1.
3) 동아일보, http://news.donga.com/Main/3/all/20190407/94935263/1.
4) 헌법재판소 2016. 3. 31. 선고 2013헌가2 결정(성매매알선 등 행위의 처벌에 관한 법률 제21조 제1항 위헌제청), 헌법재판소 판례집 28-1상, 259 [합헌]. 이하 허경미, "노르딕모델 성매매정책의 딜레마와 시사점". 경찰학논총, 14(2), 2019, 35-61. 내용 전반적 참조.
5) 신상숙, "젠더와 평등의 관점에서 본 성매매 처벌의 프레임 경합", 한국여성학 33(4), 2017, 1-37.
6) 박정미, "성매매의 세계화와 페미니즘 정치", 페미니즘 연구, 17(1), 2017, 265-298.
7) 유숙란, 오재림, & 안재희, "한국, 스웨덴, 독일의 성매매 정책 결정과정 비교분석", 한국여성학, 23(4), 2007, 49-86.
8) Burba, D. The Nordic model in Europe. 2021.
9) Kantola, J., & Squires, J., From state feminism to market feminism?. International Political Science Review, 33(4), 2012, 382-400.
10) 국가페미니즘에 대하여 김경희(2009)는 "국가페미니즘 여성운동이 출산권, 성폭력, 육아, 기회평등과 같은 여성의 권리를 정당, 정부, 다양한 공적기관이나 여성정책담당 국가기구에 참여하여 페미니즘을 제도화하는 것으로 이해하며, 정부에서 일하고 있는 공무원을 국가 페미니스트라 부른다고 정의하였다. 김경희, 신자유주의와 국가페미니즘, 진보평론, 40, 2009, 14-32.
11) Zinsser, J. P., "From Mexico to Copenhagen to Nairobi: The United Nations for Women, 1975-1985", Journal of World History, 2002, 139-168.
12) Schiebinger, L. "Has feminism changed science?", Signs: Journal of Women in Culture and Society, 25(4), 2000, 1171-1175.
13) Månsson, Sven-Axel., "The history and rationale of Swedish prostitution policies", Dignity: A Journal on Sexual Exploitation and Violence, 2(4), 2017, 1-16.
14) Olsson, Ulf. Folkhälsa som pedagogiskt projekt: bilden av hälsoupplysning

i statens offentliga utredningar. Diss. Acta Universitatis Upsaliensis, 1997.

15) Ekberg, Gunilla. "The Swedish law that prohibits the purchase of sexual services: Best practices for prevention of prostitution and trafficking in human beings", *Violence against women,* 10(10), 2004. 1187−1218.

16) Waltman, Max. "Prohibiting sex purchasing and ending trafficking: The Swedish prostitution law", *Mich. J. Int'l L.* 33, 2011. 133.

17) Ministry of Industry, Employment and Communication January 2004: Fact Sheet − Prostitution and Trafficking in Women.

18) NIKK, Trafficking changes Nordic prostitution policies. NIKK 16 October 2008

19) U.S. State Department, Sweden 2018 Trafficking in Persons Report, https://www.state.gov/j/tip/rls/tiprpt/countries/2018/282758.htm.

20) U.S. Department of State, Norway 2018 Trafficking in Persons Report, https://www.state.gov/j/tip/rls/tiprpt/countries/2018/282723.htm.

21) International Alliance of Women., "A Place for Prostitution? Gender Equality and Respect in Modern Societies". 8 June 2007. Archived from the original on 7 May 2010.

22) U.S. State Department, Iceland 2017 Trafficking in Persons Report, https://www.state.gov/j/tip/rls/tiprpt/countries/2017/271204.htm.

23) Kantola, J., & Squires, J., "From state feminism to market feminism?", International Political Science Review, 33(4), 2012, 382−400.

24) 니크브란델 외, 홍기반 옮김, 북유럽사회민주주의모델, 책세상, 2014. 258−260.

25) Skilbrei, M. L., & Holmström, C., "Is there a Nordic prostitution regime?", Crime and Justice, 40(1), 2011, 479−517.

26) 김경희, 신자유주의와 국가페미니즘, 진보평론, 40, 2009, 14−32.

27) Amnesty International, Global movement votes to adopt policy to protect human rights of sex workers, https://www.amnesty.org/ en/latest/news/2015/08/global−movement−votes−to−adopt−policy−to−protect−human−rights−of−sex−workers.

28) Danna, D. (2014). Report on prostitution laws in the European Union. Milano: Universita degli Studi di Milano, 10−13.

29) 미국의 경우도 이 입장을 취하고 있으며, 페미니스트인 anice Raymond, Melissa Farley, Norma Hotaling, Vednita Carter, and Donna Hughes 등이 대표적인 지지자 그룹이다.

30) BBC NEWS, 2015. 3. 31. French Senate overturns fines for prostitutes' clients, http://www.bbc.com/news/world－europe－32129006/2018.7.10.

31) 프랑스 형법, 제5장 Interdiction de l'achat d'un acte sexuel.

32) Le Monde, 2016. 4.6. Prostitution: le Parlement adopte définitivement la pénalisation des clients, http://www.lemonde.fr/societe/article/2016/04/06/prostitution－le－parlement－adopte－definitivement－la－penalisation－des－clients_4897216_3224.html.

33) Della Giusta, M., Demanding sex: critical reflections on the regulation of prostitution. Routledge, 2017.

34) Immordino, G., & Russo, F. F. Laws and stigma: the case of prostitution. European journal of law and economics, 40(2), 2015, 209－223.

35) Jonsson, S., & Jakobsson, N., Is buying sex morally wrong? Comparing attitudes toward prostitution using individual－level data across eight Western European countries. In Women's Studies International Forum, 61. 2017, 58－69.

36) 박상식, 성매매특별법 시행 12년의 평가와 제언. 법학연구, 24(4), 2016, 117－146.

제9장

Amnesty, 자발적 성판매자는 섹스 워커

Ⅰ. 2015년 8월 11일: 새로 쓴 인권 개념

2015년 8월 11일에 국제엠네스티 사무총장 살릴 쉐티(Salil Shetty)는 국제대의원총회 연설을 통해 성노동자들은 세계에서 가장 소외된 그룹 중 하나이며, 대부분의 경우 차별, 폭력 및 학대의 위험에 직면해 있다고 주장하였다. 따라서 국제엠네스티가 그 실태 파악 및 대책을 제시할 수 있어야 하고, 이를 투표를 통하여 승인해줄 것을 요청하였다. 이에 따라 회원국 대표들은 투표를 통해 국제엠네스티의 「성노동자의 인권 보호정책」(Policy to Protect Human Rights of Sex Workers) 개발계획을 승인토록 하는 결의안을 채택하였다.[1]

그리고 이 결의안의 후속적인 조치로 2016년 5월 26일 국제엠네스티는 「성노동자의 인권 존중, 보호 및 실천을 위한 국가의무에 관한 국제엠네스티 정책」(Amnesty International Policy on State Obligations to Respect, Protect and Fulfil the Human Rights of Sex Workers)을 발표하였다.[2]

국제엠네스티의 「성노동자의 인권보호정책」은 세계보건기구(World Health Organization: WHO), HIV/AIDS에 관한 공동 유엔프로그램(The Joint United Nations Programme on HIV and AIDS: UNAIDS), 건강권리에 관한 유엔특별보고관(UN Special Rapporteur on the Right to Health) 등의 다양한 유엔 산하기관의 협력적 네트워킹의 결과이기도 하다.

또한 국제엠네스티가 아르헨티나, 홍콩, 노르웨이, 파푸아뉴기니의 성매매 종사자들을 대상으로 수행한 인터뷰 및 실태조사 등을 바탕으로 권고문을 채택하였다는 점에서도 의의가 있다.[3]

나아가 이 결의안은 성노동자그룹, 성매매피해자를 대표하는 단체, 성매매폐지주의단체(Abolitionist Organizations), 페미니스트 및 기타 여성권리대표, 성적소수자(LGBTI)단체, 인신매매방지단체 및 HIV/에이즈단체 등으로부터 자문을 받아 추진되었다.

Amnesty International, Sex Workers' Rights are Human Rights, 2015.8.14. report.

자료: https://www.cgshe.ca/report

국제엠네스티는 성적 착취를 포함한 인신매매는 당연히 형사처벌의 대상이 되어야 하는 범죄로 규정되어야 한다는 입장과 함께 합의된 성매매의 비범죄화를 지지한다는 입장으로의 전환태도를 명확히 보였다.[4] 그리고 이를 바탕으로 국제엠네스티의 회원국 정부가 성매매 정책과 관련하여 이행하여야 할 의무를 제시하였다.

특히 국제엠네스티의 「성노동자의 인권보호정책」은 이른바 노르딕 모델(Nordic Model), 즉 성구매자 처벌 및 성매매 금지주의를 채택하는 유엔(UN) 및 유럽연합(EU)의 입장과는 상당한 거리가 있다.[5] 따라서 국제엠네스티의 「성노동자의 인권보호정책」에서 정의된 용어의 정의 및 회원국 정부에게 권고한 내용을 정리해 볼 필요가 있다.

II. 앰네스티의 도전과 물러나기

국제엠네스티의 「성노동자의 인권보호정책」은 성구매자처벌법을 바탕으로 성구매자를 처벌하고, 성판매자는 비범죄화함으로써 처벌을 면제하는 노르딕모델 국가의 대응방식과는 그 궤를 달리한다. 따라서 성매매에 대한 새로운 개념정의를 먼저 제시하였다.[6]

1. 성노동과 성노동자, 합의

성노동(Sex Work)이란 성인간 합의(동의)된 조건에 따라 성구매자에게 성판매자가 제공하는 성적 서비스를 말하며,[7] 성노동자(Sex Worker)란 일정한 대가를 받고 성적 서비스를 제공하는 18세 이상의 성인을 말한다.[8]

합의(Consent)란 특정 성행위에 참여하기 위한 자발적이고 지속적인 동의를 의미하며, 동의는 폭력에 의한 것이 아니어야 하며, 언제든지

철회할 수 있어야 하는 상태를 말한다. 성판매자와 성구매자의 합의
는 국제엠네스티가 성 노동을 정의하는 핵심 요소이며, 성매매와 인신
매매, 성 착취, 성폭력 및 성에 기반한 폭력을 구별하는 전제요소로서
매우 중요한 의미가 있다.[9]

엠네스티의 새로운 정의

용어의 구분	내용
성노동(Sex work) 성노동자(Sex worker)	성노동이란 성인간 합의된 조건에 따라 성구매자에게 성판매자에게 제공하는 성적 서비스 성노동자란 일정한 대가를 받고 성적 서비스를 제공하는 18세 이상의 성인
합의된 성매매 범죄화 (consensual adult sex work) 금지	합의된 성인간 성매매의 범죄화 금지 -합의된 경우 성구매, 판매, 관련 영업조직 등 처벌의 금지-
처벌(Penalization)금지	합의된 성인간 성매매 양당사자에 대한 형벌, 성판매자 추방, 양육권박탈, 사회복지혜택감소, 재활구금 등 금지
여성과 아동의 인신매매 금지 및 처벌	여성과 아동의 인신 매매를 방지, 억제 및 처벌하기 위한 유엔 의정서(the UN Protocol to Prevent, Suppress and Punish Trafficking in Persons, Especially Women and Children, 2000) 상의 인신매매
합의(Consent)	특정 성행위에 참여하기 위한 자발적이고 지속적인 합의를 의미하며, 이는 폭력에 동의하는 것을 의미하지 않으며 언제든지 동의를 철회할 수 있다.

자료: Amnesty, 2016.

2. 범죄화, 처벌

성인 간의 합의된 성매매(Consensuak Adult Sex Work)의 범죄화 및
처벌을 금지하며, 합의된 성 관련 구매·판매·영업조직 등의 범죄화

및 처벌을 금지하는 것을 말한다. 즉, 범죄화(Criminalization)란 합의된 성매매를 금지하고, 이를 법에 따라 처벌하는 정책적 방향을 말한다.

합의된 성인 간 성매매의 범죄화는 국가에 따라 다양한 모습으로 나타나지만, 일반적으로 세 가지로 유형화할 수 있다. 첫째는 성인간 합의된 성매매를 범죄로 규정하고 성노동자를 처벌하는 경우이다. 둘째는 성매매의 알선행위를 처벌하는 것으로 포주행위나 성매매영업장 제공 등의 행위 일체를 처벌하는 것이다. 이러한 처벌은 성노동자들의 영업적 행위와 이들을 지원하는 행위까지를 처벌하는 결과로 이어진다. 셋째는 성인 간 합의된 성매매의 성구매행위(Buying of Sex)를 처벌하는 경우이다.

처벌(Penalization)이란 합의된 성인 간 성매매의 경우임에도 양 당사자를 처벌하고, 성판매자에 대해 추방, 양육권 박탈, 사회복지혜택 축소, 재활구금 등 일련의 사회복지적, 형사사법적 서비스 제공의 차별화를 꾀하는 정책방향을 말한다.

3. 인신매매

인신매매(Human Trafficking)의 정의는 여성과 아동의 인신매매금지 및 처벌, 인권의 정의는 「여성과 아동의 인신매매를 방지, 억제 및 처벌하기 위한 유엔의정서 2000」(UN Protocol to Prevent, Suppress and Punish Trafficking in Persons, Especially Women and Children 2000) 상의 정의를 준용한다.[10]

즉, 인신매매란 사람을 착취하기 위하여 위협 또는 강제력 또는 기타 형태의 강압, 납치, 사기, 기만, 권력 남용 또는 취약 계층의 위치, 대가, 보호자의 동의 등의 수단으로 사람을 모집, 운송, 이전, 감금하는 등의 일체의 행위를 말한다.[11]

Ⅲ. 섹스워커에 대해 회원국이 할 일

1. 성매매 진입단계

국제엠네스티는 회원국의 정부가 성노동에 진입한 노동자들을 위하여 마련해야 할 조치를 요구하고 있다. 이 단계에서 국제엠네스티는 국가는 성노동자의 인권정책과 인권기구 등의 지원, 그리고 차별적인 관행 등을 타파하고 성노동이 생존 그 자체의 수단이 되지 않도록 직업교육제도 등을 갖출 것을 요구하고 있다. 이를 구체적으로 다음과 같이 정리할 수 있다.12)

첫째, 성노동에 관한 정책과 프로그램은 성노동자들의 인권보호에 초점을 맞춰야 한다.

둘째, 적절한 인권기준과 사회복지를 보장하기 위해 국제인권법상의 의무에 부합하는 효과적인 프로그램, 법률 및 정책을 채택하고 시행하여 누구도 생존수단으로 성 노동에 의존하지 않도록 해야 한다.

셋째, 누구도 자신의 의지에 반하여 성매매를 강요할 수 없도록 보장하고 성노동자가 인신매매에 연계되지 않도록 하며, 성노동자들의 인권이 침해되지 않도록 보장하는 법적 보호장치를 만들고 집행한다.

넷째, 소외된 개인과 집단을 지원할 수 있도록 개별 기관에게 권한을 부여하고, 이들을 존중하며, 적절한 교육 옵션과 지원을 제공한다.

다섯째, 사람들이 자신의 권리를 보호할 수 있도록 교육기회를 부여하고, 인권보호 기관이나 단체를 지원하며, 개인이 자발적으로 이들을 선택하여 인권을 현실화할 수 있는 채널을 구축하여야 한다.

여섯째, 소외된 계층에게 행해지는 차별적인 관행을 제거하고, 성노동자들에게 행해지는 고용차별과 같은 불합리한 관행을 탈피하기 위한 대책을 마련하여야 한다.

일곱째, 불평등과 차별을 낳고, 영속시키는 성역할에 대한 고정관념을 변화시키기 위한 사회적, 문화적 관행을 개선할 수 있는 조치를 하여야 한다.

2. 낙인과 차별 타파

국제엠네스티는 회원국의 정부가 성노동자 및 그 가족 등이 사회적 낙인 및 비난, 차별 등에 직면하지 않도록 취해야 할 의무를 제시하였다. 핵심적인 내용은 성노동을 범죄로 간주하고 처벌하는 것을 중단하고, 이들에 대한 사회적 낙인(Stigma)과 차별적 대우의 근절책을 마련할 것을 요구한 것이다. 이를 구체적으로 다음과 같이 정리할 수 있다.13)

첫째, 성노동자 및 다양한 형태의 차별을 당하는 사람들의 의견을 반영하여 성노동자들과 그 가족에 대한 낙인과 차별을 근절하고 제거하기 위한 정책과 프로그램을 개발하여야 한다.

둘째, 성노동자와 그 가족이 법률에 따라 평등한 보호를 받고 모든 형태의 차별로부터 보호받을 수 있도록 입법적 조치를 취해야 한다.

셋째, 성노동자들과 그 가족에 대한 유해한 고정관념과 낙인을 근절하기 위한 조치를 마련하여야 하며, 법집행 공무원들은 성 노동자들의 존엄과 인권을 존중해야하며, 성노동자가 법적 권리행사를 지원하는 프로그램을 마련해야 한다.

넷째, 성노동자들이 건강, 주택, 교육, 사회보장 서비스나 정부 프로그램을 이용하는 데 차별을 두어서는 안 된다.

다섯째, 성노동자들의 성매매행위에 대한 처벌을 중단한다.

3. 범죄화 및 처벌 중단

국제엠네스티는 회원국의 정부가 성노동을 범죄화(Criminalization) 하고 이를 처벌함으로써 결국 성노동자가 범죄인으로 전락하고 이는 사회적 차별과 낙인, 그리고 인권침해 등의 악순환의 고리가 된다고 지적하고 있다. 따라서 국가는 획일적인 성매매금지 및 그 처벌법을 폐지하여야 하며, 인신매매나 인권침해적인 성매매 환경에 대한 개선책을 강구할 것을 요구하고 있다.[14]

첫째, 대가를 지불하는 성인 간의 합의된 성적 서비스(Consensual Exchange of Sexual Services)를 직접적으로 또는 실제적으로 범죄화 또는 처벌하는 현행법을 폐지하고, 새로운 법률을 도입하는 것을 금지한다.

둘째, 성노동에 적용되는 성노동자들에게 해를 입히는 성적 착취나 강요된 성행위 등을 처벌하는 것을 목표로 하여야 한다. 그리고 이러한 처벌법은 모든 성매매를 폭력 또는 착취된 성행위로 규정하거나 성 노동을 금지하는 방식으로 적용하지 말아야 한다.

셋째, 성노동자의 이주, 배회, 이민 등에 대해 관련법을 차별적으로 적용해서는 안된다.

넷째, 성노동자들이 법에 따라 평등한 보호를 받고 정의에 접근할 권리를 가질 수 있도록 하며, 노동, 보건 및 안전, 기타 법률의 적용으로부터 차별적 대우를 받지 않도록 한다.

4. 신체적 및 성적 폭력으로부터의 보호

국제엠네스티는 회원국의 정부가 성노동자들이 성매매 현장에서 폭행이나 성적 폭력(Physical and Sexual Violence)을 당할 경우 법적인 보호 및 치료를 받을 수 있는 시스템을 갖출 것을 요구하고 있다. 그리고 이 경우에도 차별적인 대우를 당하지 않도록 제도적 장치를 마련할 것을 요구하였다.[15]

첫째, 성노동자들이 강간 및 성폭력, 권력남용, 폭행, 강탈 및 기타 모든 범죄 피해에 대한 효과적인 구제 조치뿐만 아니라 완전하고 평등한 보호를 누릴 수 있도록 법적으로 보장하여야 한다.

둘째, 성노동자들에 대한 폭력행위 수사, 기소 및 처벌은 차별이 없어야 하며, 관련법령 및 절차 등의 기준은 항상 인권적 개념을 반영하여 제정되고 또 정비되어야 한다.16)

셋째, 성노동자들의 인권을 보호하기 위해 법집행 공무원과 건강 및 사회복지서비스 제공자를 대상으로 인권교육 및 모니터링을 시행하여야 한다.

5. 착취로부터의 보호

국제엠네스티는 회원국의 정부가 성노동자들이 성매매 현장에서 착취(Exploitation)를 당할 경우 법적인 보호 및 피해를 구제할 수 있도록 시스템을 갖출 것을 요구하고 있다.17)

첫째, 모든 사업 또는 고용 현장에 적용되는 일반법(General Laws)이나 특별법을 제정하여 성 노동을 규제할 수 있다.18)

둘째, 성노동자들이 인신매매를 구성하지 않는 다른 형태의 착취로부터 적절한 법적 보호를 받을 수 있어야 한다. 즉, 노동자에 대한 물리적 성폭력, 권위의 남용, 강제노동 등의 착취행위에 대해 특별법 또는 기존의 일반법을 통해 구제될 수 있어야 한다. 다만, 관련 법률은 모든 성행위를 폭력 또는 착취와 연관시키거나 성노동에 대한 사실상의 금지를 위한 수단으로 적용되어서는 안 된다.

셋째, 인신매매를 예방, 억제 및 처벌하는 국제법19)상의 의무를 이행할 수 있도록 인신매매를 형사적 범죄로 규정하는 데 필요한 입법 및 기타 조치를 취하여야 한다.

6. 비범죄화 및 노동조합 인정

국제엠네스티는 성노동 비범죄화(Decriminalization)가 성노동에 대한 규제(Regulation)를 모두 없애라는 의미는 아니라는 입장이다. 오히려 국가는 성노동을 모두 범죄시하는 법적 태도에서 벗어나 착취와 학대로부터 성노동자를 보호하는 법과 제도를 정비할 것을 요구하고 있다.[20] 성 노동자들의 권리를 존중하고 보호하며, 공정하고 유리한 노동조건을 보장할 수 있도록 법체계를 정비해야 한다는 것이다.

첫째, 규제 체제는 국제인권법을 준수하여야 하며, 성노동자의 인권 및 안전이 최우선 목표가 되어야 한다.

둘째, 규제 체계에는 다양한 형태의 차별에 직면한 성노동자들의 의견이 반영될 수 있도록 이들과의 협의와 참여가 보장되어야 한다.

셋째, 성노동자들이 단합된 의견을 제시할 수 있도록 노동조합(Unions)을 결성하고, 이에 참여할 권리를 인정해야 한다.

7. 탈 성노동자에 대한 지원과 보호

국제엠네스티는 국가는 빈곤이나 차별로 인해 성노동에 의존하지 않도록 도와야 하며, 성 노동자에 대한 차별과 불평등을 해소하고, 이들이 이직을 희망할 때 언제든지 떠날 수 있도록 충분한 사회적 안전망을 제공할 것을 요구하고 있다.[21]

첫째, 성노동자가 국가 혜택, 교육 및 훈련 또는 자유롭게 선택할 수 있는 대체 고용(Freely Chosen Alternative Employment)[22] 등에 언제든지 쉽게 접근할 수 있어야 한다.

둘째, 성노동자들의 경험과 지원단체의 의견을 존중하여 성노동 현장에서 벌어진 다양한 차별에 대응할 수 있는 지원프로그램을 개발하고 운영하여야 한다.

셋째, 성노동자들에게 재활프로그램(Rehabilitation Programmes)을 강요해서는 안 된다.

넷째, 착취(Exploitation) 피해경험이 있는 성노동자에게 적합한 지원 및 치료 프로그램을 개발하여야 한다.

다섯째, 성노동자들이 공통적으로 직면하는 범죄기록 또는 고용기록으로 인한 노동현장에의 진입장벽을 제거하고, 성 노동자 기록이 차별적 요인이 되지 않도록 해야 한다.

여섯째, 경제현장에서 고용기회를 감소시키는 차별적인 법률, 정책 및 관행을 개혁하고, 젠더 고정관념, 엄격한 성역할(Rigid Gender Roles) 및 편견을 타파할 수 있는 방안을 마련하고, 여성과 트랜스젠더에 대한 고용현장에서의 불평등과 차별에 대처하여야 한다.23)

일곱째, 성적소수자(Gender Non-Conforming)24)에 대한 스티그마(Stigma)와 교육 및 노동기회 등에 대한 차별을 없애야 하며, 국가 또는 시민들에 의해 행해지는 폭력에 대응해야 하며, 성적 소수자 처벌을 이끄는 성적 고정관념을 타파하는 노력을 해야 한다.

Ⅳ. 엠네스트의 변신이 의미하는 것

2015년 8월 11일에 국제엠네스티 대의원총회에서의 「성노동자의 인권보호정책」(policy to protect human rights of sex workers) 개발계획 승인 및 2016년 5월 26일 국제엠네스티의 「성노동자의 인권존중, 보호 및 실천을 위한 국가의무에 관한 국제엠네스티 정책」(Amnesty International Policy on State Obligations to Respect, Protect and Fulfil the Human Rights of Sex Workers)의 핵심 내용은 국제엠네스티의 회원국가들은 성노동자의 인권보호를 위해 성노동의 비범죄화를 추구하고 이에 따른 일련의 조치들을 취할 것을 요구한 것이다. 이를 다음과 같이 정리할 수 있다.

① 합의된 성매매의 개념을 분명히 하였다. ② 대가를 지불하는 합의된 성적 서비스(Consensual Provision of Sexual Services) 및 성노동, 성노동자의 개념을 도입하였다. ③ 성적 착취, 인신매매의 개념을 분명히 하였다. ④ 합의된 성인 간 성매매를 성노동이라고 간주하고, 성판매자를 성 노동자로 규정지었다. ⑤ 합의된 성매매의 성노동자와 성구매자를 모두 처벌하지 말 것을 촉구하였다. ⑥ 인신매매, 성적 착취로부터 성노동자를 보호할 것을 촉구하였다. ⑦ 성노동자의 노동조합을 인정할 것을 요구하였다. ⑧ 성노동자의 건강 및 안전의 보호 및 치료를 법제화할 것을 요구하였다. ⑨ 탈 성노동자에게 사회복귀 프로그램을 강요하지 말 것을 분명히 하였다. ⑩ 탈 성노동자의 직업선택 및 노동시장으로의 진입시 성노동 기록이 장애가 되어서는 안 되며, 차별적 요인이 되어서도 안 된다는 것을 명시하였다. ⑪ 성노동자에 대한 지원 및 사회복귀 프로그램 등에는 성노동자 및 지원단체 등의 다양한 의견이 반영되어야 한다. ⑫ 여성과 아동의 인신매매금지 및 처벌, 인권의 정의는 「여성과 아동의 인신매매를 방지, 억제 및 처벌하기 위한 유엔의정서 2000」(UN Protocol to Prevent, Suppress and Punish Trafficking in Persons, Especially Women and Children 2000) 상의 개념을 전제로 하며, 이 의정서에 준해 인권적 조치를 취할 것을 촉구하였다.

국제엠네스티의 변신은 노르딕모델을 추구해온 한국을 비롯한 많은 유럽국가들에서도 상당한 충격이다. 동시에 성적자기의사결정권의 개념을 새롭게 재정의할 필요성까지 제기된다. 엠네스티의 결정은 성인 간 합의에 의한 성판매자는 그의 성별에 관계없이 스스로 성을 상품화할 수 있는 권리, 이른바 자기의사결정권을 행사할 수 있다고 해석한 것으로 보인다. 나아가 그의 결정을 존중하며 오히려 노동자로서의 권익을 국가가 보호할 의무까지 부여한 것으로도 이해된다. 엠네스티의 성매매에 대한 태도 변화는 도덕과 정의의 개념이 시대와 환경의 영향을 주고받는, 이른바 유기체적인 속성이 있다는 것을 명확하게 보여준다. 그런데 아직 한국 사회에는 여성가족부를 포함하여 성매매에 대한 엠네스티의 태도 변화를 뚜렷하게 지지하는 여성단체나 연구자는 등장하지 않고 있다. 향후 우리 사회가 어떻게 관련 사안에 대해 어떻게 담론을 쌓아가고 변화할 것인지 지켜볼 일이다.

참고 자료 및 설명

1) 결의안의 요지는 다음과 같다. "…성 노동자들은 세계에서 가장 소외된 그룹 중 하나이며, 대부분의 경우 차별, 폭력 및 학대의 위험에 직면해 있다. 국제 엠네스티는 성 노동자들의 인권보호정책을 채택하는 길을 열었다. 국제엠네스티는 이 정책을 구체화하는 작업을 지원할 것이다. 회원국은 합의된 성 노동의 모든 측면에 대한 완전한 비범죄화를 지지하는 정책을 개발할 것을 권고한다. 또한 회원국들은 성 노동자들이 착취, 인신매매 및 폭력으로부터 완전하고 평등한 법적 보호를 누릴 수 있도록 필요한 조치를 취할 것을 촉구한다."
   Amnesty International, Global movement votes to adopt policy to protect human rights of sex workers, https://www.amnesty.org/en/ latest/ news/2015/08/global−movement−votes−to−adopt−policy−to− protect−human−rights−of−sex−workers/.

2) Amnesty, Amnesty International Policy on State Obligations to Respect, Protect and Fulfil the Human Rights of Sex Workers, https://www. amnesty.org/download/Documents/POL3040622016ENGLISH.PDF. 이를 줄여서 여기서는 국제엠네스티의 성 노동자의 인권보호정책이라고 부르기로 한다.; 매일경제, 앰네스티, 논란 속 '성매매 비범죄화' 정책 공식채택, 2016. 5. 26. https://www.mk. co.kr/news/world/view/2016/05/379098/.; 박지현. 성매매의 비범죄화를 위한 규범적 고찰. 민주법학, 2016, 60: 273−307; 이하 허경미. 국제엠네스티의 합의된 성매매의 비범죄화 전략. 2019. 67−74. 내용 전반적 참조.

3) 국제엠네스티는 성매매의 실태를 오랫동안 조사해왔다. 우간다의 성매매여성의 성폭력피해 거부사안에 대한 조사보고서(2010), 그리스의 HIV보균 성 노동자의 범죄화 및 낙인찍기에 대한 조사보고서(2012), 나이지리아의 성 노동자들에 대한 경찰의 강압적 수사 조사보고서(2014), 온두라스의 성 노동자 대상 살인사건 긴급조치 조사 보고서(2014), 브라질 경찰의 성 노동자 퇴거 및 학대에 대한 긴급조치 조사보고서(2014), 튀니지의 성 노동자 성적 착취, 협박 및 강탈에 대한 조사보고서(2015) 등이 대표적이다. Amnesty International, Amnesty International publishes policy and research on protection of sex workers' rights, 2016. 5. 26. https://www. amnesty.org/ en/latest/news/2016/05/amnesty−international−publishes−policy−and −research−on−protection−of−sex−workers−rights/.

4) 박정미. 성매매의 세계화와 페미니즘 정치: 초국적 성매매에 관한 연구, 논

쟁, 운동. 페미니즘 연구, 2017, 17.1: 265−298.; 주간경향, 성매매 비범죄
화' 불 지핀 국제앰네스티, 2015. 8. 25. http://weekly.khan.co.kr/khnm.h
tml?mode=view&code=117&artid=201508181120581.

5) 허경미. 노르딕 모델 성매매정책의 딜레마와 시사점. 경찰학논총, 2019, 14.
2: 33−61.; 한겨레, 국제앰네스티 "성매매, 범죄로 보지 말라" 권고에 국내
인권·여성단체 논란, 2015. 8. 16.
http://www.hani.co.kr/arti/international/international_general/704691.
html#csidx6857b97d7dbbbb28f754b9ce6e99efa.; The Guardian, Amnesty
International in global programme to decriminalise sex work, 2016. 5.
25. https://www.theguardian.com/world/2016/may/26/amnesty−
international−decriminalise−sex−work−prostitution−human−rights.

6) Amnesty International, Amnesty International Policy on State Obligations
to Respect, Protect and Fulfil The Human Rights of Sex Workers
POL 30/4062/2016 26 May 2016, 3−5.

7) CEDAW, Concluding Observations: Russian Federation, UN Doc. CEDAW
/C/RUS/CO/8, 2015, paras. 25−26 (calls upon the government to repeal
the provision of the Administrative Code which penalizes prostitution
and to establish an oversight mechanism to monitor violence against
women involved in prostitution including by the police)

8) 국제앰네스티는 성 노동과 성 노동자란 용어가 상황 및 개인의 선호도에 따
라 다르게 규정될 수 있고, 또한 성 노동을 하는 모든 사람들이 성 노동자로
분류되지 않는다는 것도 인정한다. 다만 국제앰네스티는 일반적으로 성 노
동과 성 노동자라는 용어를 사용하며, 이는 어린이에게는 적용할 수 없다고
입장을 정하였다. Amnesty International, Amnesty International Policy on
State Obligations to Respect, Protect and Fulfil The Human Rights of
Sex Workers POL 30/4062/2016 26 May 2016, 15. 4.

9) Amnesty International, Amnesty International Policy on State Obligations
to Respect, Protect and Fulfil The Human Rights of Sex Workers POL
30/4062/2016 26 May 2016, 15. 5.

10) Amnesty International, Amnesty International Policy on State Obligations
to Respect, Protect and Fulfil The Human Rights of Sex Workers POL
30/4062/2016 26 May 2016, 4.

11) UN Trafficking Protocol, 2000, Art. 3(a).

12) Amnesty International, Amnesty International Policy on State Obligations
to Respect, Protect and Fulfil The Human Rights of Sex Workers POL

30/4062/2016 26 May 2016, 8−9.

13) Amnesty International, Amnesty International Policy on State Obligations to Respect, Protect and Fulfil The Human Rights of Sex Workers POL 30/4062/2016 26 May 2016, 9.

14) Amnesty International, Amnesty International Policy on State Obligations to Respect, Protect and Fulfil The Human Rights of Sex Workers POL 30/4062/2016 26 May 2016, 11.

15) Amnesty International, Amnesty International Policy on State Obligations to Respect, Protect and Fulfil The Human Rights of Sex Workers POL 30/4062/2016 26 May 2016, 12−13.

16) Human Rights Council, Report of the Special Rapporteur on the right of everyone to the enjoyment of the highest attainable standard of physical and mental health, Anand Grover (UN Doc. A/HRC/14/20), 2010; CESCR, General Comment 22 (right to sexual and reproductive health (Article 12)), (UN Doc. E/C.12/GC/22), 2016, para. 32. The CEDAW Committee has expressed concern to one state party about "widespread violence and discrimination against women in prostitution, in particular by the police." CEDAW, Concluding observations: Kyrgyzstan, (UN Doc. CEDAW/C/KGZ/CO/4), 2015, para. 21(c).

17) Amnesty International, Amnesty International Policy on State Obligations to Respect, Protect and Fulfil The Human Rights of Sex Workers POL 30/4062/2016 26 May 2016, 13.

18) 다만, 국제엠네스티는 특정한 국가가 성 노동에 대해 별도의 특별법을 제정하여 적용할 것인지, 그리고 그 범주는 어떻게 할 것인지에 대한 가이드라인을 제시하지는 않았다. Amnesty International, Amnesty International Policy on State Obligations to Respect, Protect and Fulfil The Human Rights of Sex Workers POL 30/4062/2016 26 May 2016, 13.

19) UN Trafficking Protocol, Article 5.

20) Amnesty International, Amnesty International Policy on State Obligations to Respect, Protect and Fulfil The Human Rights of Sex Workers POL 30/4062/2016 26 May 2016, 15.

21) Amnesty International, Amnesty International Policy on State Obligations to Respect, Protect and Fulfil The Human Rights of Sex Workers POL 30/4062/2016 26 May 2016, 16.

22) 성 노동에 벗어나 실업자가 되는 것이 아니라 다른 노동현장에서 일할 수

있는 대안적 노동기회를 제공하는 것을 말한다.

23) Cedaw Committee, General Recommendation 28, Un Doc. Cedaw/C/ Gc/28, Para. 22; Cedaw Committee, Concluding Observations: Greece, Un Doc. Cedaw/C/Grc/Co/7 (26 March 2013), Para. 29(B); Cedaw Committee, Concluding Observations: Turkmenistan, Un Doc. Cedaw/ C/Tkm/Co/3−4 (9 November 2012), Para. 33(C).

24) 학계 및 일반사회에서 통용되는 성적 소수자로 번역한다.

제4부

무관용과 관용의 미래

제10장

미국, 교도소에 찾아온 코로나

Ⅰ. 집단감염의 온상이 되다

세계를 강타한 코로나19 바이러스는 다양한 변이현상을 보이며 지구촌 사람들의 평온한 일상을 어렵게 하고 있다. 특히 코로나19는 집단생활을 하는 교정시설의 수용자들에게 더욱 치명적인 영향을 주어 전세계 122개국을 대상으로 한 조사에서 수용자 50여 만 명이 감염된 것으로 나타났다.[1]

한국의 일부 교정시설에서도 COVID-19 감염수용자가 다수 발생하였다. 특히 서울 송파구에 소재한 동부구치소 수용자 1,126명이 감염되어 단일 교정시설로는 최대 감염기록을 나타냈다.[2] 법무부는 뒤늦게 감염수용자들을 경북북부제2교도소 등으로 이송치료토록 했으나 사망자들이 발생하고, 수용자들이 구해달라는 호소문을 창문에 붙이는 등 일련의 문제들이 노출되었다. 결국 교정당국이 COVID-19와 같은 응급 의료재난에 적절하게 대처하지 못했다는 비판이 잇달았다.[3]

그런데 미국의 경우 교정시설 수용자 COVID − 19 발병률은 일반 인구보다 5.5배 높았고 사망률은 3배 정도 더 높아 미국 내 가장 큰 집단 발병 100건 중 90건이 교정시설에서 발생한 것으로 나타났다. 결국 미국은 2021년 9월을 기준으로 수용자 2600여 명이 사망하고, 114,000여 명이 감염되는 등 COVID − 19에 제대로 대처하지 못했다는 비난을 받았다.[4]

II. 교정시설 감염질환 관련 글로벌 규범

1. 유엔피구금자최저기준규칙상 규정

교도소 및 기타 구금시설의 수용자들은 과밀화와 공동작업 및 공동취사 등으로 다양한 질병에 노출되어 있다는 것은 주지의 사실이다. 특히 COVID − 19와 같은 감염질환에 더욱 취약하다. 따라서 유엔피구금자최저기준규칙은 감염질환에 대한 예비적 혹은 대응적 조치 규정을 두고 있다.

유엔피구금자최저기준규칙(United Nations Standard Minimum Rules for the Treatment of Prisoners 1955: SMRs 1955)은 유엔에서 1955년에 채택되어 1957년에 1차 개정규칙(663 C(24))을, 1977년 5월에 2차 개정규칙(2076(62))을 승인하였다. 이어 2015년 12월에 3차 개정규칙을 채택하여 넬슨만델라규칙(Nelson Mandela Rules)이라고도 칭한다. 유엔피구금자최저기준규칙은 2개 장 108개 조문으로 구성되어 있다.[5]

따라서 이 규칙은 국제사회가 수용자처우와 관련하여 반드시 준수해야 하는 규범으로서의 의의를 가진다.[6]

유엔피구금자최저기준규칙은 제24조부터 제35조에 이르기까지 보건의료서비스 장을 별도로 두었다. 이 가운데 특히 감염질환과 관련된 규정을 살펴보면 제24조 제1항은 피구금자에게 보건의료 서비스를 제공하는 것은 국가의 의무이며, 피구금자는 사회에서 제공되는 것과 동일 수준의 보건의료 혜택을 누릴 수 있어야 하며, 무상으로, 법적 신분으로 인한 차별 없이 필요한 보건의료 서비스를 이용할 수 있어야 한다고 규정하였다. 제2항은 보건의료 서비스는 일반 공공 보건당국과 긴밀한 협조를 이루고 있어야 하며, HIV 감염, 결핵, 기타 감염성 질환 및 약물의존 등에 관한 것을 포함하여 치료 및 보살핌의 지속성을 보장할 수 있는 방식으로 조직되어야 한다고 규정하였다.

제25조는 모든 교정시설에 보건의료 서비스 시스템과 전문의료진 체제를 갖출 것을, 제26조는 의료기록관리 및 수용자 의료기록 보안의무를, 제27조는 모든 피구금자는 응급상황 발생 시 즉시 의료지원을 받을 권리가 있고, 전문적 치료 또는 외과수술이 필요한 수용자는 특수 교정시설 또는 공공병원으로 이송되어야 하며, 의료와 관련된 결정은 권한이 있는 보건의료 전문가가 내려야 하며 비의료분야에 종사하는 교도소 직원은 그 결정을 거부하거나 간과해서는 안 된다고 규정하였다.

제30조는 교정시설 의료진은 구금자에게 감염성 질환이 의심되는 경우, 감염기간 동안 임상격리를 실시하고 적합한 치료를 제공하여야 한다고 규정하였다. 제32조는 교정시설의 의료진과 수용자와 피구금자와의 관계는 사회와 동일한 윤리적·전문가적 기준에 따라야 한다고 규정하였다.

이처럼 유엔피구금자최저기준규칙은 국가는 COVID-19에 감염된 교정시설의 수용자들에게 일반시민과 동일 수준의 의학적 진단과 치료 의무를 부담하며, 특히 임상격리 치료를 제공할 의무가 있다는 것을 명확히 하였다.

그리고 유엔피구금자최저기준규칙에 준하여 유엔여성수용자처우및여성피의자 비구금처우규칙(United Nations Rules for the Treatment of Women Prisoners and Non-custodial Measures for Women Offenders: the

Bangkok Rules), 소년사법관리를위한최소표준규칙(Standard Minimum Rules for the Administration of Juvenile Justice: the Beijing Rules), 비구금조치에대한유엔표준최소규칙(United Nations Standard Minimum Rules for Non-custodial Measures: the Tokyo Rules) 및 구금시설 내 보건: 구금시설 보건의 필수사항에 대한 WHO 가이드(Health in prisons: a WHO guide to the essentials in prison health, 2007) 등에서도 감염질환에 대한 교정시설 처우규정을 찾을 수 있다.[7]

2. WHO의 관련 규정

WHO는 모든 국가는 COVID-19에 대한 대비, 경보 및 대응 수준을 높일 책임이 있고, 다양한 환경에서 공중보건에 대응할 준비를 할 것을 요구하고 있고, 이는 교정시설 역시 그 예외는 아니라고 지적하였다. 그리고 각국이 교정시설에서의 코로나19에 대응할 수 있도록 「교도소 및 기타 구금 장소에서의 COVID-19 대비, 예방 및 통제」 지침을 2020년 3월 및 2021년 2월 등 두 번에 걸쳐 제시하였다.[8]

WHO는 이 지침에서 교정시설의 코비드 19 감염 사례 및 발병을 관리하는 데 진단기준을 제시하고 있다.[9] WHO는 단계별로 감염예방 및 통제(Infection Prevention and Control: IPC) 전략을 제시하였다. COVID-19 의심 또는 감염된 수용자들은 별도 시설에 수용하고 다른 수용동과 격리하는 조치, 즉 코호팅(Cohorting)을 하며, 코호팅 시설의 COVID-19 의심 또는 감염 환자는 최소 1m 이상 간격을 두고 환기가 잘되는 구역에 배치할 것을 권장하였다. 또한 COVID-19 감염수용자는 의료격리를, 나아가 COVID-19 감염의심자 혹은 감염자 접촉 수용자는 14일간 격리토록 하였다.[10]

WHO가 제시한 교정시설 코로나 전이 단계

구분	COVID-19 전이 상황
무 감염 전이 진단	강력한 감시 시스템이 있는 상태에서 최소 28일(최대 잠복기의 2배) 동안 새로운 사례가 발견되지 않음. 수용자의 감염 위험이 거의 0에 가깝다는 것을 의미
외부유입/산발적 진단	지난 14일 동안 발견된 감염사례는 모두 외부 유입이거나 산발적이고, 추가로 교정시설 내 지역적으로 획득된 전이에 대한 명확한 징후가 없는 경우. 수용자의 감염위험이 최소화되었음을 의미
특정시설의 감염사례의 발견	지난 14일 동안 감지된 사례는 외부 유입과 직접 연결되지는 않았고, 특정시설의 시간대, 지리적 위치 및 노출 등과 관계가 있는 것으로 추정되는 경우. 교정시설의 외부 노출을 피할 경우 지역사회의 다른 사람들에게 감염될 위험이 낮다는 것을 의미
지역사회 전파 -레벨1(Community transmission -level 1(CT1)	지난 14일 동안 발견된 감염 사례가 특정시설에 제한적이고 광범위하게 분산되지 않음. 전파는 특정 인구 하위 그룹에 집중될 수 있고, 일반 시민에 대한 감염위험은 낮음을 의미
지역사회 전파 -레벨2(Community transmission -level 1 (CT2)	지난 14일 동안 발견된 감염 사례가 교정시설에 널리 퍼진 경우. 특정 인구 하위 그룹에 덜 집중된 전파, 일반 인구에 대한 중간 정도의 감염위험
지역사회 전파 -레벨3(Community transmission -level 4 (CT3)	지난 14일 동안 지역적으로 널리 퍼지면서도 높은 발생률. 전파가 광범위하고 일반 인구에 대한 높은 감염위험
지역사회 전파 -레벨4(Community transmission -level 4 (CT4)	지난 14일 동안 지역적으로 획득되고 널리 퍼진 사례의 발생률이 매우 높은 경우. 일반 인구의 높은 감염위험

자료: World Health Organization, 2021.

나아가 WHO는 교정당국은 COVID – 19에 대응하는 보건당국과 공
동하여 IPC를 수립하고 시행할 것을 요구하고 있다. 또한 수용자 및
교정직원에게 손 세정제와 마스크를 지급하며, 마지막 감염자가 나온
후 28일 경과 전까지는 COVID – 19가 종식되지 않은 것으로 간주하고
대응할 것을 요구하였다. 또한 수용자의 외부인과의 면담을 제한하고,
지역사회로 출퇴근을 하는 교정직원이 감염매개체(infection vector)가
될 수 있으므로 이들의 일상생활도 일정한 통제가 필요하며, 이를 IPC
에 포함할 것을 요구하였다. 그리고 감염수용자 석방 시 적절한 보호와
치료가 연계되도록 교정당국과 보건당국이 공동 대응할 것을 요구하였
다. 특히 교정시설에서 석방되는 출소자들에 대해서 14일간 격리하여
지역사회와 출소자를 모두 보호토록 하였다.[11]

유엔피구금자최저기준규칙과 WHO의 수용자 감염질환과 관련한 대
응 규정을 비교해보면 다음과 같이 정리할 수 있다.

유엔피구금자최저기준규칙 및 WHO 지침 비교

유엔피구금자최저기준규칙	WHO 지침
보건의료서비스 무상 제공	교정시설의 진단기준 제시
일반인과 동일 수준 의료서비스 제공	지역사회 전파 레벨 단계 분류 기준
공공보건의료당국과의 긴밀한 협조	제시
체제 유지	감염의심자 1m 이상 거리유지 격리
모든 교정시설 전문의료시설 및 의료	감염자 의료 격리
진 체제유지	감염자 접촉 수용자 14일간 격리
수용자의료관리 및 보안유지, 응급의	교정직원, 수용자 모두에게 손 세정
료체제 유지, 모든 의료 관련 결정은	제, 마스크 지급
보건의료전문가의 권한	교정직원의 지역사회와의 감염매개
비의료분야 교정직원의 의료 관련 결	체 우려 일상행동 제약
정 배제	석방수용자 14일간 격리
감염질환 수용자 격리 및 치료	방수용자 지역사회 연계 의료지원 최
의료진과 수용자의 관계는 일반사회와	종 감염자 발생 28일 후 COVID – 19
동일한 윤리적·전문가적 기준 유지	종식 체제 유지

양 규정의 핵심은 구금시설에서 COVID – 19와 같은 감염질환의 보건의료 책임은 궁극적으로 국가(보건당국)에 있고, 국가는 일반인과 동일 수준으로 수용자에게 관련 의료서비스를 제공하며, 지역사회의 공공보건의료당국과 연계하여 적절한 서비스를 제공해야 한다는 점이다.

III. 교도소 의료처우 규정

1. 주정부

미국은 연방정부의 1787년 헌법 제정 이후 각 주정부들은 주헌법을 제정하였고, 이 주헌법에 수용자 의료처우 규정을 두기 시작하였다. 최초로 델라웨어의 1792년 헌법은 교도소에서 수용자의 건강에 대한 적절한 고려가 있어야 한다고 규정하였다(Del. Const. of 1792, art. I, § 11). 이후 노스캐롤라이나(N.C. Const. of 1868, art. XI, § 6), 테네시(Tenn. Const. of 1870, art. I, § 32), 와이오밍(e Wyo. Const. art. I, § 16) 및 조지아(Ga. Const. art. I, § 1) 등이 수용자의 건강 처우 등을 헌법에 규정하였다.

19세기 중반 이후로 대부분의 주정부가 수용자에게 음식과 의복, 그리고 의료 서비스를 제공할 의무가 있다고 법제화하기 시작했다. 주정부마다 법적 형식과 세부 사항은 다양하지만, 공통적인 것은 모든 신규 수용자에 대한 초기 신체 및 정신 검사와 수감 중 공동부담금을 통한 지출 등이며, 세부적인 것은 교정당국이 시행하도록 위임하는 것이었다.

2. 연방정부

– 수정헌법

미국 수정헌법 제8조(보석금, 벌금 및 형벌)는 과다한 보석금을 요구하

거나, 과다한 벌금을 과하거나, 잔혹하고 비정상적인 형벌을 과하지 못한
다(Amendment 8 – Cruel and Unusual Punishment. Ratified 12/15/1791.
Excessive bail shall not be required, nor excessive fines imposed, nor
cruel and unusual punishments inflicted)고 규정하고 있다.

– 에스텔 대 갬블 사건

수용자의 의료처우와 관련하여 에스텔 대 갬블(Estelle v. Gamble, 429
U.S. 97 (1976)) 사건은 수정헌법 제8조를 수용자의 권리장전으로 인식
케 한 의미가 있다.[12] 이 판결은 교도소 당국이 수용자의 의료적 필요
를 고의적으로 다루지 않는 것은 "잔인하고 비정상적인 처벌(cruel and
unusual punishment)"에 해당하는 것으로 수정헌법 제8조에 의해 금지
된 '불필요하고 무자비한 고통의 가해'를 구성한다는 원칙을 세웠다는
평가를 받고 있다.[13]

– 교도소소송개혁법

이 판결 이후 교정당국을 대상으로 한 수용자의 의료분쟁 소송이 줄
을 잇자 1995년 교도소소송개혁법(Prison Litigation Reform Act of 1995:
PLRA)이 제정되었다. 이 법의 주요 내용은 교정시설 수용자는 소송을
제기하기 전에 반드시 고충처리제도 등 행정적 절차를 모두 거쳐야 하
며, 소송사유가 발생한 날로부터 일정한 기일 내만 소송을 제기할 수
있으며, 소송비용의 예납을 요구하고 있다.[14] 한편 이 법은 교정시설
수용자의 의료분쟁 소송 남용을 억제하는 효과도 있지만, 의료서비스
불만에 대한 소송을 억제하고 위축시킨다는 비판을 함께 받고 있다.[15]

– 교도관 보건 및 안전법

1998년에는 면역결핍 바이러스(HIV) 및 감염성 질병 수용자 처우에
관하여 규정한 교도관보건및안전법(Correction Officers Health and Safety

Act of 1998)이 제정되었다.16)

이 법은 ① 연방 범죄로 6개월 이상 징역형을 선고받았거나 재판 전에 구금된 사람이 의도적 또는 비의도적으로 교도관에게 HIV를 전염시킨 것으로 의심되는 경우 HIV 검사를 받도록 하며, ② 검사 결과를 대상자에게 알려야 하며, ③ 지침에 따라 바이러스 노출 우려 대상자에게 잠재적 위험에 대해 알리고 예방적 또는 관련 치료 필요성을 알려야 하며, ④ 검사 결과 HIV 감염당사자, 접촉 교도관이나 수용자에게 적절한 상담과 치료를 하며, ⑤ 이러한 사실을 민형사상 소송자료로 제공해서는 안 되며, ⑥ 검사를 받은 사람 등의 사생활이 노출되지 않도록 하며, ⑦ 교정시설에서 수용자와 교도소 직원이 감염성 질병에 걸렸거나 노출되지 않도록 예방, 탐지 및 치료에 대한 지침을 연방정부가 주정부에 제공할 의무를 부담 지우고 있다. 이 법은 교정시설 교도관 및 수용자의 HIV를 포함한 바이러스성 질병의 감염 예방 및 치료 그리고 안전을 도모하였다는 평가와 함께 연방정부가 감염질환에 대한 예방 및 대응지침을 제정하고 전달할 책임이 있다는 것을 명확히 하였다.

– 연방수용자의료본인부담금법

이어 연방정부는 2000년에 연방수용자의료본인부담금법(Federal Prisoner Health Care Copayment Act of 2000)을 제정했다.17) 이 법의 주요 골자는 교정시설 수용자가 시설 내 의료기관을 방문하여 의료서비스를 받는 경우 방문할 때마다 최소 1$의 공동부담금을 부담토록 한 것이다. 공동부담금이 제외되는 경우는 응급치료, 만성질환, 전염병, 정신 건강 또는 약물 남용 서비스 등이다. 또한 배상명령을 받은 수용자들로부터 받은 수수료 중 75%는 피해자기금에, 나머지 25%는 코페이먼트 프로그램을 수행하는 데 발생하는 관리 비용 지출을 위해 법무부장관이 사용할 수 있다. 이 법은 수용자에게 필요한 의료서비스는 제공하되 불필요하게 남용되는 의료수요를 차단하고 의료비용을 절감하는 효과를 가

져왔다는 긍정적 평가와 함께 의료서비스의 선별적 제공이라는 비판을
함께 받고 있다.[18]

- 오바마케어법

또한 2010년에 제정된 이른바 오바마케어법, 즉 건강보험법(The
Affordable Care Act: ACA)은 수용자에 대한 의료서비스의 기회와 진료
범위를 확대하였다. 기존 1965년에 제정된 Medicaid는 교정시설 수용
자에게 기본적인 의료서비스를 제공하였지만, 일부 질병의 경우 치료
범위에서 배제되었다. 그러나 ACA는 제외되었던 분야의 질병치료 서
비스를 제공하도록 보장하고 있다. 따라서 ACA의 실시로 대부분 빈곤
층에 속하는 교정시설 수용자들이 교정시설과 출소 후에도 치료를 받
을 수 있게 되었다.[19]

IV. 교도소 코로나 관련 대응

1. 운영지침

미국 연방교정국(The Federal Bureau of Prisons: BOP)은 주요 비상사
태 또는 기타 정상적인 운영 중단에 대처하기 위해 직원에게 지침을
제공하는 「운영연속성계획」(continuity of operations plans)을 가지고 있
다. 이 계획에는 폭동 또는 화재진압, 자연재해 또는 폭발 시 대응 또
는 COVID-19와 같은 기타 중대한 비상 상황 관리 등이 포함된다.
이 비상계획에는 지휘요원 지정, 상황통제, 지역당국 통지 및 협력, 임
시 및 후속 의료제공, 기타 주요 문제에 대한 처리 매뉴얼이 포함된다.
연방교정국은 이 「운영연속성계획」을 바탕으로 COVID-19 대응 시
스템을 구축했다.[20]

BOP는 세계보건기구(WHO), 질병통제센터(CDC), 인사관리국(OPM), 법무부, OSHA[21] 등의 지침과 지시를 반영하여 2020년 1월 31일에 최초로 COVID-19 대응 지침을 교정시설에 전달하였다. 이후 이를 보완하여 2020년 3월 23일 자로 교도소 및 구금 시설에서 COVID-19 관리에 관한 지침(the Guidance on Management of Coronavirus Disease 2019 (COVID-19) in Correctional and Detention Facilities)을 발표하였고, 이것은 2020년 7월 14일 자, 2020년 11월 25일 자 등으로 후속 지침이 발표되었다.[22]

BOP는 이 운영지침을 통하여 모든 교정시설은 COVID-19 의료격리율, 직원과 수용자의 접종률, 해당 지역사회 전파율 등을 기준으로 시설의 운영단계를 1, 2, 3단계(Levels 1[23], Levels 2, Levels 3)로 분류토록 하고, 단계별 운영지침을 제시하였다. BOP가 2020년 11월 25일 자로 제시한 모든 교정시설에 적용되는 지침의 주요 내용은 다음과 같다.

연방교정국의 교정시설 운영지침

구분	주요내용
외부인과의 면회	기존 금지되었던 외부인 면회를 허용하되 인원과 시간제한, 거리두기(6피트 이상), 칸막이나 유리창 면회, 면회실 방역, 체온측정, 마스크 착용 등의 조건을 갖춰 교정시설의 재량하에 실시
법률지원	전화통화 및 화상통화는 가능한 허용, 변호사 대면은 마스크 착용 등 지침을 준수하며 허용
일상생활	수용자 간 거리두기를 시행하되, 급식 서비스와 같은 필수 업무는 방역지침을 준수하며 계속 운영, 개별 수용자는 물품 배급소, 빨래, 주 3회 샤워, 변호사 법률지원, 전화, 의료, 상담 등에만 이동 허용, 일부 교정시설 작업장(UNICOR)도 허용
프로그램 운영	First Step Act[24]에 따른 재범 감소 프로그램 및 직업훈련 프로그램 등은 가능한 필수적으로 운영하되, COVID-19 확진 상황에 따라 예외 가능

시설 입소	교정시설 간 이송 혹은 신규입소 모든 수용자는 COVID-19 검사를 받도록 하며, 양성 반응을 보이는 수용자는 의료 격리. 무증상이면서 음성 판정을 받는 경우 최소 14일 동안 검역소에 머물게 된다. 14일 후 PCR 검사 후 음성이면 일반 수용실로 배치되며, 양성인 경우 의료 격리
석방/이송	COVID-19 검사에서 양성 반응을 보인 사람이나 발열 또는 증상이 있는 사람은 운송 수단에 탑승치 못하는 것을 원칙으로 한다. COVID-19 이력이 없는 경우는 승인된 COVID-19 테스트 후 음성일 때 14일 동안 석방/이동 검역소에 배치되며, 14일 후 재테스트 후 음성일 경우 석방/이송할 수 있다. COVID-19 확진 판정을 받았으나 회복되어 90일을 경과하고 격리 해제기준을 충족시 석방/이송할 수 있다. 불가피하게 즉시 석방이 필요한 경우에는 당일 증상 선별, 체온측정 및 신속한 테스트 후 출발 및 도착 지역의 보건당국에 통보하며, 운송 중 또는 도착 시 검역 또는 격리 조건이 필요한 경우 관련 일정을 조정한다.[25]
자원봉사	외부 자원봉사 중 종교 및 상담 관련 자원봉사 이외의 방문은 제한된다.[26]
교정시설 견학	모든 교정시설의 견학 및 참관 등은 중단된다.
교정직원 훈련	모든 교정직원의 대면교육 및 훈련은 중단된다.
출입심사	모든 교정시설의 모든 방문자, 모든 직원은 체온검사를 하며, 38° 이상인 경우 건물진입이 거부된다.[27]
직원여행	모든 교정직원의 여행은 일정기간 동안 금지된다.

자료: Bureau of Prisons, 2020. 재구성.

2. COVID-19 백신지침

BOP는 CDC와 협력하여 2021년 1월 22일 백신지침(COVID-19 Vaccine Guidance)을 만들었다.[28] 이 백신지침은 백신종류와 접종 가능한 연령대와 횟수, 우선순위(Priority Level) 등을 명시하고 있고, 이를 바탕으로 교정시설의 의료전문가가 교정직원 및 수용자들에게 접종토록 가이드라인을 매우 구체적으로 제시하였다.

이 백신지침에 따르면 백신은 CDC가 보급하며, 1차 접종 대상자는 교정공무원과 의료인이며, 이는 이들이 지역사회와 교정시설 그리고 수용자와 수용자 사이의 COVID－19 감염매개체가 될 위험성을 감소시키기 위함이라고 명시하고 있다.[29] 수용자에게 이 지침을 적용하되 백신 공급이 제한되는 경우 발병 이력, 수용시설의 환경 및 개별 임상요인 등을 시설에서 고려하여 조정할 수 있도록 하였다.

우선 접종 대상자는 COVID－19의 감염, 노출 등으로 격리된 수용자로 격리기간과 장소를 접종 기회로 삼도록 하였다. 또한 석방이나 이송 대상 수용자의 경우로 이들이 지역사회나 타 교정시설에의 감염위험인자가 되지 않도록 하고 있다. 다만, 석방 대상자의 경우 이들이 교정시설에서 1차 및 2차 백신접종을 모두 마쳐야 하며, 연속해서 2회 접종을 할 시간 여유가 없거나. 이들이 출소하는 지역에서 연속적으로 접종받을 형편이 안되는 경우 1차 접종도 제한하였다.

그리고 나머지 수용자의 백신접종 우선순위(Priority Level)는 다음 표와 같다. 그리고 이 우선순위를 정할 때 BOP의 전자의무기록(BEMR) 및 CDC의 지침을 사용하여 해당조건에 해당하는 수용자를 식별, 접종 대상자 순위를 분류토록 하였다.[30]

수용자의 백신접종 우선순위

접종순위	대상자
1순위	교정의료시설에 배치된 보조인력 수용자 및 장기 수용자 의료요양시설이나 주거의료교정시설의 수용자
2순위	65세 이상 수용자 암질환, 만성신장 질환, 만성 폐쇄성 폐질환, 다운 증후군, 심부전, 관상동맥 질환 또는 심근병증과 같은 심장 질환, 고형 장기 이식으로 인한 면역 저하 상태, 비만(체질량 지수[BMI] 30kg/m² 이상), 겸상 적혈구 질환, 흡연자(현재 및 과거 흡연자 포함), 제2형 당뇨병, 임신 등의 수용자

3순위	50세에서 64세 사이의 수용자 COVID-19로 인해 "위험이 증가할 수 있는" 다음과 같은 특정 기저 질환. 즉 천식(중등도에서 중증), 뇌혈관 질환(혈관 및 뇌로의 혈액 공급에 영향을 미침) 낭포성 섬유증, 고혈압, 혈액 또는 골수 이식으로 인한 면역 저하 상태, 면역 결핍, HIV, 코르티코스테로이드 사용 또는 기타 면역 약화 약물 사용, 치매와 같은 신경계 질환, 간 질환, 과체중(BMI $25kg/m^2$ 초과 $30kg/m^2$ 미만), 폐 섬유증(폐 조직이 손상되거나 흉터가 있음), 지중해빈혈, 제1형 당뇨병 등의 모든 연령대 수용자
4순위	1순위부터 3순위까지 모든 직원과 수용자에 대한 백신접종이 완료된 후 남아있는 모든 수용자

자료: Bureau of Prisons, 2021. 재구성.

V. 드러난 문제점

1. 집단감염을 부른 과밀수용

2019년 말부터 번지기 시작한 COVID-19가 교정시설에서도 발견되면서 과밀수용이 감염을 더 악화시킬 것이라는 두려움에 BOP를 포함해 주정부들도 수용자 석방을 서둘렀다. 결국 2020년 상반기에 수용자는 210만여 명에서 180만여 명으로 14% 감소하였지만 이후 2020년 가을부터 2021년 봄까지 수용자 감소율은 점차 낮아지는 추세를 보였다.

그런데 2020년 수용자 석방률이 낮고 투옥률이 높은 주정부의 경우 2021년까지 그렇지 않은 주정부들 보다 수감률을 낮추려는 노력을 덜 하는 것으로 나타났다.[31]

연방 수준에서도 이민세관단속국(ICE)의 난민구금자 수는 2019년 구금인구의 3분의 1이었지만, 연방보안관실(USMS)의 수용자는 계속 높은 구금률을 유지하였다. 연방교도소만 살펴보면 2019년 말과 2021년 봄

코로나 기간 수용인구의 변화

구분	2019	2020.6	2021.3	2019-2021		2020-2021	
총계	2,115,000	1,816,300	1,774,900	−340,000	−16%	−41,400	−2%
Prison	1,435,500	1,309,500	1,193,900	−241,600	−17	−115,600	−9
Jail	758,400	573,400	647,200	−111,200	−15	73,800	13
urban	166,979	127,100	147,200	−19,779	−12	20,100	16
suburban	146,976	116,800	132,600	−14,376	−10	15,800	14
small/mid sizemetro	260,169	208,400	−27,369	232,800	−11	24,400	12
rural	184,295	121,200	134,500	−49,795	−27	13,300	11

자료: Kang−Brown, Montagnet, & Heiss, 2021, 재구성.

사이에 약 144만 명에서 119만 명으로 총 17% 감소했다. 지방교도소의 경우에는 COVID−19 초기에 급격한 수용인구 감소추세를 보이다가 이후 다시 증가하는 양상이다.

결국 미국은 COVID−19로 인해 2021년 3월을 기준으로 교정시설 수감률이 지난 20년 만에 가장 낮아지긴 했으나, 인구 10만 명당 수용자는 639명으로 세계 최고 수준이며, 이는 세계 수용인구의 25%를 차지하는 것이다.[32]

또한 교도소소송개혁법(PLRA)으로 수용자들의 의료소송권을 제한시키고, 연방수용자의료본인부담금법(FPHCCA)으로 수용자에게 의료부담금을 지불토록 하고, 오바마케어법으로 석방수용자의 의료비를 지방정부가 지불토록 하는 부담을 지웠다. 이와 같은 조치들은 수용자의 적극적인 교정시설 내 의료기관 방문을 위축시켰고, 지방정부는 수용자 석방을 소극적으로 시행함으로써 교정시설 내 COVID−19 감염을 더욱 확산시키는 요인으로 작용했다는 비판을 받고 있다.[33]

세계 수용인구 상위 10개국

수용인구	인구 10만 명 당 수용인구비
United States — 2,068,800 China — 1,690,000 Brazil — 811,707 India — 478,600 Russia — 471,490 Thailand — 309,282 Turkey — 291,198 Indonesia — 266,259 Mexico — 220,866 Iran — 189,000	United States — 629 Rwanda — 580 Turkmenistan — 576 El Salvador — 564 Cuba — 510 Palau — 478 British Virgin Islands (U.K. territory) — 477 Thailand — 445 Panama — 423 Saint Kitts and Nevis — 423

자료: https://worldpopulationreview.com/country-rankings/incarceration-rates-by-country/

2. 형사사법정책과 보건정책의 부조화

COVID-19 팬데믹이 심각해지자 교정시설의 수용자 석방은 다양한 방식으로 진행되었다(prison policy initiative, 2021). 뉴저지주의 경우 2020년 주보건법(S2519)을 개정하여 3,000여 명을 석방시켰고, 오클라호마 등을 포함한 대부분의 주에서는 주지사의 행정명령 및 감형권(Governor executive orders and commutations)을 활용하여 수용자를 석방했다. 연방교정국은 연방보호관찰위원회와 연계하여 행형성적이 양호한 24,000여 명의 수용자들을 가택구금을 조건으로 석방하였다. 또한 주법원 및 연방대법원은 장기수용자 및 고령수용자 등에 대한 석방명령(court orders)을 내렸고, 교정시설은 대상자들을 선별하는 조치를 별도로 취하였다.

이와 같은 노력에도 불구하고 몇 가지 문제가 노출되었다.

섣부른 복귀명령

일부 교정시설에서는 석방 수용자에 대해 교도소 복귀명령을 내리는 조치를 하였다. 이는 앞에서도 확인되는데 2020년 6월부터 2021년 3월까지 지역 교도소 수용인구는 13%, 73,800여 명이 증가하였다. 석방 수용자에 대한 복귀명령은 첫번째단계법(First Step Act: FSA)의 기본취지를 제대로 반영되지 못한 것이며, 수용 과밀화를 더욱 악화시키고 수용자 감염을 확산시키는 등의 부정적 효과를 낳았다.[34)]

정치적 사법정책

감소했던 농촌지역 교도소 수용인구가 다시 빠르게 반등하는 문제가 발생하였다. 즉, 앞의 표에서 보는 것처럼 농촌지역 수용인구는 2019년 중반에서 2020년 사이에 63,100여 명, 34% 정도 감소했다. 그러나 2020년 중반부터 2021년 초까지 농촌지역 수용인구는 11%, 13,300여 명이 증가했다. 결국 2021년 3월경 농촌지역 수용인구비는 도시 교도소보다 두 배 이상 높은 것으로 나타났다. 이와 같은 현상은 범죄인 구금정책이 정치적 그리고 사법적 의지에 따라 좌우되기 때문이라는 진단이다.[35)]

또한 2020–2021년의 경우 지방교도소 인구 증가와 연방교도소의 수용인구 감소추세가 동시에 발생하는 것을 확인할 수 있다. 이는 정상적인 상황이라면 재판을 거쳐 연방교도소로 이송되어야 할 연방범죄자들에 대해 연방교도소로의 이송을 중지하거나 법원의 재판중단 등으로 인해 지방교도소에 그대로 잔류 수용되는 경우들도 영향을 끼친 것으로 나타났다. 그런데 문제는 규모가 작은 지방교도소의 경우 제한된 의료시설과 지역사회의 의료지원 등을 받기 어려운 환경으로 COVID–19 감염자가 늘어나는 악순환을 불러왔다는 지적이다. 나아가 규모가 작은 소도시나 농촌지역에 거주하는 교정직원이 적절한 임상 격리 등을 거치지 않고 지역사회에서 감염되어 교정시설 동료 및 수용자에게 감염매개체로 작용하는 경우들도 확인되었다.[36]

인종차별 처우 관행

COVID-19 팬데믹 동안 교정당국이 석방한 수용자 간 인종별 차이가 현격하여 차별 논란이 야기되고 있다. 즉, 2019년 이후 COVID-19 팬데믹 동안 2020년까지 흑인의 수감률은 22%, 라틴계 사람들의 수감률은 23%, 아시아계 미국인의 수감률은 21% 정도 감소한 데 비해 백인의 수감률이 28% 정도 감소한 것으로 나타났다. 이러한 차이는 형사사법기관의 차별적 법적용과 가석방심사위원회의 유색인종에 대한 비우호적 태도가 반영된 결과라는 비판이 제기되고 있다.[37]

3. 불균형적인 교정직원과 수용자 간 의료서비스

2021년 9월 24일을 기준으로 연방정부교정국 산하의 교정시설과 이민세관집행국 및 주정부를 포함한 지방정부 산하의 교정시설 등에서 발생한 COVID-19 감염자 및 사망자 현황은 다음과 같다.

미국 연방 및 지방정부 교정시설 COVID-19 감염

구분	감염 수용자	사망 수용자	감염 직원	사망 직원
BOP	44,447	265	8,077	6
ICE[38]	27,908	10	45	–
State	353,218	2,318	104,962	206
National Total	425,573	2,593	113,084	212

자료: covid prison project, 2021.

연방정부의 교정시설 COVID-19 감염수용자는 44,447명이고, 사망자는 265명으로 감염자의 0.60% 정도가 사망했다. 연방교정직원은 8,077명이 감염, 사망자는 6명으로 0.07% 정도가 사망하여 수용자의 사망률이 직원보다 9배 정도 높다. 또한 BOP 교정시설의 수용자 1,000명당 COVID-19 감염률은 291.9명이고, 연방교정직원은 209.38명으로 수용자 감염률이 직원보다 28.2% 정도 높은 것으로 나타났다.[39]

이에 비해 주정부 교정시설(state jail)을 포함한 지방정부의 교정시설(urban·suburban·small/mid size metro·rural jail)의 감염수용자는 353,218명이고 이 가운데 2,318명이 사망하여 0.66% 정도의 사망률을 보였다. 감염직원은 104,962명이고 206명이 사망, 0.20% 정도의 사망률을 나타냈고, 감염직원 보다 감염수용자의 사망률이 두 배 이상 높은 것으로 나타났다.

연방교정시설에서뿐만 아니라 지방정부의 교정시설에서도 수용자의 사망률이 직원의 사망률보다 월등하게 높은 이유는 BOP의 COVID-19 대응 지침이 제대로 작동되지 못하였을 뿐만 아니라 WHO가 수용자들에게 마스크 및 손 세정제 등을 지급하고 일정한 거리두기를 요구하였으나 교정당국이 이를 권고로만 인식하고 그 실천을 강제하지 않은 영향이 크다는 비판과 진단이 잇달았다.[40] 나아가 감염직원과 감염수용자 간 지원되는 응급의료서비스의 수준과 기회의 차이, 즉 의료형평성의 문제가 제기되었다. BOP의 지침 및 WHO의 매뉴얼 특히 유엔피구금자최저기준규칙등에서 수용자에게 지원되는 의료서비스는 일반시민과 동일한 수준이어야 하지만 실제 현장에서는 상당한 격차를 보였다는 것이다. 특히 BOP의 지침에도 불구하고 팬데믹 초기부터 수용자 간 거리두기 및 감염수용자의 14일간 의료 격리 등이 무시되어 교정시설 내 집단감염을 확산시켰다는 진단이다.[41]

4. 보건의료지침의 비준수

앞에서 살펴본 것과 같이 BOP는 COVID-19 관련 지침을 통해 교정시설관리 및 교도관과 수용자 등의 보건위생의 가이드라인을 제시하였다. 그러나 이 지침은 COVID-19 감염 확산이 진행된 단계에서 제공되었고, 이행 여부에 대한 점검 및 후속조치 등이 적시에 이루어지지 못하였다.

심지어 교도관과 수용자들에게 마스크나 손 세정제가 적절하게 보급되지 못하였으며, 일부 과밀화기 극심한 일부 교도소에서는 1인용 거실에 3~4명을 함께 수용하는 등 난맥상을 드러냈다. 특히 일부 교정시설은 응급의료실이 부족하자 감염 수용자를 동료 수용자들과 함께 거실수용 후 보살피게 하는 사례도 발견되었다. 이와 같이 각 주정부 및 지역 교정시설별 대응은 체계적이지 못하였고, 이로 인해 COVID-19 감염교도관과 수용자가 폭증하는 원인이 되었다.[42]

공중보건 전문가들이 교정시설의 감염병 확산에 교도관이 매개체가 될 수 있다고 경고했지만, 이에 적절히 대처하지 못해 교도관에 의한 교정시설 감염 차단에 실패하였다(Kang-Brown, Montagnet, & Heiss, 2021). BOP는 지역사회 감염률과 교도관의 감염률이 높은 교정시설의 수용자 감염률이 그렇지 않은 시설보다 더 높은 사실을 발견했다.

또한 교도관과 수감자들에 대한 백신 보급이 일반인들에 비해 늦게 진행되었고, 그마저도 백신에 대한 불신으로 접종이 늦어졌다. 특히 BOP가 2021년 1월 제공한 백신지침을 통해 수용자보다 먼저 백신접종을 받게 된 교도관들이 접종을 집단적으로 거부하는 사례가 빈발하였다. 이로 인해 교도관들과 수용자들에 대한 접종이 동시에 지연되는 등 BOP의 지침이 현장에서 반영되지 못하였다. 더욱이 BOP가 2020년 11월에 제공한 지침에서 교정시설의 작업장(UNICOR)[43]을 정상 운영토록 함으로써 수용노동자들의 집단감염을 촉발시켰고, 지역사회로까지 감염이 전파되었다는 비난도 제기되고 있다.[44] 그런데 BOP의 이 지침은 WHO가 제시한 단계별 감염예방및통제(IPC)를 반영하지 않았다. 코로나19 초기부터 호흡기질환으로 사람 간 접촉을 차단하고 거리두기가 매우 중요한 예방조치로 강조되었지만, BOP의 지침은 매우 문제점을 안고 있었다.

코로나 백신 접종을 받는 수용자

자료: https://www.nytimes.com/2021/05/22/us/covid-prison-vaccine.html/

VI. 반성해야 할 것들

바이든 미국 정부는 인권을 정책의 핵심 이념으로 삼고 있지만, COVID-19 상황에서 보인 미국 교정당국의 대응은 상당한 문제점을 드러냈다. BOP의 대응 지침과 수용자의 자비석방과 가석방 확대 등의 노력에도 불구하고 감염으로 인한 사망 수용자가 2500여 명에 달하는 등 문제점이 나타났다. 한국에서도 국가인권위원회가 법무부에 COVID-19 대응 문제점을 들어 기관경고와 제도 개선을 권고하였다.[45] 이와 같은 현실을 반영할 때 미국 교정시설의 COVID-19 대응과 관련하여 다음과 같은 시사점을 얻을 수 있다.

1. 재앙적 과밀수용 해소

교정시설의 과밀화를 반드시 해소하여야 한다는 점이다. 세계에서 가장 높은 수용인구비와 세계 교정인구의 25%를 점하는 미국의 교정시설 과밀화는 유엔피구금자최저기준규칙의 규정을 위반한 것일 뿐만 아니라 그 자체로 위생, 폭력, 부실한 급식 문제 등 수용자의 기본적 인권을 침해한다는 논란이 제기되어 왔다. 나아가 교정시설 과밀화는 기존의 문제들을 넘어서 COVID-19 집단감염을 촉발하고, 응급의료체계를 붕괴시켜 지역사회의 안전을 위협하는 촉매제로 작용한다는 점을 인식해야 한다. 이는 이미 서울동부구치소의 사례에서도 확인되었다.

2. 과도한 무관용주의 반성

미국의 엄격한 무관용주의와 구금주의 모토가 수용자의 COVID-19 집단감염의 원인으로 작용했다는 점을 상기할 필요가 있다. 미국은 1990년대부터 삼진아웃법, 절대형기제 등으로 구금형을 확대하는 정책

2층 침대를 사용하는 수용자들

자료: https://qz.com/2019954/overcrowded-prisons-help-explain-us-covid-19
-racial-inequality/

을 일관성 있게 추진하였고, 그 결과로 세계 최대 수용인구를 유지해왔
다. 이는 교정비용의 막대한 지출은 물론이고 범죄경력자를 양산하였
으며, 급기야는 COVID-19 팬데믹에서 이들을 자비석방이라는 명목
으로 석방하여 가택구금에 처하는 지경까지 초래하였다. 이러한 상황
은 다양한 특별법 제개정을 통해 자유형의 형량을 늘리는 한국에서도
그것이 과연 적절한 형사정책 방향인지에 대한 진지한 정책적 검토가
필요하다는 것을 보여준다. 특히 장기구금형은 수용인구의 노령화를
초래하고 노인수용자의 생물학적 특성상 만성적 질병과 COVID-19와
같은 질환에 감염위험이 더 높고 결국 집단감염으로 이어질 위험성 등
도 고려하여야 한다.

3. 교정 응급의료 인프라

미국 교정시설의 응급의료 시스템이 제대로 작동하지 않았고, 그마저

도 일관성을 갖지 못했다는 점이다. 연방교정국은 CDC, OSHA 등의 응급의료지침을 바탕으로 최초로 2020년 1월 말에 교정시설 COVID-19 대응 지침을 제시했으나 이미 COVID-19 집단감염 현상은 2019년 12월부터 발생하여 초기 대응에 실패하였다. 나아가 교정시설 과밀화로 감염자 의료 격리나 접촉자의 임상 격리, 수용자 간 거리두기 등을 제대로 시행하지 못하였고, 전문의료진과 의료시설 등의 의료인프라가 구축되지 못하여 교정직원이나 수용자들이 COVID-19에 노출되었다. 교정시설의 의료인프라 부족은 한국도 다르지 않다. 따라서 향후 COVID-19와 같은 전파력이 강한 감염질환을 발생 초기에 적극적으로 대응할 수 있도록 전문 의료인프라 구축을 서둘러야 한다.

4. 보건 · 행정 · 사법 네트워킹

연방교정국과 지방정부 및 보건당국의 COVID-19 대응이 체계적 일관성을 갖추지 못하였다. 연방교정국의 대응 지침은 미국의 복잡한 관할권과 교정시스템 등으로 체계적으로 운용되지 못하였다. 특히 지방정부가 운영하는 교정시설(jail)의 경우 주지사나 시장 등의 정치적 성향과 정책 의지에 따라 수용자의 자비석방이나 임상 격리 대상자 선정기준, 기간 등의 차이가 발생하였다. 팬데믹 상황임에도 불구하고 일부 지역에서는 수용자의 교정시설 간 이송과 격리조치 없는 지역사회 석방, 신규 수용자 입소 등이 진행되었다. 이러한 것들이 교정시설과 지역사회에 감염을 더욱 확산시키는 결과를 초래한 것이라는 지적은 체계적이고 일관성 있는 지침과 시행의 중요성을 알려준다.

5. 사법당국의 신속한 대응

법원과 보호관찰위원회 및 가석방심사위원회 등의 업무 중단이 교정시설의 집단감염에 영향을 주었다는 점이다. 교정시설 과밀화 해소 방안으로 수용자 석방을 확대시키려면 법원의 미결수 석방명령, 보호관찰위원회의 심사 및 가석방위원회의 석방결정명령 등이 필요함에도 불구하고 관계자들이 업무를 중단하거나 지연함으로써 결과적으로 수용인구를 획기적으로 감소시키지 못한 것이다. 특히 지방교정시설의 경우 조기출소 석방명령이나 가택구금명령 대상자들을 다시 교정시설로 복귀토록 함으로써 2021년 이후 수용인구의 원상회복이 이루어지고 있다는 점은 미국이 구금우선주의적 교정처우이념에서 벗어나야 할 필요성을 단적으로 보여준다.

6. 모호한 가석방 기준의 명확화

현행 첫번째단계법(FSA)의 적용대상자에 대한 보다 명확한 기준과 지역사회 복귀지원프로그램 체제가 정비되어야 한다. 이를 통해 보호관찰위원회나 가석방위원회의 심사중단 등의 폐해를 예방할 수 있고, 궁극적으로 출소자를 확대하여 교정시설 과밀화 해소와 출소자의 재활

자료: https://www.prisonfellowship.org/2018/05/prison-fellowship-applauds-pass
age-first-step-act-u-s-house/

을 돕는다는 이 법 본래의 취지를 반영할 수 있다. 다행히 미국 상원에서도 문제를 개선키 위해 첫번째단계시행법(First Step Implementation Act of 2021)으로 구법을 개정하려는 노력을 보이는 점은 매우 고무적이라 할 것이다.46)

7. 교정의료처우는 국가부담

교정시설 수용자의 의료처우는 국가가 부담할 헌법적 의무가 있다는 점을 분명히 인식해야 한다. 미국 수정헌법 제8조를 확인시킨 연방대법원의 에스텔 대 갬블(1976) 판례는 수용자에 대한 적절한 의료서비스 의무를 국가가 부담한다고 명시하고 있다. 그러나 미국은 이후 교도소소송개혁법(PLRA), 연방수용자의료본인부담금법(FPHCCA) 등의 제정으로 수용자에게 의료비용을 부담시켜 의료접근을 제한함으로써 의료비용을 줄이는 전략을 취해왔다. 그리고 이는 COVID − 19와 같이 감염위험이 높은 질병을 조기에 차단하지 못하는 결과를 초래하였다는 비판에 직면한 것이다. 같은 맥락에서 한국의 교정시설 의료예산 총량제를 포함한 수용자의료처우제도에 대한 전반적인 진단과 정비가 필요하다.

참고 자료 및 설명

1) 국제보건기구(WHO)는 코로나바이러스 감염증은 SARS−CoV−2 바이러스
   로 인해 발생하는 감염질환이고, 2019년 말 처음 인체감염이 확인됐다는 의
   미에서 COVID−19로 명명키로 하였다. 따라서 여기서는 이하 COVID−19
   로 표현하며, 기사 등을 인용 시에는 원문 그대로 코로나 또는 코로나바이러
   스 등으로 표기할 것임. 이하 허경미. (2021). 미국의 교정시설 COVID−19
   대응 관련 한계 및 쟁점. 교정연구, 31(3), 185−212. 내용 전반적 참조.

2) 질병관리청, http://ncov.mohw.go.kr/.

3) 뉴시스, https://han.gl/sQHG/.

4) prison policy initiative, https://han.gl/ofygP/.

5) UN, https://han.gl/YqVqs/.

6) 허경미. (2019), 국제인권법상 수용자 의료처우 준칙 및 형집행법령 개정방
   향, 교정연구, 29(4), 3−35.

7) 허경미. (2019), 국제인권법상 수용자 의료처우 준칙 및 형집행법령 개정방
   향, 교정연구, 29(4), 3−35.; 최영신, (2015), 교정처우의 [피구금자최저기
   준규칙] 이행실태와 개선방안, 교정담론, 9(3), 255−277.

8) World Health Organization는 2020년 3월 15일 자로 Preparedness,
   prevention and control of COVID−19 in prisons and other places of
   detention Interim guidance Ver.1를, 그리고 보다 최신 통계 및 대책 등을
   보완하여 2021년 2월 8일 자로 Preparedness, prevention and control of
   COVID−19 in prisons and other places of detention Interim guidance
   Ver.2를 발간하였다(WHO, https://www.euro.who.int/en/health−topics/).

9) World Health Organization. (2021). Preparedness, prevention and
   control of COVID−19 in prisons and other places of detention:
   interim guidance, 8 February 2021 (No. WHO/EURO: 2021−1405
   −41155−57257). World Health Organization. Regional Office for
   Europe. 3−4.

10) World Health Organization. (2021). 9−10.

11) World Health Organization. (2021). 24−26.

12) 에스텔 대 갬블(Estelle v. Gamble, 1976) 사건은 텍사스 교정국에서 복역
    하던 J. W. 갬블(J. W. Gamble)이 트럭에서 면봉을 싣고 내리는 작업을 하
    다가 허리를 다친 것이 발단이다. 그는 1973년 11월 9일 작업 중 솜 더미가
    등에 떨어지는 바람에 허리를 다쳤고, 약 3개월 동안 통증을 호소하며 작업

명령을 거부했다. 교도소 측은 그에게 격리처분을 내렸다가 결국 불규칙한 심장 박동으로 치료를 받게 하였다. 1974년 2월 11일 갬블은 교도소와 의료진을 대상으로 적절한 의료서비스를 받지 못하였다며 소송을 제기하였다. 지방법원은 소송을 기각하였으나 연방대법원은 교도관과 의료진이 적절한 치료를 하지 않은 부주의가 있다고 판시하였다, congress. gov, https://han. gl/VXgkh/.

13) Sonntag, H. (2017). Medicine behind bars: Regulating and litigating prison healthcare under state law forty years after Estelle v. Gamble. Case W. Res. L. Rev., 68, 603.

14) ojjdp, https://han.gl/zZayI/.

15) Datta, V., Michaels, T. M., & Chamberlain, J. R. (2017). Clarification to Prison Litigation Reform Act "Three Strikes" Rule. The journal of the American Academy of Psychiatry and the Law, 45(2), 271−273.

16) govtrack, https://han.gl/zIkxO/.

17) congress. gov, https://han.gl/QVGy0/.

18) Wyant PhD, B. R., & Harner, H. M. (2018). Financial barriers and utilization of medical services in prison: An examination of co−payments, personal assets, and individual characteristics. Journal for Evidence− based Practice in Correctional Health, 2(1), 4. 95−125.

19) Espinosa, J. F., & Regenstein, M. (2014). How the affordable care act affects inmates. Public Health Reports, 129(4), 369−373.

20) Bureau of Prisons, https://han.gl/M6zH2/.

21) 산업안전보건청(Occupational Safety and Health Administration: OSHA)은 미국 연방 노동부 산하기관이며, 작업장을 방문하여 근로현장의 산업재해 및 안전 여부를 조사할 수 있는 권한을 가지고 있다. OSHA는 교정시설을 포함하여 전 산업장 근로자의 안전 지침(Protecting Workers: Guidance on Mitigating and Preventing the Spread of COVID−19 in the Workplace)을 2021년 1월 29일, 2021년 6월 10일 업데이트 버전, 2021년 8월 13일 업데이트 버전 등을 발표하고 있다(OSHA, https://han.gl/MWbM6/).

22) Bureau of Prisons, https://han.gl/Q00Ex/.

23) BOP는 각 교정시설의 분류 기준을 1단계는 지난 7일 동안 의료 격리율 2% 미만이고, 시설 예방 접종률 65% 이상, 지역사회 전파율이 100,000명당 50명 미만인 경우, 2단계는 지난 7일 동안 의료 격리율 2% 이상 7% 미만이거나, 시설 예방 접종률이 50% 이상 65% 미만이거나, 지역사회 전파율이 100,000명당 50명에서 99명 사이인 경우, 3단계는 지난 7일 동안 의료 격리

율이 7% 이상이거나 시설 예방 접종률이 50% 미만이거나, 지역사회 전파율이 100,000명당 100명 이상인 경우로 분류하고 있다. 2021년 9월 24일 자를 기준으로 할 때 이 운용지침의 분류기준을 충족하는 교정시설은 1단계는 없고, 2단계 3개소, 3단계 95개소로 나타났다. BOP, BOP COVID－19 Operational Levels, https://han.gl/G5H0y/.

24) BOP는 이에 대한 지침으로 COVID－19 Inmate Screening Tool과 COVID－19 Staff Screening Tool을 제시하였다.

25) BOP는 이에 대한 지침으로 COVID－19 Visitor/Volunteer/Contractor Screening Tool과 Coronavirus (COVID－19) Religious Accommodations를 제시하였다.

26) BOP는 이에 대한 지침으로 Coronavirus(COVID－19) Resumption of Normal RRC Operations를 제시하였다.

27) First Step Act (FSA) of 2018(P.L. 115－391)은 2018년 12월 21일, 트럼프 대통령이 서명하였다. 형사사법정책 특히 교정 및 보호관찰 영역의 제도를 개선하고, 수용자의 재범을 감소시켜 교도소 과밀문제를 해결해야 한다는 취지로 제정되었다. 이 법의 주요 내용은 교정시설 수용자의 재범성 진단 및 수용자의 지역사회 복귀를 지원할 수 있는 직업 및 재활훈련, 교육, 지역사회연계 등의 프로그램을 교정시설에서 운영토록 하였고, 이를 통해 수용자들은 매년 54일 포인트를 적립할 수 있고, 적립포인트일 만큼 일찍 출소할 수 있도록 한 점이다(Samuels, & Tiry(2021)).

28) Bureau of Prisons, 2021.

29) Bureau of Prisons, 2021.

30) BOP는 2021년 9월 24일을 기준으로 237,192회 접종분량을 CDC로부터 보급받아 225,251회 분량 백신을 투여했다고 밝히고 있다(BOP, https://www.bop.gov/coronavirus/index.jsp/.

31) Kang－Brown, J., Montagnet, C., & Heiss, J. (2021). People in Jail and Prison in Spring 2021.

32) 이에 따르면 인구 10만 명당 수용자 수 즉 수감률이 가장 높은 10개국은 미국 (639), 엘살바도르 (566), 투르크메니스탄 (552), 태국 (549), 팔라우 (522), 르완다 (511), 쿠바 (510), 몰디브 (499), 바하마 (442), 그레나다 (429) 등으로 나타났다. World Population Review, https://han.gl/JqaJa/.

33) Sriharan, Divya, "Death by Virus: Why the Prison Litigation Reform Act Should Be Suspended" (2020). Center for Health Law Policy and Bioethics. 77.

34) Scott－Hayward, C. S. (2021). Correctional and Sentencing Law Commentary:

Compassionate Release, the First Step Act, and COVID−19.

35) Pearson, H. (2021). WORK WITHOUT LABOR: Life in the Surround of a Rural Prison Town. Cultural Anthropology, 36(2), 167−192.

36) Sims, K. M., Foltz, J., & Skidmore, M. E. (2021). Prisons and COVID−19 Spread in the United States. American Journal of Public Health, 111 (8), 1534−1541.

37) Strassle, C., & Berkman, B. E. (2020). Prisons and pandemics. San Diego L. Rev., 57, 1083.

38) ICE(U.S. Immigration and Customs Enforcement)는 미국으로 허가없이 진입한 난민들을 심사하기 위하여 일시적으로 이들을 구금 보호하는 난민구금센터를 운영하고 있다.

39) covid prison project. https://han.gl/v80Aa/.

40) new york times, https://han.gl/8GYmm/.

41) Okonkwo, Nneoma E., et al. (2021). COVID−19 and the US response: accelerating health inequities. BMJ evidence−based medicine, 26(4), 176−179.

42) the conversation, https://han.gl/zFj44/.

43) UNICOR은 1934년에 연방정부가 전액 출자하여 설립된 정부기업인 연방교정기업(Federal Prison Industries: FPI)이 판매하는 상품명으로 100여 개의 물건생산과 서비스를 제공한다. 연방교정시설 수용자가 일정한 절차를 거쳐 노동자(labor)로 선발되어 작업하며, 시간당 23¢에서 $1.15 정도의 급여를 받는다. 이에 대해서는 노동력 착취라는 비난과 함께 수용자 직업훈련 차원의 효과가 있다는 긍정론이 맞서고 있다.

44) The Marshall Project, https://han.gl/ffQT1/.

45) 한겨레, https://han.gl/15XtJ/.

46) govinfo, https://han.gl/mYs54/.

제11장

성인지적 관점과 여성수용자

Ⅰ. 여성수용자의 처벌은 달라야 하나?

성인지적 관점(gender perspective)이란 어떠한 사회적 현상, 정책 또는 제도를 입안 또는 평가하는 과정에서 성별에 따른 차이점을 고려하는 것을 말한다.[1] 즉, 성별 요구를 수용하고 그 영향 정도를 상호 고려하려는 태도이다.[2] 따라서 성인지적 교정처우(gender perspective correctional treatment)란 남녀의 성적 차이와 사회문화적 차이를 고려하여 교정법령 및 제도, 그리고 처우 프로그램 등을 운영하는 것을 말한다.[3] 그러므로 이 연구의 대상인 성인지적 여성수용자[4]처우란 여성의 생물학적 차이 및 남성과 다른 사회적 지위, 문화적 차이와 경험 등을 고려한 교정시설, 처우프로그램, 교도관교육 및 역량개발, 출소 이후 사회내처우 제도 등을 입안하고 운영하는 일련의 교정처우 방식을 의미한다고 할 수 있다.[5]

한편 유엔은 여성차별철폐협약, 유엔여성폭력근절선언, 인신매매, 특

히 여성과 어린이의 인신매매를 방지, 억제 및 처벌하기 위한 의정서
(인신매매의정서) 등을 통하여 여성에 대한 차별행위금지를 요구하고 있
고, 특히 여성수용자처우와 관련하여 보다 성인지적 관점의 교정처우
가이드라인을 구체적인 유엔여성수용자처우 및 여성범죄자비구금처우
규칙(방콕규칙)을 통하여 제시하고 있다.[6]

그런데 국가인권위원회는 2017년에 8개 교정시설의 전국의 여성 및
소년 수용자 처우를 살펴본 결과 유엔여성수용자처우규칙, 즉 방콕규
칙에 미치지 못한다면서 법무부에 시정을 요구하였다.[7]

특히 이 조사를 통하여 양육아동의 거실운영의 문제와 여성수용자의
심리상담이 거의 전무하였고, 여성수용자 관리 교도관들이 여성수용자
의 특성을 이해할 수 있도록 성인지적 교육 등을 특별히 실시하지 않
은 것으로 밝혀져 여성수용자 처우에 대한 성인지적 관점의 전반적인
제도개선이 시급하다는 것을 보여주었다. 또한 지난 2016년에는 여성
수용자의 과밀수용정도가 남성수용자의 경우 보다 월등하게 높아 인권
침해라며 이에 대한 시정을 권고하는 등 여성수용자 처우의 문제들이
지속적으로 나타나고 있다.

따라서 유엔의 성인지적 관점의 여성수용자 처우규정이 한국의 형의
집행 및 수용자처우에 관한 법령 등에 어떻게 반영되고 있는지를 분석
하고, 관련 법령의 정비방향을 모색하는 것도 의미가 있다.

II. 여성수용자 처우의 현재

수형자와 미결수용자 모두 남성이 90%를 넘는 다수를 차지하고 있
다.[8] 여성수형자는 2011년도까지 4%대를 유지하다가 2012년도에는
5%대로 진입하였고 2015년도에는 더 증가하여 5.6%를, 2016년도에는
6%를 차지하고 있다. 여성미결수용자의 경우는 2012년에는 6.6%로

감소하였으나 2013년도에는 7.9%로 다시 증가하였고, 2014년도에는 7.1%로 줄어들었다가 다시 2015년에는 7.9%로 증가하였고, 2020년도에는 8.5%를 차지하였다.

여성전용교정시설은 1989년에 개관한 청주여자교도소가 유일하며, 수용은 500여 명이다.

한편 지난 2010년 이후 여성범죄는 54.6% 증가했지만 여성 교도소의 수용환경은 개선되지 않아 여성 평균 수용률은 130.2%, 상위 10개 기관의 수용률은 평균 160.3%인 것으로 나타나 그 과밀화 상태가 매우 심각한 것으로 나타났다.[9] 그런데 여성수용인구의 과밀화의 문제점에 대한 지적은 지난 2003년 국가인권위원회의 구금시설 내 여성수용자 인권실태조사 결과에서도 나타났다. 당시 조사대상 여성수용자의 41%가 거실의 과밀화문제를 지적했다.[10]

여성수용자

구분 연도	계	수형자			미결수용자		
		소계	남성	여성	소계	남성	여성
2011	45,038	31,198 (100%)	29,694 (95.2%)	1,504 (4.8%)	13,840 (100%)	12,915 (93.3%)	925 (6.7%)
2012	46,708	31,434 (100%)	29,863 (95.0%)	1,571 (5.0%)	15,274 (100%)	14,263 (93.4%)	1,011 (6.6%)
2013	48,824	32,137 (100%)	30,525 (95.0%)	1,612 (5.0%)	16,687 (100%)	15,376 (92.1%)	1,311 (7.9%)
2014	51,760	33,444 (100%)	31,661 (94.7%)	1,783 (5.3%)	18,316 (100%)	17,008 (92.9%)	1,308 (7.1%)
2015	54,667	35,098 (100%)	33,122 (94.4%)	1,976 (5.6%)	19,569 (100%)	18,026 (92.1%)	1,543 (7.9%)
2016	57,675	36,479 (100%)	34,281 (94.0%)	2,198 (6.0%)	21,196 (100%)	19,488 (91.9%)	1,708 (8.1%)
2017	55,198	36,167 (100%)	33,905 (93.7%)	2,262 (6.3%)	19,031 (100%)	17,520 (92.1%)	1,511 (7.9%)

2018	54,169	35,271 (100%)	32,932 (93.4%)	2,339 (6.6%)	18,898 (100%)	17,340 (91.8%)	1,558 (8.2%)
2019	54,099	34,697 (100%)	32,384 (93.3%)	2,313 (6.7%)	19,402 (100%)	17,863 (92.1%)	1,539 (7.9%)
2020	53,956	34,749 (100%)	32,404 (93.3%)	2,345 (6.7%)	19,207 (100%)	17,580 (91.5%)	1,627 (8.5%)

자료: 법무부 교정본부, 2021년 교정통계연보, 63.

2012년부터 2016년까지의 매년 말 청주여자교도소 및 전국 교정시설에 수용중인 여성수형자의 죄명별 인원현황은 사기·횡령이 가장 높은 비율을 차지하고 있고 그 다음은 살인과 절도 순으로 나타나고 있다.

죄종별 여성수형자

구분 연도	계	절도	사기·횡령	강도	살인	폭력·상해	마약류	과실범	기타
2011	1,504 (100%)	184 (12.2%)	623 (41.4%)	42 (2.8%)	218 (14.5%)	58 (3.9%)	51 (3.4%)	13 (0.9%)	315 (20.9%)
2012	1,571 (100%)	156 (9.9%)	649 (41.3%)	39 (2.5%)	236 (15.0%)	67 (4.3%)	45 (2.9%)	23 (1.5%)	356 (22.7%)
2013	1,612 (100%)	164 (10.2%)	791 (49.1%)	41 (2.5%)	238 (14.8%)	65 (4.0%)	56 (3.5%)	11 (0.7%)	246 (15.3%)
2014	1,783 (100%)	167 (9.4%)	940 (52.7%)	35 (2.0%)	241 (13.5%)	78 (4.4%)	49 (2.7%)	16 (0.9%)	257 (14.4%)
2015	1,976 (100%)	140 (7.1%)	1,079 (54.6%)	42 (2.1%)	253 (12.8%)	99 (5.0%)	64 (3.2%)	19 (1.0%)	280 (14.2%)
2016	2,198 (100%)	131 (6.0%)	1,188 (54.0%)	34 (1.5%)	244 (11.1%)	114 (5.2%)	98 (4.5%)	36 (1.6%)	353 (16.1%)
2017	2,262 (100%)	124 (5.5%)	1,115 (49.3%)	27 (1.2%)	255 (11.3%)	119 (5.3%)	66 (2.9%)	45 (2.0%)	511 (22.6%)
2018	2,339 (100%)	147 (6.3%)	1,199 (51.3%)	24 (1.0%)	257 (11.0%)	129 (5.5%)	104 (4.4%)	33 (1.4%)	446 (19.1%)
2019	2,313 (100%)	142 (6.1%)	1,183 (51.1%)	37 (1.6%)	248 (10.7%)	126 (5.4%)	134 (5.8%)	48 (2.1%)	395 (17.1%)
2020	2,345 (100%)	111 (4.7%)	1,249 (53.3%)	29 (1.2%)	245 (10.4%)	109 (4.6%)	134 (5.7%)	77 (3.3%)	391 (16.7%)

자료: 법무부 교정본부, 2021년 교정통계연보, 77.

  사기나 횡령 등과 같이 폭력을 사용하지 않는 경제범과 극단적 폭력
을 사용하는 살인범의 비중이 높은 여성수형자의 특징을 감안한 교정
처우 프로그램과 이러한 범죄들이 성인지적 관점의 사회적 차별적 요
인과의 관련성을 감안한 처우 프로그램의 개발과 운영이 필요하다는
것을 보여준다.
  여성수형자의 최근 5년간 초범 비중이 대체로 70% 이상을, 재범이
10% 이상을 차지하고 있다.

전과 횟수별 여성수형자

연도 범수	2015	2016	2017	2018	2019	2020
합계	1,976 (100%)	2,198 (100%)	2,262 (100%)	2,339 (100%)	2,313 (100%)	2,345 (100%)
초범	1,459 (73.8%)	1,611 (73.3%)	1,617 (71.5%)	1,709 (73.1%)	1,673 (72.3%)	1,728 (73.7%)
2범	287 (14.5%)	331 (15.0%)	417 (18.4%)	380 (16.2%)	381 (16.5%)	364 (15.5%)
3범	80 (4.0%)	101 (4.6%)	96 (4.2%)	98 (4.2%)	114 (4.9%)	116 (4.9%)
4범이상	150 (7.6%)	155 (7.1%)	132 (5.8%)	152 (6.5%)	145 (6.3%)	137 (5.8%)

자료: 법무부 교정본부, 2021년 교정통계연보, 81.

  그러나 전과 4범 이상도 평균 6.5% 이상을 차지하고 있어 여성수용
자의 교정처우 및 사회복귀에 한계를 보여준다.
  최근 5년간 청주여자교도소에서 석방된 여성수형자의 석방사유는 형
기종료와 가석방이 전체 석방자의 대부분을 차지하고 있다.[11] 2014년
이후 가석방의 비중이 점차 낮아지고 상대적으로 형기종료의 비중이
높아지고 있어 여성수용자에 대한 다이버전이 매우 제한적으로 이루어
지고 있다는 것을 알 수 있다. 그런데 가석방제가 여성수용자뿐만 아니
라 남성수용자에게도 매우 제한적으로 운영되고 있어 구금처우를 지나
치게 엄격히 적용한다는 지적을 받고 있다.[12] 이러한 문제는 형집행정

지로 인한 석방 역시 거의 이루어지지 않고 있다는 점에서도 성인지적 관점의 수용자 출소정책이 고려되어야 한다는 것을 보여준다.

또한 최근 10년 사이 여성범죄는 54.6%나 증가했지만 청주여자교도소 이외의 여성전용교도소 신설은 추진하지 않아 여성 평균 수용률은 130.2%, 상위 10개 기관의 수용률은 평균 160.3%에 달하고 있다. 그러나 이러한 과밀수용 문제가 끊임없이 지적되고 있지만 가석방, 형집행정지 등을 통한 사회내 처우로의 전환이 거의 이루어지지 않는 문제점도 노출되고 있다.

여성수형자의 석방

석방 사유 연도	계	형기종료	가석방	사면	벌금완납 노역종료	기타
2010	432(100)	112(25.9)	227(52.5)	2(0.5)	23(5.3)	68(15.8)
2011	393(100)	117(29.8)	187(47.6)	–	46(11.7)	43(10.9)
2012	355(100)	131(36.9)	150(42.3)	9(2.5)	43(12.1)	22(6.2)
2013	323(100)	92(28.5)	155(48.0)	1(0.3)	50(15.4)	25(7.8)
2014	378(100)	142(37.5)	162(42.8)	4(1.1)	49(13.0)	21(5.6)
2015	377(100)	152(40.3)	136(36.1)	15(4.0)	45(11.9)	29(7.7)
2016	414(100)	172(41.6)	143(34.5)	10(2.4)	63(15.2)	26(6.3)
2017	424(100)	148(34.9)	150(35.4)	10(2.4)	67(15.8)	49(11.5)
2018	374(100)	124(33.2)	153(40.9)	–	59(15.8)	38(10.1)
2019	370(100)	143(38.6)	187(50.6)	–	40(10.8)	–

자료: 법무연수원, 2020년 범죄백서, 388.

임산부 및 양육 여성수용자

구분 \ 연도	2011	2012	2013	2014	2015	2016	2017	2018	2019	2020
계	19	29	23	16	20	23	30	29	19	18
임산부	8	13	13	7	9	12	20	19	8	9
양육유아	11	16	10	9	11	11	10	10	11	9

자료: 법무부 교정본부, 2021년 교정통계연보, 81.

전체적으로 여성수용자에 대한 처우는 남성수용자와 다르지 않으며, 다만 여성전용교도소인 청주여자교도소를 별도로 운영하고 있는 점 등이 차이가 있다. 청주여자교도소의 경우 여성수형자를 위한 학과교육, 생활지도교육, 교도작업, 직업훈련 등의 처우프로그램을 실시하고 있다.

구체적으로는 초·중·고교 교육을 위한 학과교육, 레크리에이션 프로그램, 종교집회, 사회복지시설에의 봉사활동, 외부기업체에 출퇴근 작업을 하는 외부통근제도, 화훼·리폼관리·제과제빵·미용·조리 등의 직업훈련, 컴퓨터교육 등을 들 수 있다.[13]

III. 글로벌 규범과 국내 규범

1. 성인지적 관점의 글로벌 규범

유엔여성차별철폐협약

유엔여성차별철폐협약(United Nations Convention on the Elimination of all Forms of Discrimination against Women: CEDAW)은 1979년에 제정되었다. 이 협약은 회원국들에게 모든 형태의 여성차별을 철폐할 것을 요구하고 있으며, 그 가운데서도 특히 형사사법시스템 상의 여성에 대한 차별철폐와 관련된 규정은 다음과 같다.

제2조 a는 모든 회원국은 남녀평등의 원칙을 헌법상 보장하여야 하며, 이 원칙을 실천하여야 한다((art. 2 (a)). 제2조 b는 여성에 대해 차별을 금지하는 적절한 입법적 조치를 취하여야 한다((art. 2 (b)). 제2조 c는 여성의 권리에 대한 법적 보호는 남성과 동등한 기준에 의하여 이루어져야 한다((art. 2 (c)). 제2조 d는 모든 공공기관과 조직은 이 책임을 지켜야 할 의무를 진다(art. 2 (d)). 제2조 f는 여성에 대한 차별적인 법령, 제도, 관습 등을 개정하고 철폐하여야 한다(art. 2 (f)). 제2조 g는 여성에 대해 모든 차별적인 모든 국가의 형사법 규정을 폐지하여야 한다(art. 2 (g)). 제15조는 여성은 법 앞에서 남성과 동일하게 자신의 능력을 행사할 수 있는 동등한 기회를 가져야 한다(art. 15)고 규정하고 있다.

한편 CEDAW위원회의 일반 권고안 19(1992)는 "사법부에 대한 성인지적 훈련은 CEDAW를 효과적으로 시행하기 위하여 사법부에 대한 성인지적 감수성 훈련이 필요하다"며 이를 회원국에 권고하였다.

유엔 여성폭력근절선언

유엔여성폭력근절선언(United Nations, Declaration on the Elimination of Violence against Women)은 1993년 12월 20일 유엔 총회에서 선포되었다. 이 선언은 여성 폭력에 대한 포괄적인 정의, 여성의 권리, 모든 형태, 책임에 관한 국가의 약속, 그리고 국제 사회의 공약을 통하여 여성에 대한 폭력을 근절하기 위하여 발표되었다.[14] 이 가운데 여성수용자와 관련하여 회원국은 "여성 폭력 행위를 방지, 조사 및 처벌하는 법을 제정하고(art. 4 (c), 여성에 대한 폭력사범을 처벌하고 폭력 피해여성들을 구제하는 국내법을 제정하고, 폭력피해여성이 그 피해유형에 따라 쉽게 접근할 수 있는 사법제도를 만들고, 피해여성에 대한 효과적인 치료제도를 갖춰야 하며(art. 4 (d), 형사사법공무원 및 공무원들은 여성폭력의 예방, 수사, 처벌을 하는 과정에서 여성에게 필요한 것이 무엇인지에 대한 훈련을 받도록 해야 한다(art. 4 (i)"고 규정하였다.

인신매매, 특히 여성과 어린이의 인신매매를 방지, 억제 및 처벌하기 위한 의정서(인신매매의정서)

인신매매, 특히 여성과 어린이의 인신매매를 방지, 억제 및 처벌하기 위한 의정서(Protocol to Prevent, Suppress and Punish Trafficking in Persons, especially Women and Children)[15]는 "인신매매를 형사범죄로 만드는 국내법을 제정할 것과(제5조), 인신매매 피해자를 돕고 보호하며(제2조 (b), 7), 인신매매 희생자, 특히 여성과 어린이의 2차 피해자를 보호하며(제9조 (1) b), 인신매매 피해자의 보호시 연령, 성별, 개별적인 특별한 요구를 반영하며(제6조 (4)), 법집행 공무원에게 인권, 성인지감수성, 비정부기구, 시민사회와의 협력방안 등에 대하여 교육 및 훈련을 제공하고 강화하며(제14조), 정부와 시민사회는 초국가적인 조직범죄와 국내, 그리고 지역범죄 간의 연계를 분석하고, 문제해결을 위해 협력하며, 특히 인신매매를 포함한 조직범죄에 취약한 사회적 소외계층, 특히 여성과 어린이를 보호하기 위한 범죄예방전략을 수립하는 등 노력하여야 한다(제27조)"고 규정하고 있다.

유엔 여성수용자처우 및 여성범죄자비구금처우규칙

유엔 여성수용자처우 및 여성범죄자비구금처우규칙(United Nations Rules for the Treatment of Women Prisoners and Non-custodial Measures for Women Offenders)[16]은 방콕규칙(Bangkok Rules)이라고도 한다. 방콕규칙은 2010년 12월 1일 유엔총회에서 채택되었다(결의 A/RES/65/229). 이 규칙은 여성수용자 및 여성범죄자의 비구금 처우를 위한 유엔의 최초 교정처우규정으로 유엔 피구금자처우규정을 보완한다.[17] 이 규칙의 성격은 제1조와 제69조에서 매우 분명하게 드러난다.

방콕규칙

자료: https://www.penalreform.org/

즉, 제1조는 "수용자 처우에 관한 표준 최소 규칙 제6조에 규정된 구체화된 차별금지원칙을 실행하기 위해서는 여성수용자의 특별한 상황과 요구사항을 고려하여야 하며, 양성평등을 위해 여성수용자의 요구를 수용하는 정책이 차별적인 것으로 간주되어서는 안 된다"며 이 규칙의 필요성을 강조하였다.

제69조는 "여성에 대한 범죄와 관련된 경향, 문제, 요인들에 대해 공식적으로 정기적인 분석과 평가를 해야 하며, 여성범죄자의 사회통합 정책의 효과성을 진단하고, 형사사법시스템 속에 있는 여성범죄자 및 자녀들의 부정적 인식 및 낙인을 줄일 수 있는 효과적인 사회적 재통합 방안을 제도화하여야 한다"고 성인지적 관점의 여성범죄자 처우의 방향성을 제시하였다.[18)]

이 규칙은 모두 4개의 장과 70개의 조문으로 구성되어 있다. 제1장은 이 규칙의 기본원칙과 여성수용자의 입감, 개인정보, 의료, 안전, 외부교통통신, 교정관리자의 전문화, 여성청소년수용 등을 제1조부터 제

39조에 이르기까지, 제2장은 분류처우, 개별처우, 교정처우, 임신수용
자처우, 자녀동반수용자처우, 외국인수용자처우 등을 제40조부터 제56
조에 이르기까지, 제3장은 비구금여성범죄자 처우를 제57조부터 제66
조에 이르기까지, 제4장은 여성범죄연구, 대중매체와 공공기관 등의 관
심과 교정처우정책개발 등을 제67조부터 제70조에 이르기까지 각각 규
정하고 있다.

　방콕규칙은 여성수감자의 권리를 보호하고 수감여성의 다양한 요구
사항을 명문화하였다는데 의의가 있으며, 특히 수감중인 부모와 함께
하는 어린이의 안전과 복지 규정을 명문화한 최초의 국제규약이라는
의미가 있다.

유엔여성수용자처우및여성범죄자비구금처우규칙(방콕규칙)

I. 총칙(Rules of general application)	
1. 기본원칙(Basic principle)	
제1조	여성수용자에 대한 차별금지원칙의 실천
2. 입감(Admission)	
제2조	가족교통통신권, 변호인 접견권, 영사면접권 등 보호
3. 등록(Register)	
제3조	수감여성의 자녀와 개인정보보호
4. 배정(Allocation)	
제4조	아동양육 및 희망, 교정처우 프로그램 등을 고려한 구금시설 배정
5. 개인위생(Personal hygiene)	
제5조	생리용품, 물 등의 생활용품 및 위생용품 등이 지급
6. 건강관리(Health-care services)	
제6조	종합의료검진
제7조	성폭력피해여성수용자의 법적 피해구제 및 형사사법절차의 지원
제8조	산부인과적인 병력 정보 등의 비밀유지 및 선별적 검사금지
제9조	동반아동의 건강관리 수용자복지에 준하여 적정하게 보호 및 지원
제10조	지역사회에 준한 건강지원 및 여성의료진 진료희망시 지원
제11조	진료시 의료진만 참여해야 하며, 불가피한 경우 여성교도관 등이 입회
제12조	여성수용자 정신건강지원 프로그램의 개발과 운영
제13조	특별한 정신건강치료 여성수용자 파악, 지원

제14조	HIV 예방, 동반아동에 대한 전염방지 등을 위한 조치, 치료처우 병행
제15조	약물남용, 임신여성, 자녀동반, 외국인, 특수종교 등 요인을 고려한 보건처우
제16조	여성적 특성을 반영한 자살 및 자해방지 처우 및 프로그램 개발과 운영
제17조	에이즈, 성병감염 예방 교육 및 정보제공
제18조	유방암 및 자궁암 등 여성암의 예방 및 건강관리, 일반 여성에 준하여 제공
7. 안전과 보호(Safety and security)	
제19조	여성의 존엄성을 배려한 장소 및 여성교도관에 의한 신체수색
제20조	직접적인 신체적 접촉 없는 신체수색 장비 사용
제21조	자녀동반 여성수용자 및 그 동반자녀에 대한 신체수색의 신중 및 배려
제22조	임산부, 영유아 동반, 수유중 여성수용자의 구금시설 폐쇄 또는 징계처벌금지
제23조	가족접촉 또는 자녀접촉금지 징계처분의 금지
제24조	노역, 임산부 등에게 압박도구 사용금지
제25조	구금시설 내 학대, 성적 학대 피해 수용자 청원에 대한 독립적인, 외부 모니터링 기관과의 연계조사, 임신여부 등 의료적 지원
8. 면회접견(Contact with the outside world)	
제26조	가족, 변호인 등과의 접촉기회의 보장 및 원거리 가족과의 접견 보조장치 개발
제27조	남자수용자와 동등한 가족면회 등 기회부여
제28조	자녀면회시 개방된 공간, 친밀한 접촉 허용 및 교도관 감시 등 제한
9. 교도관 역량강화(Institutional personnel and training)	
제29조	전 교정직원의 여성수용자 사회복귀 처우정책 개발, 운영의 전문역량 교육훈련
제30조	교정처우 관리자의 여성 교도관 차별금지 및 성인지적 관리
제31조	여성수용자에 대한 성적 차이에 의한 신체적, 정서적 학대금지 및 예방정책 개발
제32조	모든 남녀 여성구금시설 관리자의 젠더감수성, 성적 학대금지 훈련 의무화, 동등한 교육기회부여
제33조	여성교정시설 직원의 여성의 특수한 요구, 응급의료조치, 동반아동보호 인권교육
제34조	HIV / AIDS 예방, 치료, 간호, 지원교육의 필수, 관련 수용자의 차별금지
제35조	자살, 자해위험, 정신장애 여성수용자 보호의 전문가 교육
10. 청소년 수용자(Juvenile female prisoners)	
제36조	여성청소년 수용자의 특별한 보호 정책 구비
제37조	남성청소년 수용자와 동등한 교육과 직업훈련기회부여
제38조	성적 학대, 폭력상담 등의 연령별−성별 프로그램 및 성인여성에 준하는 건강관리, 산부인과 진찰 등 기회부여
제39조	임신한 여성청소년 수용자의 특별한 관리 및 의료처우
II. 여성수용자 특수성 반영(Rules applicable to special categories) 1. 분류 및 개별처우(Classification and individualization)	

| 제40조 | 교정당국 여성수용자 조기재활, 치료 및 사회복귀 지원, 개별화된 분류처우제 개발 |
| 제41조 | 여성수용자에 대한 성인지적 위험평가 및 수용자 분류는 보안수준, 여성의 가정, 교육, 환경적 요인, 정신건강 등을 고려 |

2. 교정시설(Prison regime)

제42조	여성의 필요사항을 고려한 처우프로그램 및 자녀동반 및 수유, 임신 여성수용자의 교정처우 프로그램 참여, 육아시설 등 제공
제43조	여성수용자의 안정과 정신건강 등을 위하여 방문면회 등을 권장
제44조	여성수용자의 가족등 방문면회시 가정폭력 가해자 등의 면회 제한
제45조	개방형교도소, 중간처우집, 주말구금, 휴가구금 등의 지역사회교정
제46조	형사사법당국, 사회복지, 지역사회 등의 성인지적 관점 가석방, 사회내처우개발
제47조	출소여성이 정신적, 법적, 생활적응 등의 도움이 필요한 경우 지원

3. 임신, 수유, 자녀동반 수용자 관리(Pregnant women, breastfeeding mothers and mothers with children in prison)

제48조	임신, 수유, 자녀동반 여성수용자의 연령, 건강, 아동의 상태 등 고려 식단, 의료지원
제49조	자녀동반명령이 아동에게 최선의 결정인지 신중, 동반아동 수용자 대우 금지
제50조	자녀동반 여성수용자는 최대한 자녀와 함께 하도록 배려
제51조	수용자 동반 아동은 지역사회에 준하는 의료처우와 양육서비스 제공
제52조	동반자녀의 분리는 신중해야 하며, 외국인 동반자녀의 분리시 영사관과 접촉, 분리된 동반자녀에 대한 여성수용자의 면담접견 최대 보장

4. 외국인 여성수용자(Foreign nationals)

| 제53조 | 양국 간 협약이 체결된 경우 자녀양육이 필요한 여성수용자는 희망에 따라 신속하게 본국에 이송, 또는 자녀양육을 우선 고려한 구금장소 지정 |

5. 소수자 및 원주민 여성수용자(Minorities and indigenous peoples)

제54조	외국인 여성수용자의 성적 감수성 및 문화적 특성을 고려한 교정처우정책 개발
제55조	원주민, 피부, 민족 등 차이를 고려한 사회적응 훈련 기회 부여
제56조	예비심사과정 중 여성의 학대위험성을 고려한 적절한 대응책 마련

III. 비구금처우(Non-custodial measures)

제57조	여성범죄자의 피해자화 역사와 양육책임을 고려한 성인지적 관점의 다이버전 개발
제58조	다이버전은 여성이 가족과 단절되지 않도록 적절한 방식으로 적용
제59조	지역사회단체, 비영리기구 등이 운영하는 임시보호조치 시설은 형사사법기관, 정부에 의해 감독되어야 하며, 희망자에 한해 아동동반 보호조치 유지
제60조	비구금수용자와 여성수용자의 적정한 처우 및 연계처우를 위한 재원 확보
제61조	법원은 여성의 비범죄경력, 아동양육책임 등을 작량감경 사유로 인정
제62조	성인지적 관점의 약물치료, 대체 처우방법 등의 개발 및 실천

1. 출소 관리(Post-sentencing dispositions)

제63조	여성의 가석방 및 형집행정지 등은 양육책임, 사회적 재통합 환경 등을 고려
	2. 임신여성 및 양육의무자(Pregnant women and women with dependent children)
제64조	임신 및 부양자녀가 있는 여성범죄자의 경우 범죄의 중대성, 삼각성을 고려한 형벌을 정하되, 아동양육 요소를 최우선적으로 고려
	3. 청소년 수용자(Juvenile female offenders)
제65조	아동의 구금은 배제되어야 하며, 여성청소년의 비구금처우는 성감수성을 고려
	4. 외국인 수용자(Foreign nationals)
제66조	회원국은 초국가적 조직범죄에 관한 유엔협약 및 특히 여성과 아동의 인신매매를 방지, 억제 및 처벌하기 위한 협약을 비준하고, 다국적 조직범죄에 관한 유엔협약을 보완하여 최대한 이행하도록 최대한 노력해야 한다.
	IV. 연구, 계획, 평가, 지역사회 관심(Research, planning, evaluation and public awareness-raising)
	1. 연구, 계획, 평가(Research, planning and evaluation)
제67조	여성범죄, 여성관련 형사사법제도, 여성피해자화, 구금효과 등에 대한 연구 및 평가, 사회적재통합 정책개발
제68조	여성수용자의 구금효과, 아동영향 등을 평가, 여성교정처우정책에 반영
제69조	여성수용자 및 자녀의 사회적 낙인 최소화를 위한 형사정책 개발
	2. 지역사회 관심(Raising public awareness, sharing information and training)
제70조	대중매체 및 공공기관은 여성범죄자의 사회적 재통합 및 그 자녀의 안정적 사회화를 지원하기 위한 올바른 정보제공 및 공유, 평가와 진단 필요성 공감 및 협력체계 유지

2. 국내 규범

형집행법

형의 집행 및 수용자처우에 관한 법률은 여성수용자 처우에 대한 규정은 일반적 규정과 개별적 규정으로 구분할 수 있다.

먼저 일반적 규정으로는 제4조의 인권의 존중으로 수용자의 인권은 최대한으로 존중되어야 한다는 것과 제5조의 차별금지로 수용자는 합리적인 이유 없이 성별, 종교, 장애, 나이, 사회적 신분, 출신지역, 출신국가, 출신민족, 용모 등 신체조건, 병력(病歷), 혼인 여부, 정치적 의견 및 성적(性的) 지향 등을 이유로 차별받지 아니한다는 것이다. 그리고

제6조의 분리수용으로 남녀의 분리수용을 원칙으로 한다는 것을 들 수 있다. 제93조의 신체검사 등에서 여성의 신체·의류 및 휴대품에 대한 검사는 여성교도관이 하여야 한다고 규정하였다(제4항).

개별적 규정으로는 제7장 특별한 처우의 대상 중 제50조 여성수용자의 처우에서 제1항은 여성의 신체적·심리적 특성을 고려하여 처우하여야 하며, 제2항은 나이·건강 등을 고려하여 부인과질환에 관한 검사를 포함시켜야 하며, 제3항은 생리중인 경우 위생에 필요한 물품을 지급하여야 하며, 제4항은 미성년자인 자녀와 접견하는 경우에는 차단시설이 없는 장소에서 접견하게 할 수 있다고 규정하였다.

이어 제51조 여성수용자 처우시의 유의사항으로 제1항은 여성수용자에 대하여 상담·교육·작업 등을 실시하는 때에는 원칙적으로 여성교도관이 담당하도록 하며, 제2항은 부득이 남성교도관이 1인의 여성수용자에 대하여 실내에서 상담 등을 하려면 투명한 창문이 설치된 장소에서 다른 여성을 입회시킨 후 실시하도록 하였다.

제52조는 임산부인 수용자의 처우에 대해 제1항은 수용자가 임신 중이거나 출산(유산을 포함)한 경우에는 모성보호 및 건강유지를 위하여 정기적인 검진 등 적절한 조치를 하여야 하며, 제2항은 출산하려고 하는 경우에는 외부의료시설에서 진료를 받게하는 등 적절한 조치를 할 것을 규정하였다. 제53조는 여성수용자의 유아의 양육에 대해 제1항은 자신이 출산한 유아를 교정시설에서 양육할 것을 신청할 수 있으며, 유아가 질병·부상, 그 밖의 사유로 교정시설에서 생활하는 것이 특히 부적당하다고 인정되는 때, 수용자가 질병·부상, 그 밖의 사유로 유아를 양육할 능력이 없다고 인정되는 때, 교정시설에 감염병이 유행하거나 그 밖의 사정으로 유아양육이 특히 부적당한 때 등에 해당하지 아니하는 경우 생후 18개월에 이르기까지 유아양육을 허가해야 하며, 제2항은 유아의 양육을 허가한 경우에는 필요한 설비와 물품의 제공, 그 밖에 양육을 위하여 필요한 조치를 하여야 한다고 규정하였다.

형집행법 시행령

형의 집행 및 수용자처우에 관한 법률 시행령은 여성수용자 처우에 대해 일반규정과 특별처우규정을 두고 있다.

일반규정으로 제7조는 남성교도관이 야간에 수용자거실에 있는 여성수용자를 시찰하게 하여서는 아니 된다며 여성수용자 시찰규정을, 제24조는 호송시 여성수용자는 남성수용자를 분리하여야 한다며 호송분리규정을 두었다.

여성수용자의 개별처우규정으로는 제77조는 여성수용자의 목욕횟수를 정하는 경우에는 그 신체적 특성을 특히 고려하고(제1항), 여성수용자 목욕중 계호는 여성교도관이 하여야 한다(제2항)고 규정하였다. 제78조는 출산이란 출산(유산포함) 후 60일이 지나지 아니한 경우라고 출산의 범위를 규정하였다. 제79조는 유아의 양육을 허가한 경우에는 교정시설에 육아거실을 지정·운영하여야 한다고 규정하였다.

제80조는 제1항에서 유아의 양육을 허가하지 않는 경우 수용자의 의사를 고려하여 유아보호에 적당하다고 인정하는 법인 또는 개인에게 그 유아를 보낼 수 있고, 다만 적당한 법인 또는 개인이 없는 경우에는 그 유아를 해당 교정시설의 소재지를 관할하는 시장·군수 또는 구청장에게 보내서 보호하게 하여야 한다고 규정하였다. 제2항은 유아양육 허가 후 18개월이 지나거나, 그 허가를 취소를 요청하는 경우에도 제1항에 준하도록 하였다.

형집행법 시행규칙

형의 집행 및 수용자처우에 관한 법률 시행규칙 제42조는 임산부수용자 등에 대한 특칙을 통하여 임산부인 수용자 및 유아의 양육을 허가받은 수용자에 대하여 필요하다고 인정하는 경우에는 교정시설에 근무하는 의사(의무관 포함)의 의견을 들어 필요한 양의 죽 등의 주식과 별도로 마련된 부식을 지급할 수 있으며, 양육유아에 대하여는 분유 등의 대체식품을 지급할 수 있다고 규정하였다.

3. 방콕규칙과의 차이

앞서 살펴본 것과 같이 성인지적 관점의 여성수용자 처우의 기본적 이념을 제시하는 유엔규범은 여성차별철폐협약, 유엔 여성폭력근절선언, 인신매매, 특히 여성과 어린이의 인신매매를 방지, 억제 및 처벌하기 위한 의정서(인신매매의정서), 유엔 여성수용자처우 및 여성범죄자비구금처우규칙(방콕규칙) 등이다.

이 가운데에서 방콕규칙은 다른 국제규범을 모두 포괄하고 매우 구체적으로 성인지적 관점의 여성수용자 처우의 가이드라인을 제시하고 있다. 따라서 방콕규칙은 향후 한국의 관련 법령 정비의 지표를 삼을 것이므로 이 규칙과 현행 법령을 비교하면 다음과 같다. 전체적으로 방콕규칙에 비하여 현행 법령의 여성수용자 처우 규정이 매우 불완전하고, 보완 및 신설이 필요한 처우규정이 상당하다는 것을 알 수 있다.

방콕규칙과 형집행법령과의 비교

구분	방콕규칙	형의집행 및 수용자의 처우에 관한 법령
차별금지원칙	제1조	제5조
입감원칙	제2조	–
개인정보보호	제3조	–
아동양육 등 고려 구금시설 배정	제4조	남녀분리수용(법 제4조)
여성, 자녀동반아동건강 지원	제6조 – 제18조	18개월 미만 자녀동반 허용배려 (법 제53조)
안전과 보호	제19조 – 제25조	여성신체검색규정(법 제93조) 여성생리용품지급(법 제50조 제3항) 산부인과진료(법 제50조 제2항)

구분	방콕규칙	형의집행 및 수용자의 처우에 관한 법령
		남성교도관의 야간여성수용시설 시찰금지(시행령 제7조) 이송시남녀분리(시행령 24조) 여성수용자 목욕횟수 및 목욕중 여성교도관의 계호(시행령 제77조)
외부, 가족접견통신	제26조- 제28조	미성년자녀접견배려(법 제50조 제4항)
여성수용자 처우정책 개선 및 교도관 훈련	제29조- 제35조	여성의 특징고려처우(법 제50조 제1항)
청소년 여성수용자 처우	제36조- 제39조	-
여성수용자 분류 및 개별처우	제40조- 제41조	-
여성수용자 별도 교정처우 제도	제42조- 제47조	-
자녀동반 여성수용자 별도 의료처우 식단, 아동인권보호, 의료처우, 외국인영사접견권	제48조- 제52조	유아양육 수용자별도 물품 및 지급(법 53조 제2항), 별도 음식제공 시행규칙 제42조) 육아거실운영(시행령 제79조) 육아비허용시처리(시행령 제80조)
소수 여성수용자 처우	제53조- 제56조	-
여성범죄자의 비구금처우, 다이버전화	제57조- 제62조	-
여성수용자 석방 후 처우	제63조	-
임신여성, 양육책임 여성의 양형참작	제64조	-
청소년 여성범죄자의 다이버전화	제65조	-
국가 간 협력체계유지	제66조	-
여성수용자교정처우 연구, 개발, 평가	제67조- 제69조	-
대중매체 및 공공의 관심	제70조	-

IV. 틀리지 않는 길

성인지적 관점에서 현행법령의 정비방향을 다음과 같이 정리할 수 있다.

1. 성인지적 관점

여성차별철폐협약 및 유엔여성폭력근절선언 등은 여성수용자에 대한 차별을 금지하고, 형사사법기관 종사자들의 성인지적 관점의 교육과 직무역량을 갖출 것을 요구하고 있다. 방콕규칙 역시 여성수용자에 대한 차별금지원칙을 기본원칙으로 제1조에서 명문화하고 있다. 현행 형집행법령은 여성에 대한 차별적 금지규정을 개별적 규정이 아니라 일반규정으로 제시하고 있을 뿐이다. 따라서 개별규정으로 여성수용자에 대한 차별금지규정을 명문화함으로써 보다 적극적인 성인지적 관점의

청주여자교도소

자료: https://www.corrections.go.kr/

여성수용자 처우의 실천적 의지를 분명히 제시할 필요가 있다.

2. 개별적 처우

방콕규칙은 여성수용자의 연령대, 출산여부, 임신여부, 자녀동반여부 등에 따라 거실배정, 건강검진, 급식, 개인정보관리, 징벌, 물리적 압박도구 사용, 면회실 환경 등 매우 세세하게 개별처우의 근거와 그 방법을 명문화할 것을 요구하고 있다. 이에 비해 현행 형집행법령은 이송시 남녀분리나 수용시설분리, 유아동반아동에 대한 급식제공 등 극히 제한적인 개별처우 규정만을 두고 있다. 즉, 대부분 여성의 특수한 입장을 배려한 처우 규정을 두지 못함으로써 성인지적 관점의 처우의 한계를 드러내 보이고 있다. 따라서 관련 제도의 개선을 위해서는 먼저 방콕규칙에 준하는 여성수용자의 개별처우 규정을 명문화하여야 한다.

3. 유아동반 및 동반유아 보호

방콕규칙은 자녀동반 입감부터 구금시설 배정, 종합의료검진, 자녀동반 여성수용자처우, 교도관교육, 접견장소의 배려, 동반자녀의 정보보호, 급식 등에 이르기까지 단계별로 그 특수상황을 배려하도록 규정하고 있다(제4조, 제9조, 제14조, 제21조, 제48조 - 제52조). 그러나 현행법령은 소장이 18개월 미만자에 대한 양육허가와 불허시 시군구청장에게 인계, 그리고 육아거실 운영 등을 규정할 뿐이어서 성인지적 관점의 유아대동 여성수용자의 처우가 매우 제한적일 수밖에 없다. 실제로 앞서 국가인권위원회의 여성수용자 처우에 대한 실태조사에서도 유아수용시설이 매우 열악하고 그나마 공휴일에는 폐쇄되어 있었고, 온수 등이 제대로 공급되지 않는 것으로 나타났다. 이와 같은 문제를 개선하기 위해서는 방콕규칙과 같이 유아대동 여성수용자 및 동반 유아의 성장에 필

요한 조치를 당연히 취할 수 있도록 근거규정을 단계별로 명문화하여
야 한다.

4. 성인지적 관점의 교도관 교육

방콕규칙은 교정당국 관리자 및 교도관들이 성인지적 관점의 정책개
발, 교정 등의 사무를 처리할 수 있도록 성인지적 관점의 인식전환 및
직무역량을 갖출 수 있게 교육훈련을 필수적으로 이수하도록 규정하고
있다. 그러나 현행법령은 이와 같은 근거규정을 갖추지 못하고 있다.

수용인구의 90% 이상이 남성인 점을 감안하면 여성수용자의 요구와
사회심리적 특성을 반영한 처우 프로그램의 개발은 상대적으로 소홀해
질 수 있다.[19] 특히 교정기관의 관리자 및 교도관들이 성인지적 관점
에서 여성의 특수성을 반영한 위생, 접견, 동반유아지원, 섭식, 병원진
료, 직업교육 등 다양한 영역의 처우제도를 개선하고, 현실적으로 적용
할 수 있도록 반복적인 교육과 전문성 강화를 위한 법령 근거는 매우
중요한 과제이다.

5. 비구금 다이버전

여성범죄자의 임신 및 자녀양육의무 등의 사정을 양형에 반영할 것
을 명문화하는 한편 구속집행정지, 가석방 등의 결정시 성인지적 관점
을 고려하여 관련 조건을 규정하여야 한다. 방콕규칙은 이와 같은 규정
이 남녀의 차별이 아니며, 이와 같은 규정들을 통하여 보다 효과적인
여성범죄자 처우가 이루어질 수 있도록 요구하고 있다. 한편 국가인권
위원회가 여성수용자의 거실수용률이 정원의 150%를 초과한 것은 남
성수용자의 거실수용률이 133% 보다 상당기간 높은 데도 불구하고 이
를 개선하지 않은 것은 인권침해라며 이에 대한 시정을 권고한 사례(16

진정 0306000)는 상당한 의미가 있다.20) 즉, 여성범죄자의 구금처우 및 기간, 그리고 가석방 조건 규정을 전반적으로 성인지적 관점을 고려하여 진단하고, 미비한 규정을 보완할 필요가 있다는 것을 보여주는 것이라 하겠다.

6. 청소녀 수용자의 특별처우

현행 형집행법령에는 청소녀 여성수용자에 대한 적정한 처우에 대한 규정을 찾기 어렵다. 법무부 예규인 소년교도소 운영지침은 제2조(정의)에서 소년수형자를 19세 미만의 남성 또는 여성수형자로, 소년처우수형자를 소년교도소(청주여자교도소 포함)에 수용중인 23세 미만 수형자를, 소년수형자 등은 소년수형자 및 소년처우수형자를, 소년수용자를 소년수형자 등과 19세 미만의 미결수용자를 말한다고 규정하고 있다. 이 규칙은 제4조부터 제38조에 이르기까지 소년수용자처우에 대하여 규정하고 있지만, 여성소년 수용자에 대한 별도의 처우 규정은 없다. 따라서 방콕규칙이 제안하는 여성소년 수용자의 다이버전 및 여성임신 소년 수용자, 수유 소년수용자 등에 대한 별도의 의료 및 건강관리 등에 대한 관련규정에 위생관리나 수유 소년 수용자에 대한 별도의 처우 규정을 포함하여 여성 소년의 신체적, 정신적 상태를 배려한 별도의 수용자 처우를 위한 근거규정이 마련되어야 한다.21)

성인지적 관점의 처우는 비단 여성소년수용자뿐만 아니라 남성소년 수용자의 사회복귀에도 필요하며, 특히 성장과정기의 청소년의 니즈를 반영할 수 있도록 관련 근거규정은 매우 중요하다고 할 것이다.22)

7. 교정처우 정책의 성별 영향평가

현행 형집행법령은 일반원칙으로 차별금지원칙을 규정하고 있지만 전체적인 교정처우 정책 및 제도, 그리고 교도관 채용과 교육, 승진, 직무역량 등에 대한 성인지적 관점의 진단 및 평가규정을 두지 않았다.

현행 양성평등기본법은 제14조 제1항을 통하여 "국가와 지방자치단체는 법령의 제정·개정 및 적용·해석, 정책의 기획, 예산 편성 및 집행, 그 밖에 법령에 따라 직무를 수행하는 과정에서 성평등 관점을 통합하는 성 주류화 조치를 취하여야 한다."고 규정하고 있다. 그리고 제15조 제1항에서 국가와 지방자치단체는 제정·개정을 추진하는 법령(법률·대통령령·총리령·부령 및 조례·규칙을 말한다)과 성평등에 중대한 영향을 미칠 수 있는 계획 및 사업 등이 성평등에 미치는 영향을 평가, 즉 성별영향평가를 실시하여야 한다고 규정하고 있다. 그리고 이를 실천하기 위하여 성별영향분석평가법을 제정하고, 제3조 제1항에서 "국가와 지방자치단체는 정책을 수립·시행함에 있어 성평등이 확보되도록 대책을 강구하여야 한다."고 강조하고 있다.

양성평등기본법 및 성별영향분석평가법, 그리고 방콕규칙 등을 고려하여 현행 교정처우제도 및 관련 법령 등에 대한 성별영향평가, 즉 성인지적 관점을 반영한 진단 및 평가가 필요하며, 형집행법령에 관련 규정을 명확히 하여야 한다.

8. 성인지적 관점의 행정규칙 정비

현행 교정처우 관련 법무부의 행정규칙은 교도작업운영지침, 교도작업특별회계 운영지침, 교정시설 경비등급별 수형자의 처우 등에 관한 지침, 교정위원 운영지침, 소년교도소 운영지침, 수용자 교육교화 운영지침, 수용자 급양관리 지침, 수용자 피복관리 및 제작운용에 관한 지침, 수용자 자비구매물품의 공급에 관한 지침, 수용자 청원 처리지침, 수형자 직업능력개발훈련 운영지침, 수용자 사회복귀지원 등에 관한 지침, 수형자 취업 및 창업지원 업무 지침, 수용자 의료관리지침, 사망

수용자 장례비, 심리치료업무지침, 분류처우 업무지침, 분류센터 운영
지침, 영치금품 관리지침 등 19개에 달한다.

　여성수용자를 배려한 형집행법령의 정비뿐만 아니라 성인지적 관점
의 여성수용자 처우에 대한 행정규칙 및 여성소년 수용자에 대한 처우
규칙 역시 제정함으로써 일선 교정시설에서 매뉴얼처럼 활용할 수 있
도록 해야 한다.

참고 자료 및 설명

1) 성인지적 관점(gender perspective)은 젠더적 관점(gender responsive)과 같은 의미로 사용된다. Wattanaporn, K. A., & Holtfreter, K. (2014). The impact of feminist pathways research on gender-responsive policy and practice. Feminist Criminology, 9(3), 191-207.

2) 이재경 · 김경희. 여성주의 정책 패러다임 모색과 '성평등'. 한국여성학, 2012, 28(3), 1-33. 이하 허경미. 성인지적 관점의 여성수용자 처우 관련 법령의 정비방향 연구. 교정연구, 28(2), 2018, 81-110. 내용 전반적 참조.

3) Covington, S. S., & Bloom, B. E., Gender responsive treatment and services in correctional settings. Women & Therapy, 2007, 29.3-4: 9-33.: 윤지영. 젠더의 관점에서 본 여성수형자 처우의 문제점과 개선방안. 이화젠더법학, 2012, 4.1: 97-121.

4) 현행 형의 집행 및 수용자의 처우에 관한 법률 제2조는 수용자란 수형자 · 미결수용자 · 사형확정자 등 법률과 적법한 절차에 따라 교정시설에 수용된 사람을 말하며, 수형자란 징역형 · 금고형 또는 구류형의 선고를 받아 그 형이 확정되어 교정시설에 수용된 사람과 벌금 또는 과료를 완납하지 아니하여 노역장 유치명령을 받아 교정시설에 수용된 사람을 말하며, 미결수용자란 형사피의자 또는 형사피고인으로서 체포되거나 구속영장의 집행을 받아 교정시설에 수용된 사람을 말한다고 규정하고 있다. 이 연구에서도 여성수용자 및 여성수형자, 여성미결수용자 등의 정의를 이 법에 따르기로 한다.

5) Lerman, A. E., & Page, J., (2012). The state of the job: An embedded work role perspective on prison officer attitudes. Punishment & Society, 14(5), 503-529.

6) Salisbury, E. J. (2015). Program Integrity and the Principles of Gender-Responsive Interventions. Criminology & Public Policy, 14(2), 329-338.

7) 뉴스1, 변기 노출 등…"여성 · 청소년 교정시설 설비 · 제도 열악", 2018.2.24. http://news1.kr/articles/?3244522/retrieved of 2018. 5. 10.; 국가인권위원회, 2017년 여성, 소년 등 교정시설 방문조사, 17방문 0000800 2017년 교정시설 방문조사에 따른 의견표명

8) 법무연수원, 2017년 범죄백서, 2018. 379.

9) 중앙일보, 2명 공간을 3명이 쓰는데 교도소에 '낭만'은 무슨, 2018.1.14. http://news.joins.com/article/22283727/.

10) 조은경·이인영, 구금시설 내 여성수용자 인권실태 조사, 국가인권위원회, 2003, 20.

11) 법무연수원, 2017년 범죄백서, 2018. 409.

12) 중앙일보, 2명 공간을 3명이 쓰는데 교도소에 '낭만'은 무슨, 2018.1.14., http:// news.joins.com/article/22283727/.

13) 법무연수원, 2020년 범죄백서, 2021. 384.

14) United Nations, Declaration on the Elimination of Violence against Women, http://www.un.org/documents/ga/res/48/a48r104.htm/.

15) 인신 매매, 특히 여성과 어린이의 인신매매를 방지, 억제 및 처벌하기 위한 의정서(인신매매의정서)는 초국가적 조직범죄에 관한 협약의 의정서로 팔레르모 의정서(Palermo protocols,) 중 하나이며, 나머지는 육지, 해양 및 항공에 의한 이주민의 밀수입에 대한 의정서(Protocol against the Smuggling of Migrants by Land, Sea and Air)와 총기류의 불법 제조 및 인신매매에 대한 의정서(Protocol against the Illicit Manufacturing and Trafficking in Firearms)이다. 팔레르모 의정서는 2000년 유엔 총회에서 채택되어 2003년 12월 25일에 발효되었다.
     인신매매의정서는 유엔마약범죄국(UNODC)의 소관사항이며, 이 의정서는 인신매매를 방지하고 싸우고, 그 피해자를 보호하고 지원하며, 이를 위해 국가 간 협력을 증진하는 것을 주요 목적으로 하고 있다. 한국은 2000년 11월 15일 비준하였으며, 2015년 12월 5일부터 발효되고 있다. 외교부, http:// www.mofa.go.kr/www/wpge/m_3835/contents.do.

16) 국가인권위원회는 이 규칙을 유엔여성피구금자규칙이라고 칭하고 있으나 이 논문에서는 원문을 그대로 직역하여 칭함으로서 보다 분명하게 규칙의 의미와 성격을 전하기로 한다.

17) Barberet, R., & Jackson, C. (2017). UN Rules for the Treatment of Women Prisoners and Non–Custodial Sanctions for Women Offenders (the Bangkok Rules). Papers: revista de sociologia, 102(2), 215–230. 한국은 이를 비준하고 있지 않다. 외교부, http://www.mofa.go.kr/www/wpge/m_3835/contents.do/.

18) Gobeil, R., Blanchette, K., & Stewart, L. (2016). A meta–analytic review of correctional interventions for women offenders: Gender–neutral versus gender–informed approaches. Criminal Justice and Behavior, 43(3), 301–322.

19) 뉴스1, 변기 노출 등…"여성·청소년 교정시설 설비·제도 열악", 2018.2.24., http://news1.kr/articles/?3244522/. 국가인권위원회, 2017년 여성, 소년 등

교정시설 방문조사, 17방문 0000800 2017년 교정시설 방문조사에 따른 의견표명

20) 로이슈, 인권위, "교도소 여성수용자 과밀수용개선대책 마련해야", 2016년 12월 16일자 보도, http://ccnews.lawissue.co.kr/view.php?ud=AL161006171 62104901_12.

21) 국가법령정보센터, 소년교도소 운영지침, http://www.law.go.kr/LSW/adm RulLsInfoP.do?admRulSeq=2100000021729/.

22) Day, J. C., Zahn, M. A., & Tichavsky, L. P. (2015). What works for whom? The effects of gender responsive programming on girls and boys in secure detention. Journal of Research in Crime and Delinquency, 52 (1), 93−129.

제12장

한국, 교도소에 도서관을

I. 거의 모든 것의 시작: 에듀케이션

수용자들에 대한 적절한 교육은 수용자의 폭력성과 비행성을 줄여 출소 후 재범률도 교육을 받지 않은 경우 보다 매우 낮은 것으로 나타났다.[1] 이는 교정교육이 수용자의 기초학력 수준을 향상시키며, 나아가 충동성 억제 및 사회성을 발달시켜 석방 후 취업능력을 높임으로써 보다 안정적으로 사회에 정착하는데 긍정적인 영향을 미친다는 것을 보여준다.[2] 그런데 대부분의 국가에서 일반 국민의 학력수준보다 수용자의 학력 수준은 현저하게 낮은 것으로 나타났다.

교정시설 교육의 선구자로 일컬어지는 스웨덴은 1842년부터 수용자 교육이 의무화되었다.[3] 덴마크는 청소년 수용자에 대한 의무교육 프로그램을 1866년부터 시행하였다. 성인수용자에게는 1930년부터 의무교육을 실시하기 시작하였다. 영국은 1823년부터 모든 교도소에서 읽기와 쓰기 수업을 실시하는 것을 주요내용으로 하는 이른바 의회법

(Parliamentary Gaol Act)을 제정하였다.[4] 미국은 19세기 초에 수용자들이 목사로부터 종교교육을 받기 시작했고, 재활을 목표로 한 최초의 주요 교육 프로그램은 1876년에 시작되었다.[5] 일본은 1910년 교도소법을 통하여 모든 청소년 수용자와 필요하다고 판단되는 성인 수용자에게 기초교육을 실시하도록 하였고 교육시간은 일일 2~4시간으로 규정하였다.[6]

우리나라의 교정교육은 정부수립 이후 재소자 문맹퇴치사업을 본격 추진하면서부터 시작되었다.[7] 1961년에 수형자교육규정(법무부령 제29호)을 제정하였고, 이는 1982년에 수형자등교육규칙(법무부령 제247호)으로 개정, 변경하였다. 이때 방송통신고등학교 및 방송통신대학과정 설치 및 운영에 관한 규정을 신설하였다. 2008년 12월 22일자로 형의 집행 및 수용자의 처우에 관한 법률의 시행에 따라 이 규정은 폐지되었고, 같은 날짜로 수용자 교육교화운영지침을 제정(법무부예규 제816호)하여 2022년 현재에 이르고 있다.

우리나라의 경우에도 2019년을 기준으로 수용자의 학력은 고등학교 이상 45.6%이나 일반국민은 88%로 상당한 차이를 보이고 있다.[8] 한편 OECD 국가 모두 공통적으로 학력수준이 높을수록 고용률이 높은 것으로 나타났다. 따라서 교정시설의 수용자 교육은 수용자의 기초학력 수준의 향상과 출소 후 사회적응과 고용기회를 확대한다는 측면에서 그 중요성은 더 커진다.

수용자 교육에 대해 국제인권법은 일반시민과 동일한 교육권을 향유할 수 있어야 한다고 규정하고 있다. 그리고 매우 세세하게 수용자에 대한 교육 가이드라인을 제시하고 있다.[9] 그러나 현행 형집행법의 관련 규정은 국제인권법에 비교할 때 매우 제한적이다. 특히 수용자 교육의 책임을 모두 교정당국이 부담토록 하여 그 전문성에 한계를 안고 있다.

따라서 국제인권법상 수용자 교육표준과 현행 형집행법령(형의 집행 및 수용자의 처우에 관한 법률, 시행령, 시행규칙, 이하 형집행법령이라 칭함)상 수용자 교육 관련 규정을 비교하고, 국제사회의 인권적 가이드라인을 포용하는 수준의 수용자 교육이 이루어질 수 있어야 한다.

II. 교육받을 권리와 재사회화

1. 교육받을 기본권

헌법 제10조는 "모든 국민은 인간으로서의 존엄과 가치를 가지며, 행복을 추구할 권리를 가진다. 국가는 개인이 가지는 불가침의 기본적 인권을 확인하고 이를 보장할 의무를 진다."고 규정함으로써 개인의 행복추구권과 국가는 이를 보장할 책임의 주체임을 명시하고 있다.

한편 헌법 제31조는 국민의 교육권을 규정하고 있다. 즉 모든 국민은 능력에 따라 균등하게 교육을 받을 권리를 가지며(제1항), 모든 국민은 그 보호하는 자녀에게 적어도 초등교육과 법률이 정하는 교육을 받게 할 의무를 지며(제2항), 의무교육은 무상으로 하며(제3항), 교육의 자주성 등의 보장(제4항), 국가의 평생교육진흥 의무(제5항), 교육제도 등의 법률위임(제6항) 등을 규정하고 있다.

이에 따라 모든 국민은 교육권을 가지며, 이에 대한 일반적 위임 사항은 교육기본법에서 확인할 수 있다. 교육기본법 제3조는 모든 국민은 평생에 걸쳐 학습하고, 능력과 적성에 따라 교육 받을 권리를 가진다고 학습권을 규정하였다. 제4조는 제1항에서 모든 국민은 성별, 종교, 신념, 인종, 사회적 신분, 경제적 지위 또는 신체적 조건 등을 이유로 교육에서 차별을 받지 아니한다고 규정한 데 이어 제2항에서는 국가와 지방자치단체는 학습자가 평등하게 교육을 받을 수 있도록 지역 간의 교원 수급 등 교육 여건 격차를 최소화하는 시책을 마련하여 시행하여야 한다고 규정함으로써 교육의 기회균등 및 국가와 지방자치단체의 책임을 명확히 하였다.

따라서 국민은 헌법상 기본권으로서의 교육권을 향유할 수 있고, 교육기본법은 이를 매우 명확하게 규정하고 있다. 국민의 구성원인 수용자 역시 기본권으로서의 교육권을 가진다고 할 수 있다.

2. 재사회화

수용자 구금처우의 이념은 교육형주의, 치료모델, 사회복귀모델, 사회모델 등으로 구분할 수 있지만, 공통적으로 추구하는 목적은 수용자의 재범을 방지하고 성공적인 사회복귀를 위한 재사회화에 있다.

현행법령에 근간을 두고 운영되는 수용자 교육은 학교교육과 관련하여서는 검정고시 자격취득 교육, 일반학과교육, 방송통신고등학교 및 대학교육, 전문대학 위탁교육, 독학사 학위취득 교육 등이 있다.[10]

교정시설의 학교교육 등은 기초학력 및 고등교육 등으로 수용자의 학력수준을 높이고 이를 토대로 한 성공적인 사회복귀를 돕는 것을 목적으로 한다. 따라서 교정시설 교육은 재통합모델의 전제적 조건이며, 회복적 사법주의와 맥락을 같이 한다. 따라서 지역사회의 자원 및 자본을 활용하여 범죄자를 교정하려는 정책을 취하는 이른바, 지역사회 교정처우이념의 다양한 실천전략이 도입될 수 있다. 즉, 수용자 교육은 교정당국뿐만 아니라 지역사회의 교육환경과 시설, 그리고 전문인력을 활용하여 이루어질 수 있고 수용자는 피해자와 사회에 대한 배상책임을 부담하려는 노력과 자아존중감의 회복, 준법성 등을 익히게 하는 통로 역할을 하게 된다.

교정교육이 재범억제 효과에 대해서는 다양하게 입증되었다. 미국의 경우 1987년 연방교도소의 수용자 교육 프로그램에 참여한 수용자들은 그렇지 않은 경우 보다 재범률이 8.6% 낮았다.[11] 1997년 메릴랜드, 미

네소타 및 오하이오에서 3,200명의 수용자 대상으로 한 추적조사에서
는 교정시설에서 수용자 교육에 참여한 수용자들의 출소 후 재범률이
그렇지 않은 경우 보다 29% 정도 낮았다.[12) 1990년대 교정교육 효과
에 관한 연구 15편에 대한 메타분석에서는 교도소에서 고등교육을 받
은 수용자들의 재범 가능성이 평균적으로 31% 정도 낮은 것으로 나타
났다.[13) 미국정부의 지원을 받아 랜드(Rand)사가 2010년에 진행한 메
타분석에서도 수용자 교육의 재범억제 효과가 밝혀졌다.[14)

한편 호주에서 2005년과 2010년까지 서호주 교정시설에서 출소한
14,643 명의 수용자를 대상으로 한 추적조사에서는 교도소 교육 참여
자들의 재범률이 미참여자들보다 11.25% 정도 낮았다.[15) 영국의 경우
2014년도에 실시한 잉글랜드와 웨일즈 지방의 6,000명 정도의 수용자
를 대상으로 한 연구에서 교정시설에서 교육과정을 이수한 사람들이
다시 교정시설로 돌아갈 가능성이 7% 정도 낮아진 것으로 나타났
다.[16)

이와 같은 결과들은 공통점은 특히 교정교육이 오랫동안 반복적으로
지속될수록 출소 후 재범억제 효과가 높다는 것을 보여준다. 우리나라
의 경우 수용자 교육의 재범억제 효과를 검증하는 종단적 연구는 찾기
어렵다.

III. 수용자 교육

교정시설 수형자의 학력 수준은 다음과 같다.

수형자의 학력

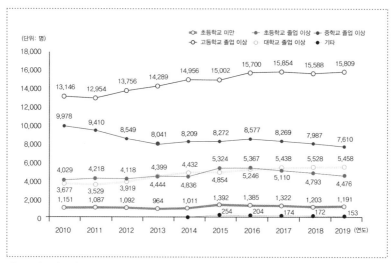

자료: 법무연수원, 2021, 369.

교정본부는 미결수용자에 대한 학교교육 통계를 별도로 공개하지는 않고 있고, 정기간행물을 통해서는 수형자 교육 현황만을 파악할 수 있다. 따라서 학교교육에 대해서만 살펴보기로 한다.

수형자의 교육 참여

		일반학과교육(검정고시)				방통고	방통대	전문대 위탁	독학사 고시반
		계	초등	중등	고등				
2015	898	609	34	147	428	28	75	47	139
	(100)	(67.8)	(3.8)	(16.4)	(47.7)	(3.1)	(8.4)	(5.2)	(15.5)
2016	939	556	19	126	411	22	90	47	224
	(100)	(59.2)	(2.0)	(13.4)	(43.8)	(2.3)	(9.6)	(5.0)	(23.9)
2017	1,103	616	22	150	444	21	88	44	334
	(100)	(55.8)	(2.0)	(13.6)	(40.3)	(1.9)	(8.0)	(4.0)	(30.3)
2018	1,146	639	11	155	473	22	94	46	345
	(100)	(55.8)	(1.0)	(13.5)	(41.3)	(1.9)	(8.2)	(4.0)	(30.1)

	일반학과교육(검정고시)				방통고	방통대	전문대 위탁	독학사 고시반
	계	초등	중등	고등				
2019	1,160	655	13	144	498	17	92	48	348
	(100)	(56.5)	(1.1)	(12.4)	(42.9)	(1.5)	(7.9)	(4.1)	(30.0)
2020	1,207	650	10	123	517	20	98	50	389
	(100)	(53.9)	(0.8)	(10.2)	(42.8)	(1.7)	(8.1	(4.1)	(32.2)

자료: 교정본부, 2021, 139, 재구성.

먼저 검정고시반은 수형자 중 정규 교육과정(초·중·고등학교)을 이수하지 않거나 중퇴자를 대상으로 스스로 초·중·고 졸업학력 검정고시를 준비할 수 있도록 운영된다. 다음은 교육생을 대상으로 연 2회 각시·도 교육청에서 시행하는 검정고시에 응시하여 합격한 결과이다. 합격자 중에서 가장 높은 비중을 차지하는 경우는 고졸학력으로 2020년의 경우 전체 합격자 중 83.6%, 중졸학력 14.9%, 초졸학력 1.4%를 차지하였다.

수형자의 검정고시 응시 합격자

구분	응시 인원	합격 인원				
		인원	합격률(%)	시험 종목		
				초졸 학력	중졸 학력	고졸 학력
2015	723	575	79.5	34	147	394
2016	618	533	86.2	17	133	383
2017	619	508	82.1	12	125	371
2018	664	492	74.1	8	120	364
2019	711	502	70.6	10	113	379
2020	672	508	75.6	7	76	425

자료: 교정본부, 2021, 140, 재구성.

수형자를 대상으로 한 방송통신대, 전문대 위탁과정 및 독학사고시반이 운영되고 있다. 방송통신대는 여주, 전주, 청주, 포항교도소에, 전문대학 위탁교육과정은 순천교도소에, 독학사고시반은 28개 교도소기관에서 운영하고 있다.

수형자의 방송통신대, 전문대 위탁 및 독학사고시반 이수

구분	계	방송통신 고등학교 과정	방송통신 대학교 과정	전문대학 위탁교육	학사고시 반
2015	73	7	11	16	39
2016	83	6	18	17	42
2017	87	5	17	21	44
2018	96	7	23	18	48
2019	73	8	9	23	33
2020	54	6	12	23	13

자료: 교정본부, 2021, 139, 재구성.

IV. 글로벌 규범과의 비교

1. 유엔피구금자최저기준규칙 및 유엔수용자처우기본원칙

유엔피구금자최저기준규칙[17]은 수용자 교육과 관련한 규정들을 제시하였다.[18] 제4조 제2항은 "교정목적을 위하여 교정당국 및 기타 담당 관청은 교육, 직업훈련, 작업, 기타 다른 형태의 보조수단으로서 적합하고 가능한 수단을 피구금자들에게 제공해야 한다..."고 규정하여 수용자의 사회복귀와 재통합을 위해 교육의 필요성을 강조하였다. 제14조는 "피구금자가 기거하거나 작업을 하여야 하는 모든 장소에는 창문은 피구금자가 자연광선으로 독서하거나 작업을 할 수 있을 만큼 넓어야 하며, 인공조명은 피구금자의 시력을 해치지 아니하고 독서하거나 작업하기에 충분하도록 제공되어야 한다"고 규정하여 독서와 작업이 가능한 기본적 환경을 갖출 것을 요구하고 있다.

제63조는 "피구금자는 신문, 정기간행물 또는 시설의 특별간행물을 읽고 방송을 청취하고 강연을 들음으로써, 또는 교정당국이 허가하거나 감독하는 유사한 수단에 의하여 보다 중요한 뉴스를 정기적으로 알 수 있어야 한다."고 규정하여 다양한 매체에 대한 접근권을 강조하였다. 제64조는 "모든 교정기관은 모든 수용자들이 사용할 수 있는 도서관 시설을 구비하여야 하며, 오락용과 교육용 도서를 적절하게 갖춰야 하며, 수용자들이 최대한 활용하도록 장려해야 한다."고 규정하였다. 제104조 제1항은 "회원국은 종교교육을 포함한 모든 수용자에게 유익한 교육규정을 마련하여야 한다. 특히 문맹자와 청소년 수용자의 교육은 의무적이어야 하며 정부는 더 특별한 관심을 기울여야 한다."고 규정하였다. 제2항은 "가능한 수용자 교육은 국가의 교육 시스템과 통합하여 운영함으로써 수용자가 석방 후에도 어려움 없이 교육을 계속할 수 있어야한다."고 규정하였다.

제105조는 "오락 활동과 문화 활동은 수형자의 정신적·신체적 건강을 위하여 모든 교도소에서 제공되어야 한다."고 규정하여 수용자들간 형평성을 담보하고 있다. 제117조는 "미결수용자에게는 자기 또는 제3자의 비용으로 사법행정 및 시설의 안전과 질서를 해하지 않는 서적, 신문, 필기용구 및 기타 소일거리를 구입하는 것이 허용되어야 한다."고 규정하여 미결수용자의 기본적인 교육 및 문화활동의 기회를 보장토록 하였다.

이와 같이 유엔피구금자최저기준규칙은 회원국에게 교정시설의 도서관과 도서의 구비, 교육프로그램, 문맹자와 청소년 교육 프로그램, 일반 교육제도와 연계한 교정교육 프로그램을 갖출 것을 요구함으로써 수용자의 교육권을 강조하고 있다.

유엔수용자처우기본원칙[19] 제6조는 "모든 수용자는 인격의 완전한 발전을 목표로 하는 문화활동과 교육에 참여할 권리(right)를 가진다"고 규정하였다. 즉, 동 원칙은 수용자의 교육 참여를 수용자의 권리로 규정함으로써 회원국들에게 수용자 교육에 대해 인권적 측면에서 접근토록 요구하고 있다.

2. 유럽교도소규칙 및 유럽교도소교육권고

유럽교도소규칙[20]의 수용자의 교육에 관한 규정은 제3부 28조 제1항부터 제7항, 그리고 제8부 제106조 제1항부터 제3항이다.[21] 동 규칙 제3부 제28조는 교정당국의 교육방침과 시설, 대상자별 교육의 구분 등 교육의 인프라를, 제8부 제106조는 교육내용, 교육참여, 형기별 교육기간 조정 등을 규정하였다.

유럽교도소규칙

규정	내용
제3부 제28조: 교육(Education)	
28.1	모든 교정시설은 모든 수용자에게 가능한 포괄적이고, 수용자의 희망 및 필요성에 부응하는 프로그램 개설과 쉽게 접근할 수 있어야 한다.
28.2	문해력과 수리력이 필요한 수용자와 기본 또는 직업교육이 부족한 수용자에게 우선권이 주어져야 한다.
28.3	청소년과 특별한 도움이 필요한 수용자 교육에 특별한 주의를 기울여야 한다.
28.4	교육은 교정시설 내에서 작업하는 것과 같은 지위를 가져야하며 수용자는 교육에 참여함으로써 재정적으로 불이익을 받지 않아야 한다.
28.5	모든 교정시설은 모든 수용자들이 사용할 수 있는 도서관을 갖춰야 하며, 도서관에는 오락, 교육자료, 서적 및 기타 매체가 적절하게 구비되어야 한다.
28.6	교정시설 도서관은 가능한 지역사회의 도서관 서비스와 협력체제를 유지한다.

28.7	a. 수용자 교육은 가능한 국가의 교육 및 직업훈련 시스템과 통합하여 운영, 석방 후에도 교육 및 직업훈련을 계속할 수 있도록 한다. b. 수용자 교육은 가능한 지역사회 교육기관의 후원으로 진행한다.

제8부 제106조: 수용자 교육(Education of sentenced prisoners)	
106.1	교육 프로그램은 수용자의 능력을 향상하는 기술훈련과 재범억제 및 사회정착을 돕는 내용으로 체계적으로 구성되어야 한다.
106.2	모든 수용자는 교육 프로그램에 참여하도록 장려되어야 한다.
106.3	교육 프로그램은 수용자의 형기에 맞춰 조정되어야 한다.

유럽교도소교육권고[22)]는 수용자 교육의 세 가지 목표 즉, 첫째, 모든 수용자들에게 교육 활동에 참여할 기회를 제공하며, 둘째, 교육은 수용자 개인을 발전시키고 효과적인 재통합(reintegration)에 도움이 되어야 하며, 재범(recidivism) 억제에 도움이 되어야 한다고 규정하고 있다.

유럽교도소교육권고

조문	내 용
1	모든 수용자는 학교교과목, 직업교육, 창작, 문화활동, 스포츠, 사회교육 등의 교육 및 도서관 시설을 이용할 수 있어야 한다.
2	수용자를 위한 교육은 외부세계, 즉 일반사회의 유사한 연령대를 위한 교육과 같아야 하며 수용자를 위한 학습기회의 범위는 가능한 한 넓어야 한다.
3	교정시설에서의 교육은 수용자의 사회적, 경제적, 문화적 마인드 전체를 발전시키는 것을 목표로 하여야 한다.
4	교정지휘부와 교정시설의 관리자는 교육을 촉진하고 지원해야 한다.
5	교육은 구금 시설 내에서 일(work)하는 것과 같은 지위를 가져야 하며 수용자는 교육에 참여함으로써 재정적으로 또는 다른 방법으로 손실을 받아서는 안 된다.
6	수용자가 교육에 적극참여할 수 있도록 최대한 노력을 기울여야 한다.

7	교육 프로그램은 교정시설의 교육자들이 적절하게 성인 수용자 대상 교육을 할 수 있도록 개발되어야 한다.
8	특별한 어려움이 있는 수용자, 특히 읽기나 쓰기 문제가 있는 수용자에게 특별한 주의를 기울여야 한다.
9	직업교육은 노동시장의 수요를 반영하고, 개인의 능력발전을 목표로 한다.
10	수용자는 최소 일주일에 한 번 이상 도서관을 직접 활용할 수 있어야 한다.
11	수용자를 위한 체육과 스포츠를 강조하고 장려해야 한다.
12	수용자가 잠재력을 개발하고 표현할 수 있도록 창의적이고 문화적인 활동을 격려하여야 한다.
13	사회 교육은 수용자가 사회복귀를 용이하게 하기 위해 구금 시설 내 일상생활을 관리할 수 있는 실용적 요소를 포함해야 한다.
14	가능한 한 수용자는 교도소 밖의 교육에 참여할 수 있어야 한다.
15	교도소 내에서 교육이 이루어져야 하는 경우, 외부 공동체가 가능한 한 완전하게 참여할 수 있어야 한다.
16	수용자가 석방 후에도 교육을 계속할 수 있도록 조치를 취해야 한다.
17	수용자가 적절한 교육을 받도록 예산, 장비 및 교직원이 제공되어야 한다.

3. 형집행법령

형집행법

　현행 형의 집행 및 수용자의 처우에 관한 법률상 수용자 교육에 대한 규정은 제5조, 제46조, 제63조, 제64조, 제86조 등이다. 먼저 제5조는 법무부장관은 이 법의 목적을 효율적으로 달성하기 위하여 5년마다 형의 집행 및 수용자 처우에 관한 기본계획을 수립하고 추진하여야 한다고 규정하고 있다. 그리고 이 기본계획에 포함될 내용을 제1호부터 제10호까지 규정하고 있는데 이 가운데 제6호에서 "수형자의 교육·교화 및 사회적응에 필요한 프로그램의 추진방향"을 적시하고 있다. 제46조는 "소장은 수용자의 지식함양 및 교양습득에 필요한 도서를 비치하고 수용자가 이용할 수 있도록 하여야 한다"고 규정하였다.

제63조는 수용자 교육에 대하여 좀 더 구체적인 가이드라인을 제시하는데, 즉 제1항에서 소장은 수형자가 건전한 사회복귀에 필요한 지식과 소양을 습득하도록 교육할 수 있다고 함으로써 수용자 교육의 재량권을 소장에게 위임하고 있다. 제2항은 「교육기본법」 제8조의 의무교육을 받지 못한 수형자에 대하여는 본인의 의사·나이·지식정도, 그 밖의 사정을 고려하여 그에 알맞게 교육하여야 한다고 규정하였다. 제3항은 소장은 필요시 이상의 교육을 위하여 수형자를 전담교정시설에 수용할 수 있도록 하였다. 또한 외부 교육기관에서의 위탁교육, 교육과정·외부통학·위탁교육 등에 관하여 필요한 사항은 법무부령으로 정한다라고 세부지침을 시행규칙에 위임하였다. 제64조는 소장의 교정교화 프로그램 시행에 대하여 규정하였다.

제86조는 소장은 미결수용자에 대하여는 신청에 따라 교육 또는 교화프로그램을 실시하거나 작업을 부과할 수 있고(제1항), 미결수용자에게 교육 또는 교화프로그램을 실시하거나 제63조부터 제65조까지 규정을 준용한다(제2항)고 규정하였다.

이와 같이 형집행법은 교육시설이나 수용자들이 활용할 수 있는 별도의 교육시설 및 도서관의 규모나 설비 등에 관한 규정, 관할 교육청과의 일반교육 통합, 학사과정지원 등에 관한 규정은 없다.

형집행법 시행령

형의 집행 및 수용자의 처우에 관한 법률 시행령 제87조는 소장은 법 제63조에 따른 교육실을 설치하는 등 교육에 적합한 환경을 조성하여야 한다고 규정하여 수용자 교육에 필요한 교육환경 조성의 책임을 소장에게 부과하였다. 제2항은 소장은 교육 대상자, 시설 여건 등을 고려하여 교육계획을 수립하여 시행하여야 한다고 규정하였다. 제88조는 소장에게 수형자의 정서 함양을 위하여 필요한 처우 프로그램의 운영

재량권을 부여하였다.

시행령 역시 도서관에 관한 규정은 별도로 두지 않았다. 도서에 관한 규정은 찾아볼 수 있다. 시행령 제72조는 소장은 수용자가 쉽게 이용할 수 있도록 비치도서의 목록을 정기적으로 공개해야 하고(제1항), 비치도서의 열람방법, 열람기간 등에 관한 사항은 법무부장관이 정한다(제2항)고 규정하였다.

형집행법 시행규칙상

형의 집행 및 수용자의 처우에 관한 법률 시행규칙은 제101조부터 제113조에 13개 조문에 걸쳐 규정하고 있다.

제101조는 소장에게 교육관리의 책임을 부담지우고, 제102조는 교육대상자가 지켜야 할 기본원칙을, 제103조는 소장의 교육대상자 선발, 추천 및 배제 권한의 한계를 명확히 하고 있다. 제104조는 교육대상자 관리 방법으로 학과교육대상자의 과정수료 단위는 학년으로, 학기 구분은 국공립학교의 학기에 준하며, 독학 교육은 수업 일수의 제한을 두지 않고 외부강사의 초빙과 녹음기 사용의 가능, 별도의 교육실 설치, 예산범위 내에서 응시료지원 등을 제시하고 있다.

제105조는 교육대상자 선발 취소 사유를, 제106조는 교육운영기관 소장의 교육대상자에 대한 이송조건에 대해 규정하고 있다. 제107조는 교육대상자의 작업·직업훈련 등을 면제하고, 작업·직업훈련 수형자 등도 독학으로 검정고시·학사고시 등에 응시가능하다고 규정하였다. 제108조는 소장의 검정고시반 설치 및 운영의 기준을, 제109조는 소장의 방송통신고등학교과정 설치 및 운영 권한을, 제110조는 소장의 독학에 의한 학위 취득과정 설치 및 운영 권한을, 제111조는 소장의 「고등교육법」 제2조에 따른 방송통신대학과정 설치 및 운영 권한을, 제112조는 소장의 「고등교육법」 제2조에 따른 전문대학 위탁교육과정 설치 및 운영 권한을, 제113조는 정보화 및 외국어 교육과정 설치 및

운영 등을 규정하고 있다.

시행규칙에도 별도의 도서관에 관한 규정은 없으며, 도서에 관해서는 제35조에서 월 10권 이내로 구독신청을 할 수 있으며, 다만, 소장은 수용자의 지식함양 및 교양습득에 특히 필요하다고 인정하는 경우에는 신문 등의 신청 수량을 늘릴 수 있도록 규정하고 있다.

수용자 교육교화 운영지침상

이 지침은 제1조에서 형집행법령 및 시행규칙 등에서 정하고 있는 수용자 교육교화 등 업무의 집행에 필요한 사항을 규정함을 목적으로 한다고 규정하고 있다. 그리고 제2장 교육에서 교육을 학과교육 등, 석방전교육(제9조－제11조), 집중인성교육(제12조－제17조) 등으로 구분하고 있다. 학과교육은 검정고시 교육(제5조), 방송통신고등학교 교육(제6조), 독학에 의한 학위취득 교육(제7조), 외국어 교육(제8조) 등으로 구분하였다. 교육대상자 선발은 소장이, 모든 교육은 외부강사로 하여금 보충교육을 하게 할 수 있지만 원칙적으로 독학 혹은 자율학습을 원칙으로 한다. 소장은 방송통신고등학교를 설치·운영하는 경우 교육이 효율적으로 운영될 수 있도록 수용거실에 교육방송을 청취할 수 있는 시설을 설치할 수 있다.

제34조는 형집행법 제46조 및 형집행법 시행령 제72조에 따른 비치도서를 도서관리프로그램에 따라 관리하도록 하였다. 제35조는 도서의 열람 및 대여에 대하여 규정하였다. 수용자는 비치도서 열람신청서를 수용동 또는 작업장 담당직원에게 제출해야 하며, 대여 기간은 2주일 이내에서 소장이 정하며, 대여 가능한 도서권수 역시 소장이 정하도록 하였다.

4. 비교: 초라한 현실

유엔피구금자최저기준규칙은 자연채광으로 독서가 가능하도록 하며, 도서관시설을 구비토록 하여 적절한 교육환경을 제공할 것을 규정하고 있다. 문맹자와 청소년 수용자에 대한 교육을 의무적으로 하고, 국가교육시스템과 통합토록 하였지만, 형집행법령은 소장에게 교육실을 설치토록 하였지만 이하 특별한 세부규정을 두지 않았다. 즉, 실천하기 어렵다는 것을 알 수 있다. 또한 유엔수용자처우기본원칙은 수용자 교육이 수용자의 석방 후 국가의 일반교육시스템과 연계하여 교육이 단절되지 않을 것을 요구하고 있지만, 형집행법령은 이를 명확하게 하지 않았다. 유엔수용자처우기본원칙은 수용자의 교육참여를 수용자 권리로 규정하였지만, 형집행법령은 이를 명시하지 않았고, 교육기회의 부여 등에 관한 권한을 소장에게 두어 교육참여가 수용자 권리라기 보다는 소장재량권 대상으로 간주하고 있다.

유럽교도소규칙은 유엔피구금자최저기준규칙의 규정을 모두 반영하면서 교정시설의 교육참여를 작업과 동일한 지위를 갖도록 하였다. 현행 법령도 관련 규정을 두었다. 다만, 현행법은 교육 대상자의 작업, 직업훈련 등을 면제토록 하였다. 또한 유럽교도소규칙은 모든 교정시설은 모든 수용자들이 활용가능한 도서관을 설치해야 하고, 이 도서관은 지역사회와 연계해야 한다고 규정하고 있다. 이와 관련하여 형집행법령은 관련 규정을 두고 있지 않다.

유럽교도소교육권고는 유럽교도소규칙을 모두 포용하면서 가능한 수용자는 교도소 밖 교육에 참여할 수 있어야 하며, 교도소 내에서 교육이 이루어지는 경우에도 외부공동체가 가능한 완전하게 참여할 수 있어야 한다고 규정하였다. 형집행법령엔 관련 규정을 두고 있지 않다. 또한 유럽교도소교육권고는 수용자가 석방 후에도 교육을 계속할 수 있도록 지역사회에 연계해야 한다고 규정하였지만, 형집행법령은 관련 규정이 없다.

V. 레벨업하려면

1. 수용자 학습권 명문화 필요

헌법 제10조의 행복추구권 및 제31조 국민의 교육권을 실천하기 위한 교육기본법 제3조 및 제4조에 의해 교정시설의 수용자 역시 헌법상 교육권의 주체이며, 의무교육을 받을 수 있고, 이에 대해 국가와 지방자치단체는 책임을 부담한다. 유엔피구금자최저기준규칙은 종교교육을 포함한 모든 수용자에게 유익한 교육규정을 마련해야 하고, 특히 문맹자와 청소년 수용자교육은 의무적일 것을 요구하였다.

그런데 형집행법은 수형자만을 대상으로 소장에게 교육기본법상 의무교육을 할 수 있도록 규정하고 있다. 즉 이 법 제63조 제2항은 「교육기본법」 제8조의 의무교육을 받지 못한 수형자에 대하여는 본인의 의사·나이·지식정도, 그 밖의 사정을 고려하여 그에 알맞게 교육하여야 한다고 규정하였고, 동법 시행규칙 제108조는 이를 실천하기 위하여 검정고시반을 설치운영할 수 있다고 규정하고 있다. 형집행법 제86조는 수용자에 대한 교육과 작업에 대하여 소장은 미결수용자에 대하여는 신청에 따라 교육 또는 교화프로그램을 실시하거나 작업을 부과할 수 있고, 수형자에 대한 법규정을 준용하도록 하였다(제2항).

그러나 실제 현행 교정시설 교육은 대부분 수형자 교육에 초점을 맞추고 있다. 즉 앞에서 살펴본 것과 같이 현행 형집행법령은 수용자가 아닌 수형자를 중심으로 운영하도록 규정하고 있고, 수형자가 아닌 그 외 수용자의 경우 의무교육 미이수자도 교도소에서 의무교육을 이수할 기회를 구하거나 교재지원 등을 받기는 어렵다. 교정본부 역시 이를 근거로 시행된 수형자 교육 통계만을 집계하고 있고, 이를 공식적으로 발표하고 있다.

이는 국제인권법 및 헌법상 교육권을 제한하는 것이며, 매우 불합리하다. 따라서 의무교육을 미이수한 수용자에 대한 헌법 및 교육기본법상 의무교육의 범위, 방법, 교육책임자 등에 대한 보다 세밀한 근거규정을 형집행법령에 반영하여야 한다. 즉, 현행과 같이 수형자에게만 자율적 학습체제로 검정고시에 응시하고 이를 교도소장이 지원하는 방식을 폐지해야 한다.

의무교육 미이수 수용자의 경우 반드시 교육을 이수하고 그 외 중고교 무상교육 대상자의 미학력 수용자에 대한 교육 규정도 명문화하여야 한다. 고등교육의 희망 수용자를 위한 규정 역시 형집행법시행규칙이나 법무부 훈령이 아닌 형집행법 및 교육기본법, 고등교육법 등의 상호 체계적 개정을 통해 대안을 마련해야 한다.

2. 공교육시스템의 도입 명문화

유엔피구금자최저기준규칙 제77조 제2항은 "가능한 수용자 교육은 국가의 교육 시스템과 통합하여 운영함으로써 수용자가 석방 후에도 어려움 없이 교육을 계속할 수 있어야 한다."고 규정하였다.

현행 형집행법령상 교정시설 내의 교육에 대한 책임을 소장에게 부담지우고 소장의 책임하에 의무교육과 집중인성교육 나아가 직업훈련교육 등 교육 프로그램을 운영하도록 규정한 것과는 비교가 된다.

국가의 일반교육 시스템과 연계되지 않은 교정교육의 한계는 초중고교의 검정고시 합격률의 추이에서 확인할 수 있다. 2016년도에는 86.2%로 비교적 높은 합격률을 보인 이후 지속적으로 감소하여 2017년 82.1%, 2018년 74.1%, 2019년 70.6%로 평균 보다 6.3%p 정도 낮아졌다.

수형자에 대한 방송통신대, 전문대 위탁 및 독학사고시반에 참여한 수형자의 교육과정 이수현황 역시 이수율이 매우 낮은 것을 확인할 수 있다.

이와 같이 초중고교 검정고시 합격률이 낮아지는 현상이나 방송통신대, 전문대 위탁 및 독학사고시반의 이수율이 낮은 이유에 대해서 신용해(2012)는 열악한 교육기자재의 문제, 전문교사가 아닌 일반 교정공무원이 특정과목에 대해 교사 역할을 하는 문제, 교육을 담당하던 기존 교화직을 일반교정직으로 모두 통합하여 그나마 유지하던 교육 전문성을 더 떨어지게 한 문제 등을 지적하였다.

그러나 근본적으로 더 큰 문제는 모든 교육과정의 개설, 교과과정 설계, 교육생선발 및 관리, 교육시설 및 환경 관리, 검정고시 설치 및 운영기준 마련, 독학사 설치 및 운영 등 학사과정 전반 모두를 교육전문가가 아닌 교도소장에게 그 권한과 책임을 부담지우는 때문으로 보인다.

이와 같은 문제를 개선하기 위해서는 우선 각 지방교정청별로 초중고교 검정고시에 대비하는 수험생들을 소년범을 집중 수용 중인 김천소년교도소를 포함해 특정 교도소를 지정하여 관할 교육청과 연계, 인근 초중고교 교사들이 교도소 방문 수업을 진행할 수 있도록 해야 한다. 그리고 점진적으로 일반공교육 시스템(관할 교육청)이 교정시설의 학교교육을 담당할 수 있도록 형집행법 및 교육기본법 등을 정비하여야 한다.

특히 초등학교의 경우 법정 의무교육의 대상이며, 중고교의 경우 무상교육이 시행되고 있는 만큼 수용자의 경우에도 일반시민에 준하는 교육기회 및 교육수준이 형평성 있게 부여되어야 한다.

이는 현행처럼 검정고시를 준비하는 수형자에게 작업을 면제하거나 검정고시료를 지원해주는 정도에서 벗어나 정상적인 일반 초중고교 과정의 교육과정을 접목시킬 수 있고, 교사들의 수업을 통해 교과내용의 전달 뿐만 아니라 전인교육을 함께 할 수 있다는 장점이 있다. 교육장역시 각 교도소별로 설치하는 것 보다 교도소를 지정함으로써 교육시설과 실습기자재 등을 집중적으로 개선하고 구비할 수 있다는 장점도 있다.

특히 교과과정은 현행과 같이 소장의 재량하에 개별 교육기관과의 협약 방식을 통하여 운영하는 것이 아니라 교육기본법에 교정시설 수용자 중 의무교육 미이수자에 대한 별도의 교육기회를 부여하고 그 운영 방법에 대한 근거규정을 두어야 한다. 이로써 교정시설이 현행과 같이 교육비용을 부담하는 것이 아니라 의무교육 예산 및 무상교육 지원 예산 등으로 수형자의 검정고시 및 방통고등학교 비용을 충당할 수 있다.

전문대학과정 및 독학사고시의 경우에도 자율학습체제에서 벗어나 개설학과를 확대하고 입학요건도 완화하며, 대학의 원격강의 및 통학 강의, 외부 대학과의 강의시설 공유 등 다양한 개선책이 마련되어야 한다. 특히 개방교도소나 자치거실 수용자의 경우 지역 대학으로의 통학을 원칙적으로 허용하는 등 실질적으로 학교수업이 이루어질 수 있도록 근거법령의 정비가 필요하다.

3. 도서관 설치 등 교육환경의 개선

유엔피구금자최저기준규칙 제64조는 모든 교정기관은 모든 수용자들이 사용할 수 있는 도서관 시설을 구비하도록 규정하고 있다. 유럽교도소규칙 제28조 제5항 및 제6항 역시 교정시설에 도서관의 설치 및 접근권을 보장하도록 하고 있고, 특히 지역사회와의 연계를 권고하고 있다. 나아가 유럽교도소교육권고 제10조는 수용자는 적어도 일주일에 한 번 도서관을 직접 활용할 수 있어야 한다고 규정하였다.

그러나 현행 형집행법령에는 학습공간에 대해 명확한 교육대상자별 시설 설치 규정이 없다. 나아가 자율적인 학습공간이자 복합문화공간인

도서관에 관한 규정도 명확하게 없다. 교정본부 및 일선 교도소에 따르면 현실적으로는 검정고시의 경우 소장의 재량에 따라 인근 검정고시 학원과 연계하여 학원강사가 교도소에서 기출문제를 풀어주는 정도의 강의를 교도소에 따라 일부 시행하기도 한다. 그러나 원칙적으로 검정고시를 포함하여 방통고, 독학사 고시 등 모두 수형자의 자율학습을 원칙으로 진행한다. 즉 도서관으로서의 학습공간이 없다는 의미이다.

도서의 경우에도 도서창고에 책을 비치한 뒤에 교도소 사회복귀과의 도서담당 교도관이 수용자들로부터 비치도서 열람신청서를 제출받아 교도관이 전달해주는 방식으로 이루어지고 있다. 이는 현행 수용자 교육교화 운영지침 제35조의 규정에 따른 것이기도 하다.

이와 같은 현실은 도서관의 자유로운 접근기회를 보장할 것을 요구하는 유엔피구금자최저기준규칙과도 부합하지 않는다. 또한 도서관이 단순한 도서 대여 정도가 아니라 복합적 문화공간이자 사회화를 위한 교육공간으로 활용된다는 중요성을 간과한 것이기도 하다.

수용자의 처우등급 및 보안적 조치 등을 고려하여 좀 더 수용자들이 자유롭게 도서관을 활용할 수 있도록 복합적 문화공간으로서의 도서관 시설 구축이 필요하며, 인근 공공기관 도서관 및 대학도서관 등 지역사회와 연계하여 도서기증이나 교환, 시설운영 노하우 전수, 문화프로그램 시행 등 이른바 지역사회 교정처우가 가능하도록 네트워킹이 필요하고, 관련 규정 역시 명문화해야 한다.

특히 완화등급 교정시설의 경우 도서대출 및 반납을 개가식으로 운영하고, 지역사회의 자원봉사자들의 지원을 받아 연극, 북콘서트, 독후감대회 등 다양한 프로그램을 도서관을 중심으로 기획할 수 있고, 이러한 프로그램은 집중인성교육과 연계하여 수형자의 참여학습형으로 교육 시스템의 패러다임을 전환할 수 있다.[23] 이러한 참여형 교육은 수형자의 학습권 행사를 돕고 나아가 자연스럽게 타인과의 공감능력을 향상시키며, 재사회화에 기여할 것이다.

'19금' 즐기는 교도소 성범죄자들…못보게 하면 "소송 건다"

대구고법은 2018년 5월 강간 등 상해죄로 징역 13년형을 복역 중이던 A씨가 경북 북부 제1 교도소장을 상대로 낸 영치품 사용 불허 처분 등 취소 청구 소송에서 원고 승소 판결을 확정했다. A씨가 택배로 들여온 잡지 '누드스토리 2017년 5월호'에 대해 교도소가 "수용자 교정교화에 적합하지 않은 음란한 내용이 다수 포함되어 있다"는 이유로 못 보도록 한 조치가 부당하다는 취지다.

같은 해 12월 대구지법은 A씨가 경북 북부 제2 교도소장을 상대로 낸 불허처분 취소 청구 소송에서 원고 승소 판결을 내렸고, 그대로 확정됐다. 교도소가 잡지 '스파크 2016년 11월호' '스파크 2018년 7월호', 책 '웰빙나이트를 위한 101가지 색다른 즐거움-LOVE 101'에 대해 내린 불허 처분을 취소한다는 게 요지다.

두 판결 모두 형집행법 제47조 2항을 주요 근거로 삼았다. 해당 조항에 따르면 교도소장은 수용자가 구독을 신청한 출판물이 출판법에 따른 유해간행물인 경우를 제외하고는 구독을 허가해야 한다. 간행물윤리위원회가 유해간행물로 지정하지 않으면 교정본부가 걸러낼 길이 없다는 의미다. 누드스토리, 스파크 등이 유해간행물로 지정돼 있지 않아 교도소장은 구독을 허가해야 했다.

다만 법원은 "교정본부 주장대로 성범죄자인 A씨가 다소 선정적이고 음란한 내용을 담고 있는 해당 잡지 등을 소지하는 경우 교화, 건전한 사회 복귀를 해칠 우려가 있다"면서도 "그 공익은 입법을 통하여 해결할 수밖에 없다"고 판시했다. 입법부가 강화한 법령에 따라서만 제재할 수 있다는 취지다.....중략...

자료: 중앙일보, 2020년 12월 20일자 보도.

4. 전면적인 수용자 교육 규정 정비

앞에서 살펴본 것처럼 유엔피구금자최저기준규칙 등 국제법규범은 수용자의 교정시설 내에서의 학습권을 보장하고, 특히 문맹자와 청소년의 기초교육을 국가의 의무로 규정하고 있지만, 현행법상 이에 대한 명확한 규정이 없다. 또한 교정시설 수용자 교육공간, 시설, 도서관의 설치 및 운영, 외부 지역사회와의 교육연계 등에 대한 명확한 규정이 없다. 특히 의무교육이나 무상교육이 적용되는 중고교과정을 어떻게 교정시설에서 진행할 것인지, 교육기본법과 연계하여 어떻게 학교교육을 통합할 것인지에 대한 근거규정 등도 없다.

앞에서 살펴본 것처럼 현행 형집행법령은 기본적으로 검정고시교육, 방송통신고등학교교육, 독학사고시교육 등 학교교육은 기본적으로 독학 또는 자율학습이라고 명확히 하고 있다. 기초학력 수준을 갖추지 못한 교육 대상자가 스스로 알아서 글씨를 깨치거나 초중고교 과정을 자율학습으로 일정 수준까지 도달하여 검정고시에 응시하는 등 일련의 학사과정을 스스로 진행토록 하는 것은 바람직한 학습성과를 기대하기 어렵다. 앞에서 살펴본 바와 같이 검정고시 합격률 저하 및 학업이수율의 저하 등에서도 그 부작용을 확인할 수 있다. 또한 교육효과는 단순히 학업성취도 뿐만 아니라 가르치는 사람, 즉 교사 등에 의해서 전달되는 교과 내용 이외에도 수업 중 교사에 의해 진행되는 직간접의 도덕, 인성교육 등에 의한 수용자의 태도 변화를 기대할 수 없게 된다.

따라서 수용자 교육에 관한 전면적인 제도개선이 필요하며, 이를 위해서는 현행 형집행법령의 전면적인 교육규정의 정비가 필수적이다.

참고 자료 및 설명

1) Esperian, J. H. (2010). 'The effect of prison education programs on recidivism" Journal of Correctional Education, 316−334.

2) Oakford, Patrick, et al.. (2019). Investing in futures: Economic and fiscal benefits of postsecondary education in prison.

3) Nordic Council of Ministers (2005). Nordic Prison Education: A Lifelong Learning Perspective. Business & Economic. 25−27.

4) Forster, W., & Forster, B. (1996). 'England and Wales: the state of prison education', Journal of Correctional Education, 101−105.

5) Linden, R., & Perry, L. (1983). 'The effectiveness of prison education programs', Journal of Offender Counseling Services Rehabilitation, 6(4), 43−57.

6) Hardacre, H., & Kern, A. L. (Eds.). (1997). New directions in the study of Meiji Japan (Vol. 6). Brill.

7) 신용해, (2012), '수형자 교정교육의 현황과 개선방안', 교정연구 제57권, 61−104, 한국교정학회. 이하 허경미. (2020). '교정시설 수용자 교육의 한계 및 형집행법령 개정 방향'. 교정연구, 30(3), 3−30. 내용 전반적 참조.

8) 법무연수원, (2021), 2020 범죄백서, 368.

9) Krolak, L., & Peschers, G. (2017). Books beyond bars: The transformative potential of prison libraries. UNESCO.

10) 법무연수원, (2021), 365−370.

11) Harer, M. D. (1995). 'Recidivism among federal prisoners released in 1987', Journal of correctional education, 46(3), 98−128.

12) SpearIt. (2016). 'Keeping it REAL: Why Congress Must Act to Restore Pell Grant Funding for Prisoners', U. MASS. L. REV., 11, 26.

13) Chappell, C. A. (2004). 'Post−secondary correctional education and recidivism: A meta−analysis of research conducted 1990−1999', Journal of Correctional Education, 148−169.

14) Davis, L. M., Bozick, R., Steele, J. L., Saunders, J., & Miles, J. N. (2013). Evaluating the effectiveness of correctional education: A meta−analysis of programs that provide education to incarcerated adults. Rand Corporation.

15) Giles, M. (2016). 'Study in prison reduces recidivism and welfare

dependence: A case study from Western Australia 2005 – 2010', Trends and Issues in Crime and Criminal Justice, (514), 1–9,

16) Howse, Patrick (January 9, 2014). 'Education makes prisoners 'less likely to reoffend', BBC. Archived from the original on March 21, 2018.

17) 유엔피구금자최저기준규칙(United Nations Standard Minimum Rules for the Treatment of Prisoners 1955: SMRs 1955)은 유엔에서 1955년에 채택되어 1957년에 1차개정규칙(663 C(24))을, 1977년 5월에 2차개정규칙(2076 (62))을 승인하였다. 이어 2015년 12월에 3차개정규칙을 채택하여 만델라규약(Nelson Mandela Rules)이라고 칭한다. 유엔피구금자최저기준규칙은 2개 장 108개 조문으로 구성되어 있다. UNODC, The United Nations Standard minimum rules for the treatment of prisoners(the Nelson Mandela rules). 2015.

18) Krolak, L., & Peschers, G. (2017). Books beyond bars: The transformative potential of prison libraries. UNESCO.

19) 유엔수용자처우기본원칙(United Nations Basic Principles for the Treatment of Prisoners 1990: A/RES/45/111)은 1990년 12월 14일 총회결의 45/111에 의해 채택 및 선포되었다. 이 기본원칙은 모두 11개 조문으로 구성되어 있다(UNGA, 1990).

20) 유럽교도소규칙(European Prison Rules)은 1973년 유럽연합 각료위원회에서 결의안(Resolution 73.5)으로 채택되었고, 1987년에 제정되었다(R 87.3). 이 규칙은 2006년 1월 11일 제952차 각료위원회에서 개정(2006 European Prison Rules)된 데 이어 2020년 7월 1일 제1380차 각료위원회에서 개정(2020 European Prison Rules)되어 현재에 이르고 있다. 규칙은 9개 부(part) 108개의 조문으로 구성되었다(Council of Europe, 2020).

21) Costelloe, A. (2014). Prison Education: Principles, Policies and Provision. Youth and Adult Education in Prisons, DVV International.

22) 유럽교도소교육권고(Council of Europe Recommendation No. R(89)12 of The Committee of Ministers To Member States On Education In Prison)는 1989년 10월 13일 유럽연합 제429차 각료위원회에서 채택하였다. 이 권고는 17개의 조문으로 구성되어 있다(Council of Europe, 2006).

23) Garner, J. (2020). 'Experiencing time in prison: the influence of books, libraries and reading', Journal of Documentation, 1033–1050.

제13장

노르웨이, 교도소는 학교

I. 오슬로 테러범, 대학에 가다

노르웨이의 형집행법은 교정처우의 목적은 정상화(Normalization)와 재활(Rehabilitation)이라고 명시하고 있다(Regulations relating to the Execution of Sentences, Sec. 1-2). 이를 실천적으로 극명하게 보여준 사례가 아네르스 베링 브레이비크(Anders Behring Breivik)의 오슬로 대학 입학 허용이다. 브레이비크는 2011년 7월 22일 노르웨이 수도 오슬로의 정부청사에 폭탄을 설치하고 우토위아 섬에서 총기를 난사해 청소년 77명을 살해한 테러범이다. 그는 2013년부터 오슬로 대학에 3년에 걸쳐 입학신청서를 신청하였고 대학 측은 3년의 심사를 거쳐 지난 2015년에 7월에 입학을 허용했다. 잔인한 테러범에게 오슬로 대학 입학을 허용한 이유에 대해 노르웨이 교정당국과 오슬로 대학은 "노르웨이 시민인 브레이비크의 교육권을 존중하고 그것이 일반시민의 안전을 위해 궁극적으로 도움이 될 것이라고 믿기 때문"이라고 발표하였다.

브레이비크 사례와 같이 노르웨이는 국제인권규범의 이념을 반영한 형집행법 등을 통해 교도소의 수용자는 신체의 자유를 제한당할 뿐 그 외의 기본권은 일반시민과 동일하게 보장되어야 한다는, 즉 정상성 (Normality)을 수용처우의 기본원칙으로 선언하고 있다.[1]

이 정상성은 수용자의 일상생활은 교도소 밖의 일반시민과 유사한 방식(Manner)이어야 하고, 일반시민이 누리는 교육권과 참정권 등을 누릴 수 있다는 것을 의미한다.[2] 그리고 이 정상성원칙은 수용자가 출소 후 사회에 보다 잘 적응할 수 있도록 하고, 결과적으로 재범을 낮춰 시민의 안전을 보장하는 것이라는 교정철학으로 다양한 법령 및 정책, 특히 교도소 학교를 통한 수용자 교육에 반영되었다. 실제로 이러한 교정철학과 수용자 처우정책은 노르웨이가 세계에서 가장 낮은 수용자 재범률을 보여 이미 그 효과가 입증되고 있다.

II. 조직과 수용

1. 교정조직

노르웨이 교정서비스(Norwegian Directorate of Correctional Services, Kriminalomsorgen: KDI)는 사법및공공안전부(Ministry of Justice and Public Security)에 소속되어 있다.

교정서비스장(Director General)은 국왕이 임명한다(Execution of Sentences Act, sec. 5). 교정서비스는 1875년에 법무부 소속으로 교도소위원회 (Fængselsstyrelsen)로 창설되었으며, 이 위원회는 2002년에 노르웨이 교정서비스로 대체되면서 해체되었다. 교정서비스는 정책기획 및 행정 관리를 담당하는 본부(Kriminalomsorgs Direktoratet), 5개의 지역교정서비스(Regioner), 교도소(Fengsler) 및 보호관찰소(Friomsorgskontoret), 중간

교정당국 조직 체계도

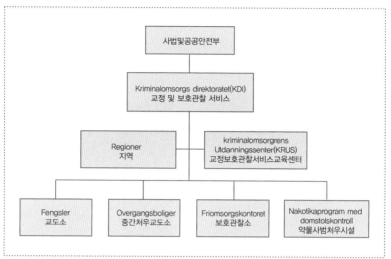

자료: kriminalomsorgen, https://www.kriminalomsorgen.no/organisering.533978.no.html/.

처우교도소 등 58개소의 계층구조로 조직되어 있다.

또한 부속기관으로 교도관의 교육을 담당하는 노르웨이 교정보호관찰서비스대학(Kriminalomsorgens Utdanningssenter(Correctional Service of Norway Staff Academy): KRUS)[3]과 교정시설의 정보기술시스템의 개발, 운영을 담당하는 교정정보통신서비스(The Correctional IT services: KITT)가 있다.

노르웨이 전역에 모두 15개소의 보호관찰사무소가 있다.[4] 교정당국에 대한 감독은 사법 및 공공안전부 산하의 감독위원회(Supervisory Council)가 담당한다.[5] 사법 및 공공안전부장관은 감독위원회의 위원장과 부위원장, 위원 등에 대한 임명권을 가지며, 이들의 임기는 2년간 보장된다. 위원회 위원은 수용자의 진정 등을 조사하며, 수용자에 대한 직접 면담권 및 개인의 동의시 개인정보 등을 열람할 권한이 있다.[6]

노르웨이 교정서비스에는 약 3,600명의 교도관 및 325명의 보호관찰관이 근무하고 있다. 교도관 및 보호관찰관은 비무장으로 근무하며,

교도관 중 40%는 여성이다. 교도관 및 보호관찰관은 신규채용 후 약 2년간 교정서비스교육센터에서 심리학, 범죄학, 법률, 인권 및 윤리와 같은 다양한 과목을 배운다. 교육기간 중 급여는 모두 지급된다. 노르웨이의 각 교도소에는 교정서비스(KDI)의 지원으로 교도관 교육을 담당하는 인력관리관이 배치되어 있다.[7]

2. 교정시설의 수용 현황

　2022년 1월 2일을 기준으로 전국에 57개소의 교정시설의 수용자 현원은 3,097명으로 전체 수용가능 인원 3,638명의 83.4%이다. 인구 10만 명 당 수용인구는 57명이다. 수용자 중 여성은 5.7%, 18세 이하 청소년은 0.1%, 외국인은 23.5%으로 나타났다.[8]

노르웨이 교정시설의 수용인구

연도	수용인원	인구 10만 명 당 수용인구
2000	2,548	57
2002	2,832	62
2004	3,028	66
2006	3,250	70
2008	3,387	71
2010	3,624	74
2012	3,591	72
2014	3,717	72
2016	3,850	73
2018	3,425	65
2020	3,207	54

자료: World Prison Brief, https://www.prisonstudies.org/country/norway/.

노르웨이의 교도소는 보안(Security)의 수준에 따라 중보안교도소, 경보안교도소, 중간처우교도소로 분류된다(Section 10). 각 교도소는 평균 70개 정도의 수용 거실(Cell)을 구비하며, 가장 큰 교도소는 400개 정도의 수용 거실을 갖췄고, 가장 작은 교도소는 15개 정도의 수용 거실을 갖췄다. 노르웨이는 미결수를 위한 별도의 교정시설은 없고, 모두 교도소에 구금한다.

보호관찰서비스는 2년 이상 형을 선고받은 경우 보안수준이 높은 중보안교도소에 수용 후 잔여 형기 1년 미만으로 석방시기가 도래하는 시점부터 경보안교도소로의 이전심사를 거쳐 사회복귀에 대비한 훈련을 지원한다. 2년 미만의 형을 선고받은 경우에는 직접 경보안교도소에 배치하는 것을 원칙으로 개별심사를 거쳐 배치여부를 결정한다.

중보안교도소는 폐쇄형 교도소로 전국 교도소 중 70%가 이에 해당한다. 중보안교도소 주변은 담벽이나 높은 울타리로 외부와 차단되어 있다. 수용자들의 작업, 교육, 여가활동은 모두 교도관 통제하에 이루어지며, 그 외는 수용 거실에서 생활한다. 경보안교도소는 개방형 교도소로 중보안교도소 보다 물리적 보안 조치가 적다. 교도소 건물은 잠겨 있지만, 수용자는 다른 사람의 수용 거실을 방문할 수 있고, 공유할 수도 있다. 전화사용이나 우편물은 비교적 자유롭지만 일정한 제한이 따른다. 교도소의 다양한 유형의 자유공간 및 상호방문허용, 외부면회 조건의 완화 등 유연한 통제조치를 통해 지역사회와의 교류를 확대하고 자연스럽게 사회복귀와 적응이 되도록 한다.

중간처우시설은 중보안교정시설이나 경보안교도소에서 일정기간 구금 후 이송되는 경우나 최대 1년 미만의 구금형을 선고받은 수형자를 대상으로 중간처우시설에 배치할 수 있는지를 심사 후 수용여부를 결정한다. 중간처우시설도 교도소이며, 통제시스템이 있지만 경보안교도소 보다 통제의 정도는 제한적이다. 중간처우교도소는 형벌의 목적, 보안상의 이유에 반하는 경우 또는 수용자가 처형을 기피할 것이라고 평가되는 경우에는 수용되지 않는다. 중간처우교도소는 사회복귀의 일부이며, 주거, 직업, 사회훈련 등의 전문적 교육시설을 갖추고 있으며, 수용자 개인별 처우와 지역사회와의 연계된 다양한 프로그램이 있다.

Ⅲ. 교도소 수용자 교육 관련 규범

노르웨이는 국제사회의 교도소 수용자에 대한 국제사회의 인권규범 중 교육규정을 자국의 수용자 교육에 반영하고 있다.

1. 유엔피구금자최저기준규칙 및 유엔수용자처우기본원칙

유엔피구금자최저기준규칙[9]은 수용자 교육과 관련한 규정들은 제시하였다. 제4조 제2항은 "교정목적을 위하여 교정당국 및 기타 담당 관청은 교육, 직업훈련, 작업, 기타 다른 형태의 보조수단으로서 적합하고 가능한 수단을 피구금자들에게 제공해야 한다…"고 규정하여 수용자의 사회복귀와 재통합을 위해 교육의 필요성을 강조하였다. 제14조는 "피구금자가 기거하거나 작업공간 등 모든 장소의 창문은 피구금자가 자연광선으로 독서하거나 작업을 할 수 있을 만큼 넓어야 하며, 인공조명은 피구금자의 시력을 해치지 아니하고 독서하거나 작업하기에 충분하도록 제공되어야 한다"고 규정하여 독서와 작업이 가능한 기본적 환경을 갖출 것을 요구하고 있다.

제63조는 "피구금자는 신문, 정기간행물 또는 시설의 특별간행물을 읽고 방송을 청취하고 강연을 들음으로써, 또는 교정당국이 허가하거나 감독하는 유사한 수단에 의하여 보다 중요한 뉴스를 정기적으로 알 수 있어야 한다."고 규정하여 다양한 매체에 대한 접근권을 강조하였다. 제64조는 "모든 교정기관은 모든 수용자들이 사용할 수 있는 도서

관 시설을 구비해야 하며, 오락용과 교육용 책을 적절하게 갖춰 수용자들이 최대한 활용하도록 장려해야 한다"고 규정하였다. 제104조 제1항은 "회원국은 종교교육을 포함한 모든 수용자에게 유익한 교육규정을 마련하여야 한다. 특히 문맹자와 청소년 수용자의 교육은 의무적이어야 하며 정부는 더 특별한 관심을 기울여야 한다."고 규정하였다. 제2항은 "가능한 수용자 교육은 국가의 교육 시스템과 통합하여 운영함으로써 수용자가 석방 후에도 어려움 없이 교육을 계속할 수 있어야 한다."고 규정하였다.

제105조는 "오락과 문화 활동은 수형자의 정신적·신체적 건강을 위하여 모든 교도소에서 제공되어야 한다."고 규정하여 수용자들 간 형평성을 담보하고 있다. 제117조는 "미결수용자에게는 자기 또는 제3자의 비용으로 사법행정 및 시설의 안전과 질서를 해하지 않는 서적, 신문, 필기용구 및 기타 소일거리를 구입하는 것이 허용되어야 한다."고 규정하여 미결수용자의 기본적인 교육 및 문화활동의 기회를 보장토록 하였다.

유엔수용자처우기본원칙[10] 제6조는 "모든 수용자는 인격의 완전한 발전을 목표로 하는 문화활동과 교육에 참여할 권리(Right)를 가진다"고 규정하였다. 즉 동 원칙은 수용자의 교육 참여를 수용자의 권리로 규정함으로써 회원국들에게 수용자 교육에 대해 인권적 측면에서 접근토록 요구하고 있다.

2. 유럽교도소규칙 및 유럽교도소교육권고

유럽교도소규칙[11]의 수용자 교육에 관한 규정은 제3부 28조 제1항부터 제7항, 그리고 제8부 제106조 제1항부터 제3항이다. 동 규칙 제3부 제28조는 교정당국의 교육방침과 시설, 대상자별 교육의 구분 등 교육의 인프라를, 제8부 제106조는 교육내용, 교육참여, 형기에 맞는 교육기간 조정 등을 규정하였다.

유럽교도소규칙

규정	내용
제3부 제28조: 교육(Education)	
28.1	모든 교정시설은 모든 수용자에게 가능한 포괄적이고, 수용자의 희망 및 필요성에 부응하는 프로그램 개설과 쉽게 접근할 수 있어야 한다.
28.2	문해력과 수리력이 필요한 수용자와 기본 또는 직업교육이 부족한 수용자에게 우선권이 주어져야 한다.
28.3	청소년과 특별한 도움이 필요한 수용자 교육에 특별한 주의를 기울여야 한다.
28.4	교육은 교정시설 내에서 작업하는 것과 같은 지위를 가져야 하며 수용자는 교육에 참여함으로써 재정적으로 불이익을 받지 않아야 한다.
28.5	모든 교정시설은 모든 수용자들이 사용할 수 있는 도서관을 갖춰야 하며, 도서관에는 오락 및 교육 자료, 서적 및 기타 매체가 적절하게 구비되어야 한다.
28.6	교정시설 도서관은 가능한 지역사회의 도서관 서비스와 협력체제를 유지한다.
28.7	a. 수용자 교육은 가능한 국가의 교육 및 직업훈련 시스템과 통합하여 운영, 석방 후에도 교육 및 직업훈련을 계속할 수 있도록 한다. b. 수용자 교육은 가능한 지역사회 교육기관의 후원으로 진행한다.
제8부 제106조: 수용자 교육(Education of Sentenced Prisoners)	
106.1	교육프로그램은 수용자의 능력을 향상하는 기술훈련과 재범억제 및 사회정착을 돕는 내용으로 체계적으로 구성되어야 한다.
106.2	모든 수용자는 교육프로그램에 참여하도록 장려되어야 한다.
106.3	교육프로그램은 수용자의 형기에 맞춰 조정되어야 한다.

유럽교도소교육권고[12]는 수용자 교육의 세 가지 목표 즉, 첫째, 모든 수용자들에게 교육 활동에 참여할 기회를 제공하며, 둘째, 교육은 수용자 개인을 발전시키고 효과적인 재통합(Reintegration)에 도움이 되어야 하며, 재범(Recidivism) 억제에 도움이 되어야 한다고 규정하고 있다.

유럽교도소교육권고

조문	내 용
1	모든 수용자는 학교교과목, 직업교육, 창작, 문화활동, 스포츠, 사회교육 등의 교육 및 도서관 시설을 이용할 수 있어야 한다.
2	수용자를 위한 교육은 외부세계, 즉 일반사회의 유사한 연령대를 위한 교육과 같아야 하며 수용자를 위한 학습기회의 범위는 가능한 한 넓어야 한다.
3	교정시설에서의 교육은 수용자의 사회적, 경제적, 문화적 마인드 전체를 발전시키는 것을 목표로 하여야 한다.
4	교정지휘부와 교정시설의 관리자는 교육을 촉진하고 지원해야 한다.
5	교육은 구금 시설 내에서 작업(work)하는 것과 같은 지위를 가져야 하며 수용자는 교육에 참여함으로써 재정적으로 또는 다른 방법으로 손실을 받아서는 안 된다.
6	수용자가 교육에 적극 참여할 수 있도록 최대한 노력을 기울여야 한다.
7	교육프로그램은 교정시설의 교육자들이 적절하게 성인 수용자 대상 교육을 할 수 있도록 개발되어야 한다.
8	특별한 어려움이 있는 수용자, 특히 읽기나 쓰기 문제가 있는 수용자에게 특별한 주의를 기울여야 한다.
9	직업교육은 노동시장의 수요를 반영하고, 개인의 능력발전을 목표로 한다.
10	수용자는 최소 일주일에 한 번 이상 도서관을 직접 활용할 수 있어야 한다.
11	수용자를 위한 체육과 스포츠를 강조하고 장려해야 한다.
12	수용자가 잠재력을 개발하고 표현할 수 있도록 창의적이고 문화적인 활동을 격려하여야 한다.
13	사회교육은 수용자가 사회복귀를 용이하게 하기 위해 구금 시설 내 일상생활을 관리할 수 있는 실용적 요소를 포함해야 한다.
14	가능한 수용자는 교도소 밖의 교육에 참여할 수 있어야 한다.
15	교도소 내에서 교육이 이루어져야 하는 경우, 외부 공동체가 가능한 완전하게 참여할 수 있어야 한다.
16	수용자가 석방 후에도 교육을 계속할 수 있도록 조치를 취해야 한다.
17	수용자가 적절한 교육을 받도록 예산, 장비 및 교직원이 지원되어야 한다.

3. 노르웨이 국내법

노르웨이의 교도소 교육은 글로벌 규범을 반영하여 형집행법 및 교육법 등에 근거를 두고 있다.[13)

노르웨이 형집행법

형집행법(Execution of Sentences Act)은 기존의 형집행법을 전면 개정, 2001년 5월 18일 행정입법(사법및공공안전부)으로 발의되어 2002년 2월 22일 국왕의 승인으로 시행되었다. 이후 여러 차례 개정을 거쳐 현행법은 2015년 10월 30일 개정, 발효된 법률 제1235호이다.[14)

노르웨이 형집행법은 모두 8개장(Chapter), 83개 조문(Section)으로 구성되어 있다. 제1장은 규정의 범위와 형 집행에 관한 일반원칙(1-1-1-4조), 제2장은 행정 규정(2-1-2-3), 제3장은 구금형 집행 및 특별 형사 제재(3-1 -3-45), 제4장은 법령에 의해 특별히 규정된 구금 및 기타 제재 (4-1-4-4), 제5장은 사회내 처우(5-1-5-4), 제6장은 중보안교도소의 수용 및 처우(6-1-6-14), 제7장은 전자감독제(7-1-7-9절), 제8장은 기타 조항(8-1-8-2) 등이다.

노르웨이 형집행법은 형집행의 목적은 임무를 수용자에 대한 적절한 형벌의 집행과 처우를 통해 시민의 안전을 담보하며, 수용자들이 재범방지를 위한 성행교정을 목적으로 한다고 규정하고 있다.[15)

노르웨이 교육법

노르웨이의 교육에 관한 일반법은 교육법(Norwegian Education Act)이다. 이 법은 1998년 7월 17일에 제정되어(No. 61) 이후 여러 차례 개정을 거쳐 현행법은 2019년에 제정되었다.[16) 노르웨이 교육법은 모두 16개 장(Chapter), 136개 조문(Section)으로 구성되어 있다.

노르웨이 교육법은 노르웨이 아동 및 청소년에 대한 의무교육과 권

노르웨이 할덴 교도소(Halden Prison) 도서관

자료: https://www.sixnorwegianprisons.com/spaces/rehabilitation/

리, 교육과정 등 교육행정 전반에 대하여 규정하고 있다. 이 법은 교육에 대한 광범위한 권리를 가진 의무취학 대상자 아동의 연령을 6~16세로, 그리고 의무취학 대상자 청소년의 연령을 16세 이상으로 구분하고 있다.[17)]

노르웨이 교육법 제2-1조는 "노르웨이의 모든 16세 미만 어린이와 청소년은 초등 및 중등 교육에 대한 권리와 의무를 가진다"고 규정하였다. 이는 아동이 노르웨이 시민인지 외국인 여부와 관계없이, 외국인 아동의 노르웨이에 불법적 혹은 합법적 거주 여부와 관계없이 3개월 이상 노르웨이에 머무를 가능성이 있는 경우 적용된다. 따라서 노르웨이에 거주하는 외국인 학령기 아동과 청소년은 노르웨이인 아동 및 청소년과 동등한 교육을 받을 권리를 가진다.

이 교육법 섹션 4A-1조는 초등 및 중등 교육을 받지 않았거나 이수하지 않은 16세 이상의 사람들도 초중등교육을 받을 권리가 있다고 규정하고 있다. 의무취학 연령 이상인 사람의 초등 및 중등 교육에 대한 권리는 노르웨이인 및 외국인일 경우 합법적으로 거주하는 사람에게만 적용된다. 그리고 18세 이상 외국인일 경우에는 노르웨이에 3개월 이상 머물 계획이 있는 경우에만 허용된다.

이 법 제3-1조는 초등 및 중등학교 또는 이와 동등한 학교를 이수한 사람은 3년 동안 풀타임 고등교육을 받을 권리가 있다고 규정하고 있다. 그리고 고등교육을 받을 수 있는 권리는 24세가 되는 해 말까지 유효하다.

이 법 제13-2a조는 지방정부(County Authority)는 해당 관할지역의 교도소 수용자에 대해 이 법에 따라 초등, 중등 및 고등교육에 대한 권리를 준수할 책임이 있다고 규정하였다. 노르웨이 교정서비스(Norwegian Correctional Services)는 필요한 교육장소를 제공할 의무가 있다고 규정하였다.

노르웨이 교도소의 수용자는 대부분 의무취학 연령대를 벗어난 성인이지만, 형사책임 연령이 15세 이상이기 때문에 소년교도소 및 일부 교정시설의 수용자는 의무취학 대상자이다. 따라서 교도소에 수용된 청소년 및 일부 성인의 경우 노르웨이 교육법에 따른 교육의무 대상자로서 교육권을 행사할 수 있고 이에 따른 의무는 지방정부 및 중앙정부의 교정서비스가 부담한다. 또한 외국인인 경우에도 노르웨이 시민에 준한 초중등교육을 받을 수 있다.

IV. 교도소 학교교육: 사람 바꾸기

1. 수용자는 공부할 의무와 권리가 있다

최초의 노르웨이 교도소는 1630년경 트론헤임에 설립되었다.[18] 이 때부터 노르웨이는 교도소 수용자에 대한 교육을 중요시하였다. 이어 1735년에서 1789년 사이 노르웨이에 지어진 4개의 교도소에서도 교육 과 교화의 기능은 동일시되었다. 그러나 1841년에 교도소에 대한 정부 위원회 보고서(Government Commission Report)가 발표되었고, 여기에 교도소의 엄격한 감금체제가 교화에 도움이 되지 않는다는 내용이 포 함되었다. 이에 따라 교도소 내의 통제와 교육이 느슨해졌고, 수용자들 은 매우 자유로운 생활을 하게 되었다.

1842년에 미국의 "필라델피아 구금모델(Philadelphia Solitary Confinement Model)", 즉 모든 수용자의 독방감금제가 도입되었다. 이 모델은 수용 자에게 독방을 배정하고, 노역, 질서정연한 생활방식, 종교, 윤리교육 및 기초교육 등의 훈련에 초점을 맞추는 교정처우 방식이었다. 1851년 에 이 필라델피아 모델을 바탕으로 수용자에 대한 교육훈련을 기본적 인 운영방침으로 내세운 교도소가 설립되었다. 수용자들은 매일 읽기, 종교활동, 역사, 쓰기와 산술에 대하여 교육을 받았다. 교육과정은 국 가교육체제의 일반교육과정과 동일하게 편성되었다.

19세기 후반에는 수용자 초중등교육을 이수하지 않은 모든 남성 수 용자는 교도소에서 실시하는 초중등교육 교육과정을 의무적으로 이수 하도록 규정이 개정되었다. 이에 따라 수용자들에 대해 학업역량, 즉 읽기, 쓰기, 종교지식 등에 대한 평가가 최초 수용시점과 출소시점에서 시행되었다. 1903년 교도소법(1903 Prison Act)은 18세 미만 수용자에 대한 의무적 교정교육을 명시했다.

19세기 말에는 수용자에 대한 치료처우(Treatment Philosophy)이념이 도입되었다. 이 치료처우이념은 법 위반에 대한 응보로 자유를 박탈하는 관점이 아니라 범죄성을 치료하는 관점이어야 한다는 것이다. 이 치료철학은 다양한 방식으로 형사체제에 반영되어 1928년 청소년범죄자 교정처우법(1928 Act on Correctional Treatment of Young Offenders)에도 도입되었다.

1958년에 신교도소법(1958 New Prison Act)이 통과되었다. 이 법은 교육을 강조하였으나 실제 현장에서는 교육보다는 처벌의 한 방식으로 노역에 더 치중하였다. 1960년대에 들어서 교육문화부와 법무부는 교도소의 직업훈련을 강화토록 하는 협약을 맺었고, 규모가 큰 교도소는 이를 위해 시간제 교사들이 채용되기 시작하였다. 행정법의 규정으로 1969년부터는 교육당국(Ministry of Educational, Cultural and Church Affairs)이 교도소 교육에 대한 책임을 맡게 되었다. 즉 취학 연령의 소년범 및 부적절한 교육배경을 가진 청소년 범죄자에게 의무교육을 제공하는 책임을 지게 된 것이다.

1970년에 범죄학자 Christie는 수입모델원칙(Import Model Principle)을 제안하였다.[19] 그는 교도소 교육을 모두 외부전문가에게 맡겨야 한다고 주장하며, 교정당국은 범죄자에 대한 처벌적 관점과 교도소라는 정체성에서 완전히 자유로울 수 없다고 지적하였다. 이 수입모델원칙은 1997－1998년의 교도소 및 보호 관찰 서비스에 관한 노르웨이 의회 보고서에 반영되어 모든 교정시설의 의료, 교육, 도서관, 복지 등 처벌 이외의 서비스는 교도관이 아닌 외부전문가나 기관이 담당토록 하였다.

한편 1988년부터 교도소의 모든 교육 및 수용자의 출소 이후 교육비용은 전액 중앙정부가 부담하게 되었다. 한편 2001년에는 형집행법의 개정으로 2001년 1월 1일부터 교도소 및 보호관찰서비스는 중앙행정부와 6개의 지역관할로 분할되었다. 이로 인해 수용자 교육은 지역관할(지방정부)로 이관되었다.

또한 노르웨이 의회는 1998년에 교도소 교육에 대한 모니터링 및 평가를 노르웨이 오슬로 대학 등 3개 대학으로 구성된 평가단에게 의뢰하고 그 개선방안을 요구하였다. 이 사업은 3년에 걸쳐 진행되었고, 2004년도에 의회에 결과보고서가 제출되었다.[20] 이 보고서의 대표적인 제안은 수용자의 교육권은 청소년뿐만 아니라 모든 수용자에게 동등하게 적용되어야 한다는 것이었다.

한편 노르웨이는 교도소 교육에 대한 반복적인 모니터링 및 개선방안을 오슬로 대학 등 외부기관에 의뢰하여 이를 토대로 수용자 교육의 문제점을 개선하는 노력을 거듭함으로써 수용자 교육의 수준을 향상시키고 있다. 즉, 앞에서 설명한 2004년도 평가보고서는 직업훈련의 확대와 실용과목의 확대, 다양한 교과과정, 자유로운 인터넷 접속이 가능한 ICT의 확대, 교육당국과 교도소 당국 간의 협력체제의 공고화, 출소 후 교육 모니터링 지속화, 여성 및 외국인 수용자에 대한 교육기회 확대, 중앙정부의 책임강화 등을 권장하였다. 이는 2008년 교육법에 반영되었다. 그리고 이 수용자 교육 시스템은 2022년 현재까지도 기본틀로 이어지고 있다.

1:1 그림 지도 받는 할덴 수용자

자료: https://alexmasi.photoshelter.com/image/I000018BqPRggMGs/

2. 수용자 교육의 책임은 국가(자치단체)가 진다

노르웨이는 전국에 19개의 자치단체(County)가 있고 이 지방정부 (County Municipalities)는 교정교육의 책임을 부담한다. 즉, 지방정부는 노르웨이 교정 서비스의 모든 교육에 대해 국가적인 책임(National Responsibility)을 지며, 비용은 중앙정부의 보조금으로 이루어진다. 즉, 개별 교도소의 교육에 대한 학업 및 행정 책임은 관할 자치정부(Local County Authorities)가 부담한다. 수용자의 개별 교육 및 진로지도에 대한 책임은 일반적으로 교도소 근처에 있는 지역 고등학교가 부담한다. 교도소 학교(The Prison School)는 인근 고등학교의 한 분교(Branch)로 간

노르웨이 교도소의 수용자 교육 체계도

자료: Byholt, V., Bakke, G. E., & Ianke, P., 2017. 재구성.

주된다. 공식적으로 교사와 카운슬러는 지역 고등학교에 소속되며 고용된다.

자치단체는 각 교도소에 교육조정관(Discipline Coordinator)을 임명하며, 이 교육조정관은 각 교도소 교육훈련의 조정 및 수용자의 교육관련 상담역할, 다른 교도소 학교와의 연계협력, 고등학교와의 연계협력 등의 역할을 담당한다. 각 고등학교장은 이 교육조정관을 통하여 교도소 교육 관련 조정 등의 권한을 가진다.

3. 일반 학교와 동일한 교도소 학교의 교육체계

노르웨이 교도소의 교육은 원칙적으로 형집행법 및 교육법의 규정에 따라 정상성(Normality) 및 수입모델(Import Model)의 취지를 반영한다. 즉 교도소 내의 모든 비형사적 기능(Non-penal Functions)은 교도소 외부(지역사회)에 의하여 작동되며, 외부(지역사회)의 수준을 유지함으로써 수용자의 재활(Rehabilitation)을 돕는다는 것이다.

노르웨이 교도소의 교육은 인근 고등학교에 소속된 교사에 의하여 초중고교 교과목(General Subjects) 및 직업훈련(Vocational Training)이 진행된다.

노르웨이 교도소 학교에는 매일 1,400여명의 학생이 출석하며, 인근 고등학교에 소속된 담당교사 약 420여명에 의하여 교육이 진행된다. 교사는 정규직 혹은 비정규직 신분을 가진다. 이들에 의하여 운영되는 교도소 학교의 교육과정은 다음과 같다.[21]

노르웨이 교도소 학교의 교육과정

교육과정	교육내용	비중
중등학교 교육과정	교과과정	1.2%
고등학교 교육과정	교과과정 및 직업훈련(음악, 무용 및 드라마, 건축, 건설, 레스토랑 및 식품가공, 기술 및 생산 등의 전문화 프로그램)	50%

단기 중등학교 교육과정	교과과정	30%
일반 및 직업교육	일반(예술교육, 음악, 연극 등의 여가생활 단기과정), ICT, 예술 및 공예 등	13%
종합대학/전문대학 과정	각 분야별	5%

자료: Breivik, 2020.

　교육은 원칙적으로 교도소 학교에서 진행하는 것을 원칙으로 하지만 교도소 학교에서 가르치는 것이 충분하지 않은 경우 교도소 밖으로 수용자는 외출이 허용되며, 필요한 식비 및 교통비 등이 지급된다.

　직업훈련교육을 받는 수용자는 프로그램에 따라서는 일반 기업체의 시보로 임용될 수 있으며, 이 경우 일반인에 준하는 일정한 급여를 업체로부터 지급받을 수 있다.

　한편 노르웨이 교정당국은 수용자의 출소 이후에도 수용자에게 필요한 교육을 보증하는 이른바 복귀보증제(Return Guarantee)를 시행한다.[22] 이는 수용자에게 출소 후 자신의 기본적인 생활, 즉 주거환경, 교육, 직업, 건강의료 등의 욕구(문제)를 지역사회가 해결해줄 것이라는 약속과 함께 실제로 해당 사안들을 해결해줌으로써 범죄를 행하지 않고 사회에 잘 정착토록 하는 것이다. 지역사회는 범죄로 인한 사회적 비용을 절약하는 효과가 있다. 또한 복귀보증제는 유죄판결을 받은 수용자가 전과자로서의 그의 지위에도 불구하고 다른 모든 시민과 동일한 권리에 접근할 수 있도록 교정당국이 지원한다는 데에 그 의의가 있다. 수용자에 대한 복귀보증제의 주요 내용은 적절한 주택, 교육, 취업대비 자격증 취득 교육, 사회복지서비스, 약물 남용 프로그램을 포함한 건강 서비스, 재정 자문 서비스 및 부채 정리 상담 또는 부채 회수, 출소일 등이다. 교정 및 보호관찰당국은 수용자가 희망하는 교육기관 및 교육프로그램에 대한 정보제공이나 알선 등과 함께 수용자가 직접 해당시설 등에 전화연락, 입학서 제출, 의견교환 회의 등의 활동을 할 수 있도록 지원한다.

4. 수용자 교육의 모니터링 및 효과

노르웨이의 교정당국의 수용자 교정처우가 성공적이라고 평가할 수 있는 가장 확실한 증거는 낮은 재범률이라고 평가할 수 있다.

옥스퍼드대학의 Yukhnenko 교수 등이 각 국의 수용자 출소 후 재범률을 측정하는 연도의 차이와 공식적인 발표 등의 상이성을 고려한 통계학적 분석을 통하여 최근 3년 동안의 재범률을 미국의 National Center for Biotechnology Information을 통하여 2019년 11월에 발표한 자료에서도 노르웨이의 재범률은 20%로 나타났다.[23] 이 연구는 노르웨이의 재범률이 낮은 이유를 재활에 집중하는 형사정책이 효과를 발휘하기 때문이라고 평가하였다. 특히 노르웨이 교정당국이 채택하고 있는 수용자처우에 대한 정상성의 원칙(수용자는 이동의 자유를 제외하고, 다른 모든 것을 일반인들과 같이 유지하고 권리를 행사한다)이 가장 중요한 요인이라고 분석하였다.

한편 Tønseth 등이 2019년에 발표한 노르웨이 교도소의 정규교육이 수용자의 직업과 삶의 질에 영향 여부에 관한 연구에서 교육에 참여한 사람들은 자신의 삶에 대해 반성하고 새로운 선택을 하게 되었으며, "사회적으로 책임 있고 명확한 사고를 하는 의사 결정자"로서 자신의 삶을 더 잘 통제할 수 있게 되었다고 느끼는 것으로 나타났다.[24] 즉 교도소 교육이 수용자의 자존감을 향상시키고 출소 후 직업을 구하고 책임감 있는 시민으로서의 삶을 살아가는데 도움이 된다고 인식하는 것으로 교도소 교육이 매우 유익했음을 보여준다.

한편 2012년 10월에 노르웨이 국적을 가진 노르웨이 전체 교도소 수용자 2,439명 가운데 52.3%인 1,276명을 대상으로 교도소 교육의 참여 동기에 대한 설문조사가 진행되었다.[25] 대상자의 94.2%가 남성이고, 평균 연령은 36세이며, 7%는 의무교육을 중단하였다. 대상자의 절반이 12개월의 징역형이고, 64%는 이전에 수용경험이 있었다. 교도소 교육 참여 동기는 미래 계획, 교도소 규정 및 시간 보내기(도피), 능력개발 중에서 선택하도록 설계된 이 조사에서 가장 높은 동기는 미래 계획으로 나타났다. 형기가 길수록, 그리고 석방이 가까울수록 능력개발이 더 큰 동기로 작용하는 것으로 나타났다. 노르웨이의 수용자 대부분이 2년 미만이므로 수용자들은 출소 후 직업을 구하고 사회에 안정적으로 복귀하기 위하여 교육에 참여하고 있음을 의미한다. 한편으론 노르웨이의 단기형제와 교도소 교육이 매우 긍정적으로 상호작용하고 있음을 보여준다.

또한 같은 조사에서 교도소 교육과 수용자의 자기효능감과의 상관성에 관한 연구도 진행되었다. 조사 결과 대상자들은 독해력, 수학, 정보통신기술(ICT), 자기주도적 학습 등에서 자기효능감이 높은 것으로 나타났다. 특히 범죄경력이 없는 수용자들은 모든 교육영역을 통하여 자기효능감이 높아지는 것이 발견되었다.[26]

V. 돋보이는 차이

1. 수용자의 교육기본권

노르웨이는 국제인권규범 및 형집행법 등에 따라 교정시설의 처우는 정상성원칙(Normality Principles)을 추구한다. 정상성원칙은 수용자의 교육은 수용자의 기본적 인권이라는 인식을 바탕으로 한다.

즉, 정상성(Normality)이란 구금형은 자유의 제한을 의미하는 것이지 시민으로서의 수용자의 다른 권리를 제한해서는 안 된다는 법원칙을 성립시킨다. 노르웨이에서 구금형이 선고된 범죄자는 노르웨이의 다른 일반시민들에 비해 거주이전의 자유만을 제한당할 뿐이다. 그 외 다른 기본권은 형집행법상 보안(Security)을 해치지 않는 한 일반시민과 동일하게 행사할 수 있도록 보장되어야 한다는 것이다. 또한 정상성은 어떤 수형자도 지역사회의 안전을 위해 필요한 것보다 더 엄격한 상황에서 형을 집행당해서는 안 된다는 것을 의미한다. 따라서 범죄자는 가능한 적정한 분류심사를 통해 적절한 보안교정시설에 배치되고, 교정시설의 내부생활은 가능한 외부생활과 비슷하게 유지되어야 한다. 이러한 정상성의 원칙은 교도소 교육과정에도 반영되어 교도소에 설치된 교도소 학교는 일반 초중고교와 가장 유사한 시설과 교사, 그리고 교과목체계 등을 갖추는 것이다.

정상성원칙은 한국의 경우 대부분의 수용자 교육이 직업교육이나 인성교육 등으로 제한되어 있고, 강사진 역시 교정당국이 지정하는 등 교정당국에 의하여 교육과정을 운영하는 것과는 차이를 보인다.

2. 일반시민과 동등한 교육과정, 수입모델원칙

앞에서 설명한 것과 같이 수입모델원칙(Import Model Principles)이란 교도소는 수형자의 자유를 제한하는 역할과 지역사회에 준하는 생활환경을 제공하는 역할을 할 뿐 그 외에 수용자에 대한 교육, 직업훈련, 의료제공, 도서관운영 등은 모두 외부 지역사회의 전문인력과 프로그램에 의하여 시행되는 것을 말한다.

즉, 정상성원칙에 따라 수용자는 거주이전의 자유만 제한될 뿐 나머지 시민권이 제한되는 것은 아니므로 노르웨이 정부 혹은 자치단체, 교육기관 등에 의하여 지원되는 시민으로서의 정치참여, 교육, 의료지원, 교육훈련 등은 모두 교정당국 이외의 행정당국이나 외부기관이 직접 교도소에 들어와 지원토록 하는 것이다. 이에 따라 수용자 교육의 책임은 자치단체가 부담하며, 교도소 인근 고등학교 교사가 일반교육과정과 동일한 교육과정을 운영하는 특징을 보이고 있다.

이는 한국의 경우 의무교육을 마치지 못한 수용자가 검정고시나 자격증 시험 준비를 희망하는 경우 독학으로 공부하고, 교정당국은 검정고시반을 운영하는 실태와는 상당한 차이를 보이는 것이다. 특히 한국역시 전면적으로 고교 무상교육 및 의무교육을 확대할 방침이므로 취학연령대 수용자와 취학연령대는 지났지만 늦게라도 의무교육을 희망하는 수용자에 대한 관련 교육과정의 도입 등에 대한 논의와 제도개선이 필요해 보인다.

3. 탄력적인 수용자 배치전환

노르웨이 교정시설 수용자의 평균 형량은 약 8개월이며, 부가조건이없는 구금형의 60% 이상이 최대 3개월이며, 나머지는 거의 90%가 1년미만이다. 교정당국은 수용자의 분류심사를 통해 중보안교도소를 거쳐경보안교도소 그리고 중간처우교도소, 그리고 보호관찰에 이르기까지단계적으로 실시함으로써 수용자의 사회복귀 능력이 점차적으로 향상되도록 처우한다.

노르웨이는 수용자가 보안심사를 거쳐 다른 경보안교도소나 중간처우교도소로 이송되더라도 수입모델을 통한 일반 초중고교과정의 교과과정을 운영함으로써 수용자의 교육이 단절되지 않도록 한다. 또한 각교도소에 배치된 교육조정관(Discipline Coordinator)이 필요하다고 판단하는 경우 인근 교도소학교로의 통학을 허용하거나 지역사회의 교육시설로의 통학 등을 허용한다.

이와 같이 노르웨이 교정당국의 수요자 교육의 유연성 및 지역사회교육시설의 활용과 연계 등은 수용자 탈주나 보안(Security)을 이유로원칙적으로 수용자 교육을 교도소 내에서 실시하는 한국의 현실과는비교된다.[27] 노르웨이의 경우처럼 수용자가 교도소 밖에서 보다 더 전문적인 시설과 자원으로 교육받을 수 있도록 관련 법 및 제도개선이필요하다.

4. 차별없는 외국인 수용자 교육

노르웨이는 교도소 수용자 처우와 관련한 국제인권규범을 국내법에 매우 충실하게 반영하고 있고, 특히 수용자 교육과 관련해서 형집행법 및 교육법 등은 외국인 수용자에게도 차별 없이 교육기회를 부여하도록 규정하고 있다.

앞에서 살펴본 대로 노르웨이에서 합법적으로 거주하는 외국인으로 초중등학교의 취학연령대인 경우 당연히 초중등 교육대상이며, 18세 이상 외국인일 경우 3개월 이상 노르웨이에 머물 경우 고등학교에 진학할 수 있다.

외국인 수용자에 대한 교육은 교도소의 교육조정관의 상담 및 교도소 학교의 커리큘럼에 따라 진행된다. 교육은 노르웨이어 또는 영어로 진행되며, 이는 유럽교도소규칙을 반영한 것이다.

노르웨이의 외국인 수용자에 대한 교정교육은 한국의 경우와는 매우 다른 양상이다. 즉 한국의 경우 한국어교육 및 한국문화 이해 등의 교육시간으로 교육과정이 운영될 뿐 노르웨이와 같이 학교교육과정을 운영하지는 못하고 있다. 그러나 외국인 수용자가 매년 증가하고 있고, 형기 역시 1년 이상 수용자가 대부분이라는 점 등을 고려하여 좀 더 다양한 외국인 수용자 교육프로그램의 개발이 필요하다.[28]

5. 사회복지서비스와의 연계

노르웨이는 교도소 수용자의 출소 이후에 필요한 사회복지, 주택, 직업, 교육 등에 관한 정보와 실제 서비스를 연계하는 이른바 복귀보증제(Return Guarantee)를 시행하고 있다. 이는 특히 수용자가 교도소 학교에서 의무교육을 마치지 못하였거나 직업교육을 다 마치지 못한 경우 등은 출소 후에 계속할 수 있도록 연계하고 있다. 수용자에게 제공되는 이러한 서비스는 그 자체로 수용자의 권리이며, 이를 위하여 모든 교도소에는 담당관이 배치되어 있다. 이는 노르웨이 행정법 및 노동 및 복지행정의 사회서비스법, 노동시장법 등에 근거를 두고 있다.

이는 한국의 경우에도 현재 진행되는 수용자에 대한 직업교육을 출소 후에도 계속할 수 있도록 고용노동부에서 운영하는 직업훈련 제도와 연계하여야 하며, 관련 법령 및 제도 정비가 필요해 보인다. 특히 노르웨이가 세계에서 가장 낮은 재범률을 보이는 가장 커다란 영향요인으로 수용자 교육의 정상성원칙과 수입모델원칙이라는 선행연구들의 평가는 그 시사하는 바가 매우 크다고 할 것이다.

참고 자료 및 설명

1) Tønseth, C., Bergsland, R., & Hui, S. K. F. (2019). Prison education in Norway–The importance for work and life after release. Cogent Education, 6(1), 1628408.

2) Gisler, C., Pruin, I. R., & Hostettler, U. (2018). Experiences with Welfare, Rehabilitation and Reintegration of Prisoners: Lessons Learned?.

3) 교정서비스교육센터는 학사 및 석사학위 과정을 운영하며, 교정서비스대학이라고 칭한다. 학비는 무상이며, KRUS의 시설과 교수진, 그리고 자체 예산으로 운영된다. EPTA, https://www.epta.info/wp-content/uploads/ 2019/ 08/Basic-training-for-correctional-officers-KRUS-Norway.pdf.

4) Kriminalomsorgen, https://www.kriminalomsorgen.no/straff-i-samfunn.2 37837.no.html.

5) Execution of Sentences Act, sec. 9.

6) Execution of Sentences Act, sec. 2-3.

7) EPTA, https://han.gl/APsKR.

8) World Prison Brief, World Prison Brief data, https://www. prisonstudies. org/country/norway.

9) 유엔피구금자최저기준규칙(United Nations Standard Minimum Rules for the Treatment of Prisoners 1955: SMRs 1955)은 유엔에서 1955년에 채택되어 1957년에 1차개정규칙(663 C(24))을, 1977년 5월에 2차개정규칙(2076 (62))을 승인하였다. 이어 2015년 12월에 3차개정규칙을 채택하여 만델라규약(Nelson Mandela Rules)이라고 칭한다. 유엔피구금자최저기준규칙은 2개장 108개 조문으로 구성되어 있다. UNODC, The United Nations Standard minimum rules for the treatment of prisoners(the Nelson Mandela rules). 2015. 이하 허경미. (2020). 노르웨이 교도소 수용자 교육의 시사점 연구. 한국공안행정학회보, 29(5), 295-324. 내용 전반적 참조.

10) 유엔수용자처우기본원칙(United Nations Basic Principles for the Treatment of Prisoners 1990: A/RES/45/111)은 1990년 12월 14일 총회결의 45/111에 의해 채택 및 선포되었다. 이 기본원칙은 모두 11개 조문으로 구성되어 있다. UNGA, Basic Principles for the Treatment of Prisoners, https://han. gl/kjdzK.

11) 유럽교도소규칙(European Prison Rules)은 1973년 유럽연합 각료위원회에서 결의안(Resolution 73.5)으로 채택되었고, 1987년에 제정되었다(R 87.3).

이 규칙은 2006년 1월 11일 제952차 각료위원회에서 개정(2006 European Prison Rules)된 데 이어 2020년 7월 1일 제1380차 각료위원회에서 개정 (2020 European Prison Rules)되어 현재에 이르고 있다. 규칙은 9개 부(part) 108개의 조문으로 구성되었다. Council of Europe, (2020). Recommendation Rec(2006)2−rev of the Committee of Ministers to member States on the European Prison Rules, https://han.gl/qsAUt.

12) 유럽교도소교육권고(Council of Europe Recommendation No. R(89)12 of The Committee of Ministers To Member States On Education In Prison) 는 1989년 10월 13일 유럽연합 제429차 각료위원회에서 채택하였다. 이 권 고는 17개의 조문으로 구성되어 있다. Council of Europe. Committee of Ministers. (2006). European prison rules. Council of Europe.

13) Byholt, V., Bakke, G. E., & Ianke, P. (2017). Career guidance in the Norwegian Correctional Service: results from a survey among counsellors in the prison education system.

14) Ministry of Justice and Public Security, Regulations relating to the Execution of Sentences, 2018, https://han.gl/moiln.

15) https://www.kriminalomsorgen.no/informasjon−paa−engelsk.536003.no. html/

16) https://lovdata.no/dokument/NLE/lov/1998−07−17−61?q=education%20act/

17) Byholt, V., Bakke, G. E., & Ianke, P. (2017). et. al.

18) Langelid, Torfinn, et al., 2009.

19) Christie, 1970.

20) Lunde, 2004.

21) Breicik, 2020.

22) Norwegian Ministry of Justice and the Police, 2018.

23) Yukhnenko, D., Sridhar, S., & Fazel, S. (2019). A systematic review of criminal recidivism rates worldwide: 3−year update. Wellcome open research, 4.

24) Tønseth, C., Bergsland, R., & Hui, S. K. F. (2019). Prison education in Norway-The importance for work and life after release. Cogent Education, 6(1), 1628408.

25) Roth, B. B., & Manger, T. (2014). The relationship between prisoners' educational motives and previous incarceration, sentence length, and sentence served. London review of education, 12(2): 209−220.

26) Roth, B. B., Asbjørnsen, A., & Manger, T. (2016). The Relationship

between Prisoners' Academic Self−Efficacy and Participation in Education, Previous Convictions, Sentence Length, and Portion of Sentence Served. Journal of Prison Education and Reentry, 3(2): 106−121.

27) 교정본부. (2020). 「2020 교정통계」. 137.

28) 법무연수원. (2020). 「2019 범죄백서」. 381−383.

저자약력

학   력
동국대학교 대학원 경찰행정학과 졸업(법학 박사)
동국대학교 행정대학원 공안행정학과 졸업(행정학 석사)
동국대학교 법정대학 경찰행정학과 졸업(행정학 학사)

경   력
계명대학교 사회과학대학 경찰행정학과 교수
경찰청 인권위원회 위원
경찰청 마약류 범죄수사자문단 자문위원
대구지방검찰청 형사조정위원회 위원
대구경북지방노동위원회 공익위원
대구광역시 행정심판위원회 위원
대구광역시 자치경찰위원회 위원
법무부 인권교육 강사
한국양성평등교육진흥원 폭력예방교육모니터링 전문위원
John Jay College of Criminal Justice 방문교수
한국소년정책학회 부회장
한국교정학회 부회장
한국공안행정학회 제11대 학회장

수상경력
경찰대학교 청람학술상(2000)
계명대학교 최우수강의교수상(2008) 업적상(2014)
한국공안행정학회 학술상(2009)
대통령 표창(2013)

저서 및 논문

1. 경찰학, 박영사, 2008 초판, 2022 제10판

2. 범죄학, 박영사, 2005 초판, 2020 제7판

3. 경찰인사행정론, 박영사, 2013 초판, 2020 제3판

4. 피해자학, 박영사, 2011 초판, 2020 제3판

5. 사회병리학: 이슈와 경계, 박영사, 2019 초판

6. 범죄인 프로파일링, 박영사, 2018 초판, 2022 제2판

7. 허경미. (2012). 자생테러범의 급진과격화에 관한 프로파일링. 한국범죄심리연구, 8, 241－259.

8. 허경미. (2012). 핵티비즘 관련 범죄의 실태 및 대응. 한국공안행정학회보, 21, 368－398.

9. 허경미. (2013). 수사기관의 피의사실 공표죄의 논쟁점. 한국공안행정학회보, 22, 282－310.

10. 허경미. (2013). 미국 전자감시제의 효과성 및 정책적 시사점 연구. 교정연구, (59), 35－60.

11. 허경미. (2014). 독일의 교정 및 보호관찰의 특징에 관한 연구. 교정연구, (62), 79－101.

12. 허경미. (2014). 한국의 제노포비아 발현 및 대책에 관한 연구. 경찰학논총, 9(1), 233－259.

13. 허경미. (2015). 범죄 프로파일링 제도의 쟁점 및 정책적 제언. 경찰학논총, 10(1), 205－234.

14. 허경미. (2015). 영국의 교도소 개혁 전략 및 특징에 관한 연구. 교정연구, (69), 83－110.

15. 허경미. (2016). 교도소 수용자노동의 쟁점에 관한 연구. 교정연구, 26(4), 141－164.

16. 허경미. (2017). 캐나다의 대마초 비범죄화에 관한 연구. 한국공안행정학회보, 26, 241－268.

17. 허경미. (2017). 교도소 정신장애 수용자처우 관련법의 한계 및 개정방향에 관한 연구. 경찰학논총, 12(2), 69－104.

18. 허경미. (2018). 성인지적 관점의 여성수용자 처우 관련 법령의 정비방향 연구. 矯正硏究, 28(2), 81－110.

19. 허경미. (2019). 미국의 성범죄자 등록·공개·취업제한 제도에 대한 비판적 쟁점. 한국공안행정학회보, 28, 271－298.

20. 허경미. (2020). 난민의 인권 및 두려움의 쟁점. 경찰학논총. 15(2). 35－72.

21. 허경미. (2021). 지방자치행정 관점의 일원형 자치경찰제의 문제점 및 개선 방향. 한국공안행정학회보, 30, 275－307. 외 다수.

현대사회문제론

초판발행   2022년 6월 20일

지은이   허경미
펴낸이   안종만·안상준

편 집   한두희
기획/마케팅   장규식
표지디자인   이수빈
제 작   고철민·조영환

펴낸곳   (주)박영사
                서울특별시 금천구 가산디지털2로 53, 210호(가산동, 한라시그마밸리)
                등록 1959. 3. 11. 제300-1959-1호(倫)
전 화   02)733-6771
f a x   02)736-4818
e-mail   pys@pybook.co.kr
homepage   www.pybook.co.kr
ISBN   979-11-303-1555-3   93330

정 가   23,000원